Dorothee Frank
Menschen töten

Dorothee Frank

Menschen töten

Mit einem Vorwort
von Wolfgang Schmidbauer

Walter

Bibliografische Information der Deutschen Bibliothek

Die Deutsche Bibliothek verzeichnet diese Publikation in der
Deutschen Nationalbibliografie; detaillierte bibliografische Daten
sind im Internet unter http://dnb.ddb.de abrufbar.

Druck und Bindung: Clausen & Bosse, Leck
ISBN 3-530-42197-9
www.patmos.de

Inhaltsverzeichnis

Vorwort von Wolfgang Schmidbauer 7

Warum dieses Buch? 10

Danksagung 14

Morden, töten, umbringen 15
Die vielen Aspekte eines Begriffs 15

Fast alles ist ganz anders 18
Tatsachen, Thesen, Einschätzungen 18

Mord und Totschlag – Vom Töten im zivilen Leben 39
Spieleinsatz: Ein Leben 39
Wegen Einmischung erschossen 53
Der umgeleitete Vatermord 69
»Lebenslang für Polizistenmörder« 69
Der Fall, im Gespräch mit dem Täter erforscht 72
Exkurs: Mörder aus Veranlagung oder
durch Sozialisation? 83
Doppelmord und Selbstmord:
Wenn Männerstolz tabula rasa macht 93
Raubmord I – Die erwürgte Großmutter
und der Zorn der Enkelin 106
Raubmord II – Die Todesstrafegegnerin und
die Ermordung ihres Vaters 113
Der Künstler mit der falschen Karriere 120
Die Mordsüchtigen – Bemerkungen über Serienkiller 134

Hinrichtung – Vier Porträts 143
Zwei Henker, ein Staatsanwalt und ein Zeuge
einer Exekution 143
Wenn das Fallbeil halswärts rast 146
Der Henker von Nürnberg:
Sadist für eine »gerechte Sache« 151
Der Staatsanwalt, der töten lässt 155
Texecution – Zusehen, wenn das Gift kommt 162

Vom Töten im Krieg 167
Die Todesschützen unter uns 167
Ein Wehrpflichtiger im Jugoslawienkrieg 170
Eine Hinrichtung im Zweiten Weltkrieg 178
Der Söldner, dem das Töten wohlgefiel 184
Die weiße Frau 193

Vom Völkermord 195
Zeit der Genozide 195
Ein fast normaler junger Mann 197
Zeugenaussagen 199
Besuch beim Kriegsverbrecher 216
Zum Gedenken an die Opfer:
Erzählung eines Srebrenica-Überlebenden 225

Vom Töten bei Terrorakten – Gespräche mit Attentätern . . 231
Terroristen sind selten verrückt 231
Der verhinderte Selbstmordattentäter 234
Nordirischer Dialog. Der Terrorist und das Opfer –
oder Die Machbarkeit des Undenkbaren 243
Alastair oder Der Mut zur Schuld 256

Das Töten, die Täter und wir 263

Anhang 274

Vorwort

Wer dieses Buch liest, wird das Rätsel nicht lösen können, weshalb Menschen einander töten, aber er wird doch nachdenklich werden. Vor allem aber wird er mehr Abstand gewinnen zu den einfachen Antworten, die auf eine solche Frage gern gegeben werden. Die Autorin geht ebenso anschaulich wie differenziert den zahlreichen Fragen nach, die sich einstellen, wenn wir erst einmal die Scheu überwunden haben, uns ernsthaft mit diesem Thema zu beschäftigen.

Wir neigen heute dazu, die nachdenklichen Aussagen unserer großen Dichter zu vergessen und den Graben zu vertiefen, der zwischen uns und den plakativ in den Medien ausgemalten Verbrechen gezogen wird. Thomas Mann sprach von »Bruder Hitler«, Goethe sagte, er fühle sich jedes Verbrechens fähig. Heute ersetzt rhetorische Distanz zu diesen Tätern Verständnismöglichkeiten durch Ahnungslosigkeit und sucht Zuflucht bei einer künstlichen Naivität. Gegen solche Neigungen scheint mir das Buch von Dorothee Frank ein brauchbares Gegenmittel.

Nach dem Gemetzel der beiden Amok-Täter, des 18-jährigen Eric Harris und des 17-jährigen Dylan Klebold an der Columbine-Highschool in Littleton, sagte Bill Clinton:»Vielleicht werden wir es niemals wirklich verstehen.«

Diese Unverständlichkeits-Beteuerungen sind ein Zeichen, dass ihre Autoren sozusagen innerseelisch das Weite suchen, bis sie nichts mehr mit solchen Taten zu schaffen haben. Die Motive der Mörder sind uns nur allzu vertraut, jeder Mensch mit ein wenig Feinfühligkeit für die Schattenseiten seiner eigenen Natur kennt sie. Was die Täter auszeichnet, ist ein Mangel an Gegenkräften, an Hindernissen, die in einer normalen Entwicklung aufgebaut werden.

Ganz kleine Kinder schlagen in einer grenzenlosen Kränkungswut ohne jede Rücksicht um sich. Schrittweise lernen fast alle Menschen, diese Impulse zu zügeln, sie wissen um ihre Gefahren, fürchten sich vor Strafen, können sich auch in die Opfer und in ihre

Schmerzen einfühlen und erwerben das schlichte Prinzip, dass man niemandem etwas antun sollte, das man selbst nicht erleiden mag. Diese Erziehung gelingt in Mitteleuropa so gut, dass Morde sehr selten sind – die deutsche Statistik verzeichnet rund 900 Fälle im Jahr. Die erworbene Aggressionskontrolle ist so wirksam, dass mehr als elfmal so viele Menschen (jährlich 11 000 in Deutschland) Selbstmord begehen, d. h. die narzisstische Explosion gegen sich selbst richten.

Wir sollten die Außenseiter, die nicht wissen, wie sie ihr Gewaltpotenzial unter Kontrolle bringen, nicht als unverständliche Wahnkranke abschreiben. Wir sollten sie als Seismografen bewerten, deren Erschütterung uns anzeigt, wo Gefahren für die seelische Entwicklung liegen.

Wenn es einem Menschen nicht gelingt, befriedigende Gefühlsbeziehungen herzustellen, führt das zu einem Maß von innerem Elend und ständiger Angst, das sich »normale« Personen nicht vorstellen können. Die narzisstische Beziehungslähmung erzwingt quälenden Neid auf alle Menschen, die in jenen »guten«, entspannten Beziehungen leben, die sich der Gestörte nicht zutraut und nicht vorstellen kann.

Er steht gewissermaßen draußen in Kälte und Dunkelheit, während er sieht, wie – keinen Schritt entfernt und doch unerreichbar – andere Menschen in Wärme und Licht zusammenleben, sich austauschen, einander lieben und befriedigen. Er fühlt sich unfähig, diesen Zustand zu erreichen. Wenn die Wut in ihm wächst, wird er beschließen, entweder sich selbst zu töten oder wenigstens das Glück der anderen zu zerstören.

Vor einigen Jahren wurde in München ein Nervenarzt von seinen zwei Söhnen – guten Schülern in der Oberstufe desselben Gymnasiums, das auch der Vater besucht hatte – durch mehr als vierzig Messerstiche getötet. Es war ein kaltblütig geplantes Verbrechen. Die Täter warteten hinter der Tür, bis er das von ihnen mit ihrer Mutter bewohnte Einfamilienhaus betreten hatte. Dann fielen sie mit Knüppel und Messer über ihn her.

Ich kannte das Opfer aus einer Gruppe von Kollegen und auch aufgrund von Berichten einiger seiner Patienten, die ich nach seinem Tod behandelt habe. Als Therapeut hatte er gute Erfolge bei schweren Störungen. Er setzte sich ganz besonders für seine Klienten ein, neigte jedoch auch zu haarsträubenden Übergriffen und Machtmissbrauch. Kritik an diesem Verhalten nahm er hin, entwickelte aber keine wirkliche Einsicht.

Die Söhne sahen keine andere Möglichkeit, sich von dem Vater zu lösen, als ihn zu töten. Das extreme Bedürfnis meines Kollegen, als grandioser Retter und Heiler idealisiert zu werden, machte eine Trennung im Guten von ihm unmöglich. Die Wut und die Grausamkeit, mit der die beiden Jugendlichen gegen ihn vorgingen, sind ein verschlüsseltes Zeichen der Idealisierung. Wie wichtig muss ein Vater sein, wenn seine Kinder sich diese selbstzerstörerische Mühe aufladen, um sich von ihm zu befreien!

Unser Selbstgefühl hat unter anderem die Funktion, uns das Empfinden von Selbstständigkeit, von Autonomie und von Berechenbarkeit unserer Umwelt zu geben. Aber kaum ein Mensch ist wirklich unabhängig von äußeren Strukturen, die er in sein Selbstgefühl einbezieht, den »Selbstobjekten«. Der ermordete Vater in unserem Beispiel war ein solches Selbstobjekt, so mächtig, beherrschend, manipulativ und angesichts von Ablösungswünschen bedrohlich, dass er vernichtet werden musste, wenn die Söhne der Fantasie entgehen wollten, von ihm erdrückt und vernichtet zu werden.

Die in einer solchen narzisstischen Explosion wurzelnde Mordtat ist eine von vielen möglichen Facetten eines destruktiven, nicht mehr umkehrbaren Geschehens. Höchst lehrreich ist, wie die Autorin immer wieder dem Kontext nachgeht, in dem einzelne Taten und Täter zu verstehen sind. Sie fragt nach der psychischen Entwicklung des Täters, nach den Einflüssen von Erbanlagen, nach der Bedeutung seelischer Verletzungen, der Verführung durch soziale Ereignisse, die Tötungshemmungen nur allzuschnell abbauen können. Sie schildert Menschen, beschreibt Zeugnisse ihrer Taten und lässt Raum für das Unerklärliche zwischen beiden.

München, Januar 2006   Wolfgang Schmidbauer

Warum dieses Buch?

Menschen töten: Meiner Erfahrung nach löst der Titel eine Fülle von Assoziationen und Fragen aus – all die Fragen, die mich dazu bewogen haben, dieses Buch zu schreiben. Etwa: Welchen Eindruck machen Mörder oder Kriegsverbrecher, wenn man mit ihnen spricht? Gehören sie zu einer besonderen Sorte Mensch? Oder sind wir alle »gezähmte Bestien«, die nur aufgrund gesellschaftlicher Disziplinierung, nur wegen der starken Tabus und der drohenden Strafe, im Normalfall niemanden töten? Um einen Kollegen zu zitieren: »Was ist es eigentlich wirklich, das mich hindert, das ›blutige, geile Tier‹ in mir auszuleben?« Und warum können Soldaten aufeinander schießen? Wie kommt es denn nun wirklich dazu, dass halbwegs friedliche Menschen plötzlich so massenhaft und grausam töten wie in Ruanda oder im Nationalsozialismus? Und was geht in der Psyche von Selbstmordattentätern vor sich? Was alles kann für Menschen einen so starken egoistischen Anreiz, ein subjektiv so dringliches Bedürfnis darstellen, dass sie die Achtung vor dem Leben anderer Menschen verlieren?

Noch nie haben uns die Medien und das Kino Bilder des Tötens in dieser Häufung vorgeführt. Und noch nie haben wir über das Töten so wenig gewusst.

Der Philosoph und Ausstellungskurator Sylvère Lotringer brachte im Gespräch die Problematik der medialen Repräsentation des Tötens auf den Punkt: »Wir können am Töten teilnehmen, aber wir sehen nur das Blut, ohne aber die Gründe, die Situation der Täter, ihre Absichten zu erfahren. Die Geschwindigkeit der Medien liefert uns pures Töten. Ohne Kontext, ohne Geschichte, ohne dass wir etwas daraus lernen würden.« Wir sind also einer außer Rand und Band geratenen Informationsflut ausgesetzt, es mangelt uns aber an Kenntnissen, mittels derer wir diese Informationen verarbeiten könnten. Wir sehen Morde, Terrorakte, Massaker – und stehen immer neu vor einem Rätsel.

Den meisten Europäern von heute fehlt – zum Glück – die

»Selbsterfahrung«, sei es als Täter, sei es als Leidtragender, dem ein geliebter Mensch getötet wurde, oder als Überlebender. Und die wenigsten töten noch eigenhändig die Tiere, die sie essen. Darum können sich westliche Wohlstandsgesellschaften der Illusion hingeben, mit dem Töten als Möglichkeit, als menschlichem Handlungspotenzial, nichts zu tun zu haben. »Jede Gesellschaft hat einen blinden Fleck, einen Bereich, in den sie nur unter großen Schwierigkeiten zu blicken vermag«, so der US-Militärpsychologe Dave Grossman. »Heute ist dieser blinde Fleck das Töten, so wie es vor hundert Jahren die Sexualität war.«[1] Genau besehen, ist das Sprechen über das Töten in unseren Breiten mit ebenso starken Tabus belegt wie das Sprechen über den Tod.

Es sind immer die »anderen«, »Minderzivilisierten«, die töten – Serben, Islamisten, die »Monster« unter uns. Schaudernd malt man sich das Töten als etwas jenseitig Gigantisches aus. Der Krieg ist ein »Inferno«, in der »Hölle« Auschwitz herrschte »unvorstellbares« Grauen. Solche pathetischen Floskeln verraten kollektive psychische Abwehr des vage gefühlten, doch ungern eingestandenen eigenen – normalen! – Gewaltpotenzials. Wenn man grausames Töten »unvorstellbar« nennt, weil es nur in der »Hölle« stattfindet, dann hieße das, »wir« wären dazu nicht in der Lage.

Vor ungefähr 65 Jahren waren »wir« dessen fähig.

Töten ist schrecklich, aber leider nicht »unnatürlich«. Die Bereitschaft, unter bestimmten Umständen zu töten, gehört zum *normalen* menschlichen Verhaltensrepertoire. Dies zu vermitteln, versucht dieses Buch. Nicht in missionarisch mahnender Absicht, sondern einfach, um ein Stück Wirklichkeit zu enthüllen.

Das lässt sich am besten bewerkstelligen, indem man Täter und Opfer selbst zu Wort kommen lässt. Zumindest im deutschsprachigen Raum wurden bisher erstaunlich wenig Selbstzeugnisse solcher Personen veröffentlicht. In den letzten Jahren führte ich lange Gespräche mit Menschen, die Mord und Totschlag begangen oder durch diese Verbrechen Angehörige verloren haben; mit einem US-Staatsanwalt, der Todesurteile verantwortet, mit einem Rechtsanwalt, der Todeskandidaten in ihren Berufungsverfahren vertritt und der Exekution eines dieser Klienten beiwohnte; mit Frontsoldaten dreier Kriege, einem Kriegsverbrecher im Balkankonflikt, einem Überlebenden des Massakers von Srebrenica, einem palästinensischen Ex-Terroristen, einem einstigen IRA-Bombenleger und der Tochter eines seiner Opfer sowie einem Täter der anderen, protestantischen Seite im Nordirlandkonflikt. Zeugenaussagen und gelegentlich (bei Henkern und Serienmördern) Auswertungen von Filmen ergänzen das dokumentarische Material.

Täter*innen* kommen zwar vor, bleiben aber an der Peripherie des Geschehens, und das entspricht auch ihrem weltweit sehr geringen Anteil am Töten im privaten Leben, in Krieg und Völkermord. Ich persönlich halte Frauen allerdings nicht für die besseren Menschen, weil sie im Vergleich zu Männern so selten Tötungsdelikte begehen. Frauen hassen, bekämpfen und zerstören Mitmenschen ebenso wie Männer, nur meist mit anderen Mitteln und weit weniger oft durch physische Gewalt. *Warum* dies so ist – inwieweit dieser Unterschied auf biologische Faktoren oder aber auf Gesellschaftsstrukturen zurückzuführen ist –, darauf wird in einer der Fallgeschichten kurz eingegangen. Eine erschöpfende Behandlung dieses Aspekts – also der Gender-Debatte, vom Töten her aufgerollt – würde ein eigenes Buch füllen.

Insbesondere bei den Mordfällen war ich nicht in erster Linie auf »spektakuläre« Beispiele aus. Fast alle Täter, die auftreten, könnten unsere Nachbarn oder Kollegen sein. Sie »dürfen« sprechen, weil es unsinnig wäre, gerade die Stimmen derer auszublenden, die aus eigener Erfahrung vom Töten berichten können. Sie in den Mittelpunkt mancher Fallgeschichten zu stellen, dient dem besseren Verstehen und ist kein Versuch, sie zu glorifizieren oder ihre Taten zu verharmlosen.

Dennoch handelt es sich nicht um ein Interviewbuch. Die Gesprächsausschnitte sind in einen erklärenden, auswertenden Kommentar eingebettet; dieser ist ein ständiges Bemühen, sich in die Beteiligten einzufühlen, und hat das Ziel, ihre Geschichten, die psychischen Prozesse und gesellschaftlichen Umstände, die den Taten vorausgegangen sind, so verständlich wie nur möglich zu machen.

Das Buch bildet nicht zuletzt eine »Versuchsanordnung«, bei der ganz bewusst höchst unterschiedliche Situationen des Tötens einander gegenübergestellt wurden; durch den Vergleich zwischen den Fallgeschichten soll Grundsätzliches zum Thema Töten assoziativ und intuitiv erfahrbar werden.

Abgesehen von psychiatrischen Fachpublikationen gab es im späten 20. Jahrhundert noch sehr wenig Literatur, die einer breiteren Öffentlichkeit systematisch zu erklären versucht hätte, warum Menschen töten. Die Menge des Materials zu Mord und Massenmord täuscht in dieser Hinsicht: Bücher (und Filme) über Serienkiller, Top-Terroristen, oder die Hitlers und Stalins dieser Welt handeln ja von psychisch oft abnormen Einzelfiguren, die kaum repräsentativ sind für die »durchschnittlichen« Täter.

Seit den 90er-Jahren beginnt sich die Lücke zu füllen, dank Büchern, die jeweils einen Teilaspekt des Themas – zivilen Mord, Massenmord etc. – aus der Sicht einer Fachdisziplin wie der Psychiatrie oder Sozialpsychologie vertiefend darstellen, wie Christopher Brownings *Ganz normale Männer. Das Reserve-Polizeibataillon 101 und die »Endlösung« in Polen*, Reinhard Hallers *Die Seele des Verbrechers* oder Joanna Bourkes *An Intimate History of Killing. Face-to-Face Killing in Twentieth-Century Warfare*.

Menschen töten will mit diesen Werken nicht konkurrieren, sondern versucht einen anderen Weg, den der interdisziplinären Zusammenschau. Die Problematik des Tötens betrifft viele Wissenschaften, aber die unterschiedlichen Erklärungsansätze scheinen noch nicht optimal miteinander vernetzt. In dieses Buch wurden Gespräche mit Psychiatern, Psychologen, Hirnforschern, Historikern, Menschenrechtsjuristen, Verhaltensbiologen, Kulturanthropologen und Philosophen sowie Literatur dieser Fachrichtungen eingearbeitet.

Gleichzeitig handelt das Buch von Menschen und ihren Schicksalen, als Opfer oder Täter.

Es ist der Schritt vom Gedanken an das Töten zur realen Tat, der uns fassungslos »Wie ist das möglich?« denken lässt.

Dieses Unglaubliche ansatzweise begreiflich zu machen, versucht dieses Buch. Ansatzweise. Denn es ist eine Illusion, zu denken, dass sich das Töten vollständig erklären ließe. Ähnlich wie beim Sprechen über die Liebe stößt man irgendwann an die Grenzen des Sagbaren.

Der Kern der Antwort bleibt immer verborgen, und man soll und muss ihm seine letzte Unerklärbarkeit lassen.

Danksagung

Sämtlichen Interviewpartnern bin ich zu Dank verpflichtet: den Tätern, mehr aber noch den Überlebenden und Angehörigen von Opfern, weil sie sich auf das emotionale Risiko der Gespräche einließen. Ich danke allen in diesem Buch zitierten Wissenschaftlern, die mir Fachwissen, Rat und Geduld schenkten, insbesondere Elisabeth Tadayon-Manssuri, Reinhard Haller, Patrick Frottier und Norbert Nedopil. Dank geht an alle Kollegen von Radio Österreich 1, die dieses Projekt durch Beratung, logistische Unterstützung beziehungsweise meine vorübergehende Freistellung ermöglicht haben, wie Alfred Treiber, Nora Aschacher, Karin Lehner, Maria Rennhofer, das Team der Kulturredaktion, die ORF-Büros in Rom und Belgrad.

Ausgangsbasis für das Buch waren zwei von mir gestaltete Sendungen gleichen Titels im Rahmen der Österreich 1-Reihe »Radiokolleg« (November 2003 und Oktober 2004); dem ORF danke ich für die Genehmigung, gesendete Interviewpassagen abzudrucken.

Cathrin Pichler danke ich für wertvolle Anregungen.

Ganz besonderer Dank gilt meiner Lektorin Mathilde Fischer, der Sachbuch-Programmleiterin des Patmos Verlags, die dieses Buch anregte und mich – noch jenseits aller Abgabefristen – mit nicht enden wollender Geduld bei der Stange gehalten hat.

Und ich danke Gyula Fodor, von dem die Fotografien zu diesem Band stammen, der durch seine Menschenkenntnis, Lebenserfahrung und Intuitionsgabe meinen Schlussfolgerungen so oft auf den Weg geholfen hat und der mir während des schwierigen Arbeitsprozesses so viel selbstlosen Rückhalt geboten hat.

Morden, töten, umbringen

Die vielen Aspekte eines Begriffs

Die Auseinandersetzung mit der nationalsozialistischen Vergangenheit hat unsere Ohren sensibler gemacht für die Wahl der Worte im Hinblick auf das Töten. Um Missverständnissen vorzubeugen, scheint es daher wichtig, ihren Gebrauch in diesem Buch genau zu begründen.

Der Begriff »Mord« bildet zwei Bedeutungsfelder auf zwei verschiedenen Sprechebenen. Einerseits gehört er zur Sprache der Justiz, ist Teil des institutionellen Regel- und Verbotswesens. »Mord« als juristische Definition bedeutet absichtliche Tötung von Menschen in Kontexten, die das Gesetz des jeweiligen Landes als verbrecherisch wertet. Sagt ein Gericht »Mord«, dann schafft das Tatsachen: dieser Täter, diese Strafe.

Aber wie wir wissen, erwies sich auch dieses pragmatisch-legislatorische Verständnis von Mord je nach Zeit und Ort als so veränderlich wie alle Grenzziehungen zwischen Erlaubtem und Verbotenem. Ob eine Ehefrau, die ein erotisches Verhältnis zu einem anderen Mann eingeht, ungestraft getötet werden darf – wie es in fernerer Vergangenheit teils auch in Europa der Fall war –, ob rituelle Tötungen (Menschenopfer), die Verbrennung Andersgläubiger auf dem Scheiterhaufen, Lynchjustiz oder Massaker an Zivilisten offiziell »Mord« heißen, das war immer eine Frage der gesellschaftlichen Übereinkunft beziehungsweise der Vorgabe durch die weltliche – oder religiöse! – Macht.

Auch die gerichtliche Bewertung von Mord im Vergleich zur übrigen Kriminalität und damit das Strafmaß differieren je nach Kontext stärker, als wir es uns in der Regel bewusst machen. Die frühmittelalterlichen Franken erhängten Diebe, doch auf Mord stand bloß eine Geldbuße. Und »der Akt des Tötens erregte bei ihnen keinerlei Abscheu«[1].

Entgegen der landläufigen Meinung wird auch in den Zehn

Geboten *kein* generelles Tötungsverbot ausgesprochen. Statt »Du sollst nicht töten«, wie Luther die Stelle ungenauerweise übersetzte, heißt es im hebräischen Original »Morde nicht«; genau so wird das Fünfte Gebot in moderneren Bibelübertragungen wie der Martin Bubers auch wiedergegeben.

Das zweite Bedeutungsfeld des Wortes »Mord« ist informeller, umgangssprachlicher Natur. Im Diskurs über Krieg beispielsweise hat Kurt Tucholsky den umstrittenen Spruch »Soldaten sind Mörder« geprägt. Auch wenn es etwa darum geht, unsere Haltung gegenüber dem NS-Staat zweifelsfrei kundzutun, sprechen wir von der »Ermordung« und nicht der »Tötung« jüdischer Mitbürger.

In der Alltagssprache drückt »Mord« also keinen durch Gesetze objektivierbaren Sachverhalt aus, sondern kann als bewusst subjektiv-wertende Zuweisung, quasi als moralischer Stempel dienen. US-amerikanische Gegner der Todesstrafe sprechen von »Mord durch den Staat«, Gegner der Abtreibung halten deren Befürwortern das Verdikt »Abtreibung ist Mord« entgegen.

Aus Sicht der Palästinenser sind israelische Militärs, die Wohnhäuser in Gaza beschießen, weil sie in einer der Wohnungen einen Terrorführer vermuten, Mörder. Nach israelischer und teils auch euro-amerikanischer Sprachregelung handelt es sich hingegen um »gezielte Tötungen«. Die Verantwortlichen postulieren, hiermit das Richtige zu tun, und wiegen sich in moralischer Selbstgewissheit.

Um Parteinahme dieser Art zu vermeiden und einen unvoreingenommenen Blick wenigstens zu versuchen, sollen in der Folge die Begriffe »morden« beziehungsweise »töten« in möglichst sachlicher Weise und nach klaren Kriterien verwendet werden. »Tötung« meine ich als Überbegriff für jedwede Auslöschung eines menschlichen Lebens einschließlich des Mordens, nicht etwa als »weniger böses Töten«, nicht als Abschwächung gegenüber Mord.

»Mord« möchte ich vor allem in seiner juristischen Bedeutung in der europäischen Zivilgesellschaft gebrauchen, außerdem im Zusammenhang mit Völkermord; denn wo es um den Holocaust oder Massaker in Ex-Jugoslawien geht, könnte die völlige *Vermeidung* des Mord-Begriffes als Verharmlosung verstanden werden. Ein »Tötungsdelikt« umfasst die einschlägigen juristischen Tatbestände wie Mord und Totschlag oder absichtliche schwere Körperverletzung mit Todesfolge. »Umbringen« dient in erster Linie als Synonym für zivilen Mord und soll helfen, Mordfälle sprachlich in das Umfeld vertrauter Normalität zu holen, in dem sie meist stattfinden. Wie dies zu verstehen ist, erschließt sich im Laufe des nächsten Kapitels und in den betreffenden Fallgeschichten.

Fast alles ist ganz anders

Tatsachen, Thesen, Einschätzungen

Die Kutsche wird langsamer, die Pferde mühen sich über eine lange Steigung, es ist staubig und sehr windig. Oben auf der Anhöhe, wo sich der Blick auf die Stadt schon eröffnet, schaukelt ein Toter am Galgen. Die Reisenden sehen kurz hin, neugierig zwar, aber ohne Entsetzen – dergleichen kennen sie zur Genüge. Jedes größere Dorf hat ja seinen Richtplatz.

Ein Mörder wird auf einem hohen Wagen über Wiener Straßen und Plätze geführt, mit glühenden Zangen in die Brust gekniffen und auf ein Rad geflochten. Dreißigtausend Wienerinnen und Wiener sehen zu. Ganz in der Nähe hat Wolfgang Amadeus Mozart eine repräsentative Wohnung bezogen; er komponiert an diesem März-tag des Jahres 1786 zwei Arien zu »Idomeneo«.

Bis ins 18. Jahrhundert brauchte es noch nicht einmal einen Krieg, um die Menschen mit dem Töten zu konfrontieren. Diese Erfahrung war natürlich, sie gehörte zum Leben. Erst seit 1945 bleibt sie den meisten Europäern erspart, was zweifellos ein großes Privileg ist. Mehr noch: Sie ist zu etwas ganz Fernem, Unwirklichem geworden; wir leben ohne das Wissen um sie, ohne ihre Last.

Es wäre unehrlich zu behaupten, dass nicht der eine oder andere das insgeheim bedauert. Nicht umsonst lassen sich mit Mord-Reportagen und Actionfilmen Quoten erzielen; und viele von uns würden angesichts einer Mordleiche auf der Straße oder einer bewaffneten Verfolgungsjagd zumindest nicht wegsehen.

Auch wenn diese zugleich angst- und lustvolle Neugier gern schamhaft geleugnet wird: Evolutionsbiologisch ist sie, wie der Hirnforscher Manfred Spitzer vermutet, in uns angelegt. »Nehmen Sie adoleszente Primaten in grauer Vorzeit – und stellen sie sich zwei Sorten vor, genetisch unterschiedlich. Die einen haben immer weg-geschaut, wenn sich zwei entweder geprügelt oder gepaart haben; die anderen haben immer hingeguckt, um zu lernen, wie das geht.

Von wem stammen wir ab? Natürlich von denen, die hingeguckt haben, ist doch klar. Die Neigung, bei Sex and Crime hinzuschauen, ist also wohl verhaltensbiologisch ererbt«, so Spitzer im Gespräch.

Da die meisten von uns das reale Töten aber nur aus den Medien kennen, wissen wir so wenig darüber wie jemand, der im Fernsehen dauernd Äpfel gezeigt bekommt, aber noch nie selbst einen Apfel gesehen, gerochen und gekostet hat.

Ein solches Schein-Wissen führt zu stark verzerrter Wahrnehmung. So glauben viele Leute, es gäbe immer mehr Mordfälle, beispielsweise Sexualmorde an Kindern. De facto ist aber gerade die Zahl der sexuell motivierten Tötungen in Europa seit Jahren rückläufig – auch wenn die Präsenz des Themas in den Medien den gegenteiligen Eindruck vermittelt.

Allgemein gilt:

Mord ist im zivilen Leben ein äußerst seltenes Delikt.

In Deutschland verzeichnete die Statistik in den letzten Jahren um die 900–1000 Fälle von Mord und Totschlag jährlich.[1] Bei 82 Millionen Einwohnern ergibt das eine Homizidrate von knapp über ein Hundertstel Promille (0,0000105 Prozent). Mehr als zehnmal so viele Deutsche, nämlich rund 11 000 Menschen pro Jahr, nehmen sich das Leben.[2]

In Österreich herrscht ein ähnliches Verhältnis zwischen Selbst- und Fremdtötung:[3] Rund 1500 Suizidfällen stehen jährlich um die 150 Anzeigen wegen Mordes und Mordversuchs gegenüber – die Zahl der tatsächlich ausgeführten Morde liegt meist weit unter 100.

Zum Vergleich: 878 Menschen kamen im Jahr 2004 bei Verkehrsunfällen auf Österreichs Straßen ums Leben, in Deutschland waren es im selben Jahr 5842 Personen.

In den Vereinigten Staaten, dem Land mit einer der höchsten Verbrechensraten unter den Industrienationen, werden zwar im Verhältnis zur Einwohnerzahl etwa fünfmal so viele Morde verübt wie in Deutschland und Österreich – insgesamt 16 137 im Jahr 2004.[4] Aber das statistische Risiko, durch Fremdtötung zu sterben, erscheint mit zirka 0,07 Promille selbst in den USA immer noch sehr gering. Und auch dort ist die Mordrate (nach einer starken

Zunahme zwischen 1955 und den frühen 70er Jahren) seit etwa 1975 nicht mehr gestiegen, seit den 90er Jahren sogar um rund ein Drittel zurückgegangen. Manche Experten wie der Militärpsychologe und Autor Dave Grossman führen allerdings ins Treffen, dass durch die Fortschritte der Notfallmedizin und die schnellere Einsatzbereitschaft von Rettungsdiensten die Opfer von Mordversuchen immer häufiger überleben; ohne diese Verbesserungen wäre die Mordquote, so Grossman, möglicherweise gestiegen statt gesunken.[5] Zu berücksichtigen ist auch, dass sich Verbrechensstatistiken aufgrund der unterschiedlichen Erfassungsmethoden (ob etwa Mordversuche separat angeführt werden) und Justizsysteme international nur bedingt vergleichen lassen. Doch ändert das alles nichts daran, dass es sehr viel wahrscheinlicher ist, vorzeitig an Krebs oder Herzinfarkt zu sterben, als umgebracht zu werden. (Mittels dieser Zahlenvergleiche soll selbstverständlich nicht die Unrechtsdimension und Tragik von Mord und Totschlag verharmlost werden.)

Im Gegensatz zu Tötungsdelikten hat Gewaltkriminalität mit *nicht* tödlichem Ausgang nicht nur in den USA, sondern auch in Westeuropa tendenziell zugenommen. Der Eindruck steigender Gewaltbereitschaft besonders unter Jugendlichen täuscht also nicht (zu der umstrittenen Frage, inwieweit Gewaltfilme und entsprechende Computerspiele dazu beitragen, siehe Anhang).[6] Aber die äußerste Grenze zur *Auslöschung* des Gegenüber wird eben von individuellen Tätern, außerhalb des »vergesellschafteten« Tötens in Krieg und Völkermord, nur höchst selten überschritten.

Da also Mörder derart »seltene Tiere« sind, ist man umso eher geneigt, ihnen Abnormität zuzuschreiben. Vor meinen ersten Gesprächen mit Menschen, die getötet hatten, malte auch ich mir extreme, gleichsam im Bösen überlebensgroße Persönlichkeiten aus. »Von Natur aus brutaler Charakter«, »eiskalter abgebrühter Killer« oder »monströser Egoist«, oder aber »Sadist« – so stellt man sich die Täter in der Regel vor.

Was beispielsweise die Publizistin Slavenka Drakulić über Balkan-Kriegsverbrecher anmerkt – »Sie suchen nach Anzeichen von Perversion, an denen man solche Kriminelle erkennen könnte. Doch die gibt es nicht«[7] –, hielt ich für ein Ergebnis missverstandenen Objektivitätsstrebens.

Und dann musste ich selbst in der Begegnung mit Mördern fassungslos erstaunt zugeben, wie richtig jene Behauptung ist, die ich von Experten oft gehört, aber nie wörtlich genommen hatte:

Die meisten Täter sind normale Menschen – Menschen wie du und ich.

Bei fast allen wegen Mordes oder Totschlags Verurteilten, denen ich begegnete, empfand ich zwar ihre Tat als abstoßend, nicht aber ihre Persönlichkeit *als Ganzes*. Außerhalb des Gefängnisses wären sie mir in Gesichtsausdruck und Körpersprache nicht auffälliger und nicht unsympathischer erschienen als viele andere Menschen auch. Und vor allem: Sie waren alle grundverschieden, mit der einzigen Gemeinsamkeit, dass sie getötet hatten. Gerichtspsychiater und im Strafvollzug tätige Psychiater/Psychologen berichten Ähnliches aus ihrer Berufspraxis. Diese Feststellung soll die Täter im Hinblick auf ihre Taten nicht entschuldigen, doch erst wenn man ihnen jenen Nimbus von »Ungeheuern« nimmt, wird Erklären und Begreifen überhaupt möglich.

Reinhard Haller, einer der prominentesten forensischen Psychiater Österreichs, war Gutachter in den Fällen des mutmaßlichen[8] Serienmörders Jack Unterweger, dem sexuell motivierte Tötungen von elf Prostituierten vorgeworfen wurden, sowie des Bombenattentäters Franz Fuchs, der aufgrund wahnhafter nationalsozialistischer Überzeugungen vier burgenländische Roma durch eine Sprengfalle ermordete. Solche Persönlichkeiten bilden aber die große Ausnahme unter den tötenden Menschen. Maximal 1 % aller Morde weltweit gehen auf das Konto psychisch hochgradig abnormer Täter. Insgesamt setzt Haller den Anteil nicht zurechnungsfähiger, das heißt psychisch kranker, zum Tatzeitpunkt schwer alkoholisierter oder unter Drogen stehender Tötungsdelinquenten bei nur 20 % an: »Bei den übrigen 80 % würde ich meinen, dass viele von ihnen zwar *eingeschränkt* waren in ihrer Steuerungsmöglichkeit, aber noch immer über genügend psychischen Verstand, Reflexionsmöglichkeit und Selbstkontrolle verfügten, dass sie hätten anders handeln können.«[9] Das bedeutet, dass sie vor Gericht als schuldfähig gelten. Die Rechtsprechung geht also davon aus, dass der Täter anders hätte entscheiden können.

Dies setzt einen freien Willen voraus. Die Debatte, inwieweit dem Menschen sein Schicksal vorbestimmt oder von ihm selbst gestaltbar sei, ist so alt wie Religion und Philosophie. Revolutionäre neue Erkenntnisse über die Funktionsweise des Gehirns, über das Zusammenspiel von genetischer Disposition und sozialem Lernen haben diese Debatte in den letzten Jahren neu aufgemischt. Selbst Hirnforscher untereinander sind sich keineswegs einig, inwieweit menschliche Selbstbestimmung etwa doch eine Fata Morgana unseres Bewusstseins sei und welche Konsequenzen daraus zu ziehen wären. Eine subjektive Stellungnahme zu der Frage, ob wir – gerade im Hinblick auf das Töten – Wahlfreiheit besitzen, erfolgt im Schlusskapitel dieses Buches.

So gut wie jeder Mensch könnte töten.

Die Meisten trauen sich das Töten ja auch selbst zu – in Notwehr, oder um Angehörige zu verteidigen. Diese besondere Situation, die ja auch als moralisch akzeptabler Grund zur Überschreitung des Tötungstabus gilt, soll hier aber nicht weiter erörtert werden. Vielmehr ist es ein zentrales Anliegen dieses Buches, das *mörderische* Potenzial in vielleicht jedem von uns tatsächlich nachvollziehbar zu machen. Es geht um das Aufspüren von normalen Verhaltensmustern, Affekten und Fantasien, die jeder in der einen oder anderen Form bei sich entdecken kann, die aber erst in ihrer extremen Überformung etwa in einer schweren persönlichen Krise zum individuellen Töten führen können, *oder* aber unter extremen politischen Bedingungen (wie im Nationalsozialismus) massenhaftes Töten möglich machen. In der Vorstellung zu durchleben, was »auch ich könnte töten« wirklich bedeutet, ist eine verunsichernde, aber an Erkenntnissen reiche Erfahrung; sie kann bewirken, dass man sich der Hybris eigener moralischer Überlegenheit zumindest bewusst wird.

Was Tötungshandlungen im *zivilen* Leben anbelangt, so ist Reinhard Haller in jahrzehntelanger Gutachtertätigkeit zu folgendem Schluss gekommen:

»Die Tötung eines anderen Menschen ist innerhalb der menschlichen Verhaltensmöglichkeiten etwas, ich möchte fast sagen, durchaus Normales. Wenn die inneren Bedingungen und die äußeren Voraussetzungen zusammenpassen, wenn ich beispielsweise in hohem Maße erregt bin, schwer eifersüchtig, ›blind vor Wut‹, wie man sagt, und dazu vielleicht noch Alkoholeinfluss kommt, sodass der letzte Tropfen das Fass zum Überlaufen bringt, dann kann unter Umständen *jeder* Mensch einen anderen umbringen.«

Hier stellt sich die Frage: Warum kommt es dann in einer Friedens- und Wohlstandsgesellschaft nicht öfter dazu?

Weil die Risikofaktoren, die zu Mord und Totschlag führen, extrem selten *in ihrer Kombination* auftreten. Die internen Tötungstabus, die es in jeder Gesellschaftsform gibt, und das menschliche Bedürfnis nach Zuneigung und sozialer Anerkennung errichten eine massive Hürde gegen den individuellen Normbruch des Tötens *auf eigene Verantwortung*. (Ganz anders beim *autorisierten* Töten, bei dem die Verantwortung einem Befehlshaber zugeordnet werden kann).

Nur wenn eine angeborene Disposition bei einem Menschen durch eine für ihn nicht ideale Erziehung und/oder andere schädliche Einflüsse in negativer Weise verstärkt wird, entsteht in der Regel erst das *latente* Risiko für ein Gewaltverbrechen im zivilen Leben. Völlig frei von diesem Risiko kann sich aber, wie gesagt, niemand wähnen! Wie bei Alkoholismus oder Depression gibt es jedoch ausgesprochene »Risikopersönlichkeiten«. Das Problem ist nur:

Kein Mensch kann von sich selbst mit Gewissheit sagen, wie hoch sein Risiko zu töten ist.

»Der Großteil der Mörder, die ich untersucht habe, hätte sich selbst nie für einen Mörder gehalten und sich nie eine derartige Tat zugetraut«, versichert Reinhard Haller. Bei Affektverbrechen bedarf es ja erst einer spezifischen Ausnahmesituation des subjektiv unerträglichen seelischen Drucks, um den potenziellen Täter in jene Verfassung zu bringen, die einen Mord oder Totschlag ermöglicht. Beides, die Person *und* die Situation, kommen wie gesagt extrem selten zusammen.

Ein Mensch wird nicht einfach zum Mörder, weil er oder sie eben »so« ist und schon immer so war. Sondern er muss erst »so« werden, durch einen hochkomplexen Ursachen-, Wirkungs- und

Rückwirkungszusammenhang, der sich in jedem einzelnen Fall anders darstellt. Die Fallgeschichten in diesem Buch werden durchaus nachvollziehbar machen, wie ganz »normales« Unglücklichsein, schwere Frustration, ein böser Konflikt eine entsprechend anfällige Person – aber nur in einer ganz bestimmten, so nicht wiederholbaren Lebenskonstellation – bis zum Mord treiben können.

Kein Mord oder Totschlag geschieht aus heiterem Himmel.

Ein bis dahin unauffälliger Nachbar oder umgänglicher Kollege »rastet aus«, bringt den Chef oder die Ehefrau um – doch seine Umgebung, wie es dann regelmäßig heißt, hätte ihm das niemals zugetraut. Eine so gravierende Tat beruht fast immer auf einer weit zurückreichenden Vorgeschichte, die der Täter allerdings nicht selten vor seinem Umfeld mit Erfolg verbirgt. Wäre er fähig und willens, seine innere Situation anderen zu kommunizieren, dann käme es wahrscheinlich gar nicht zur Katastrophe. Tötungsdelikte dieser Art setzen voraus, dass ein über Jahre oder Jahrzehnte gebildeter Emotionsstau den letzten Damm der Selbstkontrolle brechen lässt.

»Affekttötung« heißt die Kategorie, in die die meisten Mord- und Totschlagsdelikte hierzulande fallen. Schätzungen zufolge sind mindestens 2/3 der Tötungsdelikte in Europa Beziehungsdelikte im weitesten Sinn, also Tötungen von Personen, mit denen der Täter durch private oder berufliche Beziehung ein Stück Lebensgeschichte gemeinsam hat (zumindest gilt das in Ländern, wo Kriminalisierung durch Verelendung und organisiertes Verbrechen keine signifikante Rolle spielen).

Affekttäter überschreiten meist in den Tagen oder Wochen vor der Tat die Schwelle zu einem Zustand, den der Psychiater Wilfried Rasch »homizide Bereitschaft« nennt. Diese psychische Verfassung wird wie ein sich verengender Tunnel erlebt, in dem der Betreffende keinen Seitenausgang sieht, sprich kein alternatives Handlungsmuster für möglich hält. In dieser Phase kann ein »Denkzettel« oder die tatsächliche Ermordung des Opfers bewusst geplant werden, oder sich als äußerste Option im Bewusstsein des Täters vage abzeichnen, um dann durch explosive Entladung von Aggression Wirklichkeit zu werden. Der unmittelbare Anlass zur Tat, etwa eine als Kränkung empfundene Äußerung, ist »immer nur der Funken, der die so gefährliche Mischung aus alten Ängsten, reaktivierten Verletzungen, empfindlichem Charakter, mangelnder Frustrationsabfuhr und Affektstau letztlich zur Explosion bringt.«[10]

Vielleicht wird man jetzt sagen, die bisherigen Ausführungen erklären vieles, aber nicht das Entscheidende. Die Ungeheuerlichkeit des Tötens selbst – *es tatsächlich zu tun* – will uns nicht in den Kopf. Selbst während einer Wirtshausrauferei kennen die Beteiligten in der Regel die gefährliche Grenze, jenseits derer man den Gegner lebensgefährlich verletzen könnte, und riskieren dies nicht.

Ein Schlüssel zum Verständnis lautet:

Nur Mangel an Empathie macht einen Mord oder Totschlag möglich.

Ein Täter muss kein insgesamt ein kalter, gemütsarmer, des Mitleids unfähiger Mensch sein. Im Augenblick der Tat fühlt er sich jedoch nicht in das Opfer ein, nimmt es nicht als Person wahr. Er reißt die gesamte Macht an sich, der Andere erscheint als ein Nichts. Das alles beherrschende Ego hat allein Recht, die eigene Emotion begräbt alles unter sich und löscht, buchstäblich, das Gegenüber aus.

»Die Tötung eines Menschen ist immer eine sehr egoistische Angelegenheit«, so Reinhard Haller. »Das Opfer wird letztlich gar nicht mehr personalisiert. es wird nur noch zu einer Strebung, einer Richtung! Es hat nichts Menschliches mehr an sich. Im Zusammenhang mit Tötungen in Partnerschaften erleben wir immer wieder, dass Mörder ihre Opfer nachträglich entmenschlichen, klein machen und vernichten, indem sie die Leiche entsprechend verstümmeln. Das gibt es durchaus nicht nur bei sexuell abnormen Serientätern!«

Die meisten Menschen im Zustand homizider Bereitschaft töten allerdings nicht jemand anderen, sondern sich selbst.

Jeder Selbstmord ist ein verhinderter Mord, jeder Mord ein verhinderter Selbstmord.

Dieser berühmte psychoanalytische Ausspruch klingt fürs Erste provozierend. Nach landläufigem Verständnis gelten Selbstmörder heutzutage als Opfer, nicht als Täter, und diese primär teilnahmsvolle Haltung zum Suizid soll hier auch nicht in Frage gestellt werden. Selbstmörder maßen es sich ja nicht an, einem anderen Menschen das Lebensrecht zu rauben; oft wollen sie aber diesem anderen – oder einigen anderen – durch ihre Selbstauslöschung »etwas antun«. Ich erinnere mich an eine ehemaligen Studienkollegin meiner Eltern, die sich am Geburtstag ihres Ehemannes umbrachte.

Der Fremd- und Selbsttötung liegt häufig die gleiche Aggressionsdynamik, die gleiche Konstellation von biografischem Davor und akuter Situation zugrunde. Nur dass sich die Aggression im ersten Fall nach außen richtet, in zweiten Fall nach innen. Im Konflikt »du oder ich« unterliegt das Ich.

Manchmal kommt es ja auch zu beidem, in Form so genannter erweiterter Selbstmorde, wie sie als »Familientragödien« Schlagzeilen machen. Und manchmal liegt die Entscheidung zwischen Mord oder Selbstmord auf des Messers Schneide. Reinhard Haller schildert in diesem Zusammenhang einen besonders erschütternden Fall, der sich in den USA ereignete: »Ein fünfzehnjähriges Mädchen erbringt schlechte schulische Leistungen, und einmal nächtigt sie bei ihrem Freund. Als sie am nächsten Tag nach Hause kommt, sagt ihr Vater: ›So, wir nehmen jetzt deinen Hund und fahren hinaus aus der Stadt.‹ Er nimmt seinen Revolver mit, lädt ihn durch und gibt ihn dem Mädchen, damit sie zur Strafe das Tier erschießt. Und das Mädchen richtet die Waffe kurz gegen ihren Hund, dann gegen den Vater und letztlich gegen sich selbst, und drückt ab.«

Genetische und soziale Faktoren prädestinieren zu erhöhter Aggressivität.

Auch wenn es *das* Mördergen selbstverständlich nicht gibt:

Neueste Erkenntnisse der Hirnforschung aus Langzeitstudien erhärten die These, dass eine bestimmte genetische Ausstattung – die keineswegs selten vorkommt! – das Risiko steigert, später zum Gewalttäter zu werden. Auch einer hohen Neigung zu Angstreaktionen liegen offenbar genetische Faktoren zugrunde, von denen einige wenige bereits identifiziert wurden.[11] Und, so paradox es klingen mag: Gerade als existenziell wahrgenommene Ängste können zu schweren Aggressionshandlungen führen.

Gene verhalten sich aber wie Weichen, die durch die Umwelt so oder so gestellt werden können. Bei den Versuchsteilnehmern wurden »Risikogene« im Hinblick auf aggressives Verhalten meist *nur dann* wirksam, wenn die Betroffenen auch in problematischen Familienverhältnissen aufgewachsen waren.

Viele Täter waren in ihrer Kindheit selbst Opfer.

Eine Aussage, die viele als Provokation empfinden; denn reflexartig wird unterstellt, man wolle den Hinweis auf die verpfuschte Kindheit als »Ausrede« gebrauchen und den Täter von seiner Schuld freisprechen. Um solchen undifferenzierten Zwischenrufen einmal pointiert zu begegnen: Man wird ja auch nicht verdächtigt, Adolf Hitlers Taten entschuldigen zu wollen, indem man dessen brutalen Vater erwähnt.

Die Schuld eines Mörders schließt ja die Mitverantwortung anderer nicht aus. Gemeint ist das lieblose, gewalttätige, oder auch einengend-überfürsorgliche Verhalten von Erziehern – es gibt viele, teils gesellschaftlich akzeptierte Möglichkeiten, wie Erwachsene Kinder in einem schädigenden Ausmaß für sich instrumentalisieren, das heißt psychisch (wenn schon nicht körperlich) missbrauchen können.

Genauso einseitig argumentieren aber jene, die speziell bei Tötungshandlungen von Jugendlichen sofort die Eltern als die wahren Schuldigen brandmarken. Ein Kind ist weder der Besitz noch ausschließlich das Produkt seiner Eltern.

Auch ein Fünfzehnjähriger, der einen Mitschüler ersticht, trifft Entscheidungen, etwa, das Messer in die Schule mitzunehmen, und hat diese mit zu verantworten.

Ferndiagnosen in Unkenntnis der Umstände verbieten sich. »Jede Straftat ist einzigartig und in vielen Bereichen nicht mit anderen zu vergleichen, kein Motivbündel ist wie das andere, kein Täter lässt sich einer allgemein gültigen Typologisierung unterordnen.«[12]

So grundverschieden wie meine Gespräche mit Tätern, so verliefen auch jene mit Hinterbliebenen von Opfern. Durchgängig ließ sich nur beobachten:

Einen Menschen durch Mord oder Totschlag zu verlieren, ist ein traumatisches Ereignis und bewirkt einschneidende Änderungen im Leben.

Anders als ein Unfall oder eine tödliche Krankheit kann ein Tötungsdelikt kann von den Betroffenen nicht als schicksalhaft hingenommen werden, denn *jemand* hat es getan. Die Attacke des Täters trifft ebenso die Hinterbliebenen. Sie werden mit in die Rolle von Opfern gedrängt, leiden häufig an akuten Traumasymptomen beziehungsweise posttraumatischen Belastungsstörungen und sollten nicht zögern, Therapie in Anspruch zu nehmen.

Persönliche Weltwahrnehmung, Reaktionen und Entscheidungen werden ein Leben lang mit unter dem Einfluss dieser Erfahrung stehen. Dies gilt in besonderem Maß, wenn der Verlust eines Angehörigen durch Mord in die jugendliche Entwicklungszeit fällt.

Viele Angehörige von Verbrechensopfern entwickeln anfangs intensive Rachegefühle, vor allem wenn sie den Schuldigen nicht persönlich kennen. Diese »mörderische Wut« ist eine normale Reaktion, sollte zugelassen, verarbeitet, schließlich überwunden werden. Denn anhaltender ohnmächtiger Zorn verstärkt die unfreiwillige Bindung an den Täter und verhindert, dass die leidtragende Person diese enorme emotionale Belastung in ein neues, wenn auch prekäreres Lebensgleichgewicht integriert.

Der Mensch ist *nicht* das einzige Lebewesen, das systematisch die eigene Art tötet.

Entgegen einer tradierten moralistischen Sichtweise sind nicht nur wir Menschen fähig, ständig übereinander herzufallen. Das innerartliche Töten stellt auch bei etlichen Tiergattungen keinen Unfall, keine ausnahmsweise Eskalation von Paarungs- und Rangkämpfen dar, sondern ist regelhaft vorgesehen – und zwar fast immer im Zusammenhang mit Reproduktion, also der Durchsetzung eigener Gene. Als klassisches, längst bekanntes Beispiel für die biologisch programmierte Beseitigung von Artgenossen schildern Verhaltensbiologen gern die Vorgänge in Löwenrudeln. Etwa alle drei bis vier Jahre wird ein Weibchenrudel von einer Allianz neuer männlicher Leittiere übernommen. Damit die Männchen in der zur Gebote stehenden Zeit möglichst viele Nachkommen zeugen können, »bringt eine neue Allianz zunächst einmal alle abhängigen Jungen um. Dann fallen die Weibchen nämlich schneller wieder in den Östus und können befruchtet werden.« Kurt Kotrschal, der Leiter der Konrad Lorenz-Forschungsstelle in Grünau im Almtal/Oberösterreich, zieht mit aller Vorsicht auch eine Parallele zum menschlichen Verhalten: »Die Tatsache, dass der neue Freund der Mutter ihrem abhängigen Kind gefährlich werden kann, wird in genau diesem Zusammenhang diskutiert.«

Nächste Verwandte des Menschen, die Schimpansen, führen sogar gleichsam im Zeitlupentempo Kriege. Eine Gruppe von etwa 25–30 Tieren besetzt ein relativ großes Gebiet und markiert Grenzen gegenüber den Nachbarclans. Diese Grenzen können von Weibchen frei passiert werden, daher wechseln weibliche Schimpansen auch gelegentlich die Gruppe, was den Genfluss fördert. Den Männchen ist der Wechsel des Territoriums jedoch nicht erlaubt. Männliche Tiere der jeweiligen Gruppe patrouillieren regelmäßig entlang ihrer Gebietsgrenzen. Wird ein fremdes Männchen an einer Grenze angetroffen, so wird es angegriffen, schwer verletzt oder auch getötet. »Das führt dazu, dass mittelfristig, im Verlauf von Jahren, ganze Gruppen aufgerieben werden, die Nachbargruppen sich deren Territorien einverleiben und die übrig bleibenden Weibchen sich der Siegergruppe anschließen. Das erinnert sehr an menschliche Kriegsführung. Natürlich kommt es nicht zu Massen-Massakern – diese bleiben dem Menschen mit seinen technischen Möglichkeiten vorbehalten. Aber der Schritt dahin ist nur mehr ein quantitativer.«

Kotrschal will damit aber nicht einer biologistischen Rechtfertigung menschlicher Aggressionshandlungen das Wort reden, wie sie integrierter Bestandteil nationalsozialistischer Kriegs-Ideologie war und in jüngerer Zeit etwa durch die Thesen eines Irenäus Eibl Eibesfeldt neue Nahrung bekam. »Wir Menschen sind ja in der Lage, über unsere biologischen Wurzeln und Triebhandlungen zu reflektieren und sind nicht gezwungen, unsere evolutionären Strategien weiterzuführen.« Zu den biologischen Voraussetzungen des Tötens gehört freilich auch der komplexe und vieldiskutierte Zusammenhang zwischen Aggression und Sexualität.

Nicht nur »Lustmorde« haben eine sexuelle Komponente.

Tötungen innerhalb von Partnerschaften dienen so gut wie niemals der sadistisch-sexuellen Triebbefriedigung; ihre Motive, wie Eifersucht oder ein geschlechtlich konnotierter Machtkampf zwischen Täter und Opfer, wurzeln aber in der Sexualität im weitesten Sinn.

Die Bereiche für Aggression und Sexualität liegen im Gehirn nah beieinander, auch wenn die Details ihrer »Verschaltung« noch nicht restlos erforscht wurden.

Schon der sexuelle Akt habe ja, in den Worten des forensischen Psychiaters Patrick Frottier, etwas »aggressiv-intrusives an sich«. In allen Psychoanalytischen Schulen wird Sexualität, wie auch gehemmte und unterdrückte Sexualität, als eine der direkten oder indirekten Ursachen für Tötungshandlungen betrachtet. Was aber nicht bedeutet, dass Tötungsakte in aller Regel von den Tätern als erotisierend empfunden werden. Im Gegensatz zu sadistischen Sexualmördern berichten Täter nach Affektmorden, im Moment der Tötung nur exzessive Wut, aber keinerlei sexuelle Erregung verspürt zu haben.

In militärischen Konfrontationen hingegen, im Kampf, kann das Töten von manchen Soldaten als sexuell erregend erlebt werden. Die Aussage eines US-Kampfspähers im Irakkrieg, wie sie Evan Wright in seinem Irakkriegs-Buch *Generation Kill* zitiert, spricht für sich: »Der Stabsgefreite Person teilt mir eine Beobachtung über seine Reaktion auf den Kampf mit. Er steht pinkelnd am Straßenrand. ›Mann, ich ziehe meine Hose runter, und es riecht wie geiler Schwanz‹, sagt er. ›Dieser schweißige Geruch von geilem Schwanz. Ich rieche irgendwie, als ob ich gerade Sex gehabt hätte.‹«[13] Aus solchen Äußerungen lässt sich aber nicht im Umkehrschluss ableiten, das Töten sei ähnlich der Paarung in Wahrheit ein nur mühsam unterdrückter Drang der menschlichen Spezies insgesamt.

Der einzelne Mensch hat in der Regel *nicht* das »natürliche« Bedürfnis, tatsächlich zu töten.

Die Häufigkeit von Krieg und Völkermord verleitet zu dem Schluss, menschliche Gemeinschaften verhielten sich wie Vulkane, die per Naturgesetz in unregelmäßigen Abständen ausbrechen müssten.

Nach solchen Vorstellungen wären Individuen »gezähmte Bestien«, die in Wahrheit nur auf die Gelegenheit zum Töten warten würden. Dieses Denkmodell unterstellt ein allgemeines biologisches Grundbedürfnis, unsere Artgenossen umzubringen. Demnach würden Menschen vor allem um des Tötens willen Töten, Motive wie Vergeltung oder Erweiterung des eigenen Territoriums wären nur die Anlässe, nicht die tieferen Gründe dafür.

Eine extrem vereinfachende Sicht. Der Sozialpsychologe Harald Welzer spricht von einem »anthropologischen Fehlschluss, dass Menschen eben so seien und dass der Firnis der Zivilisation dünn sei und sich bei Wegfall zivilisatorischer Schranken das archaische Erbe Bahn breche, das eben im Rauben, Vergewaltigen und Totschlagen bestehe.«[14]

Vielmehr wurde und wird – nach Erkenntnissen der Ethnologie und Kulturanthropologie – in archaischen Gesellschaften weit weniger getötet als in modernen Staatswesen. Nomaden, Jäger/Sammler-Völker und kleine agrarische Gruppen tragen Konflikte untereinander viel eher punktuell aus – indem nur die jeweiligen »großen Krieger« gegeneinander antreten – weil sie bei massenhaften Gewalt-Eskalationen die gegenseitige Ausrottung riskieren würden. Der Massenkrieg mit stehenden Heeren scheint eine »Erfindung« der agrarischen Hochzivilisationen seit dem alten China und den präkolumbianischen Reichen zu sein; erst diese Staatsgebilde waren groß und reich genug, um sich den Verlust so vieler männlicher Mitglieder »leisten« zu können.[15]

Die Tendenz zu aggressiven Handlungen – als Reaktion auf feindlich empfundenes Verhalten anderer oder zur Durchsetzung eigener Begehrlichkeiten – gehört beim Menschen wie auch bei den meisten Tieren zur biologischen Grundausstattung. Aber im komplexen Kräfteaustausch zwischen Personen innerhalb sozialer Gruppen bildet die angeborene Aggressionsneigung nur *eine* Komponente. Und bei normal entwickelten Erwachsenen tritt Aggressivität ja selten im »Rohzustand« wie in der kindlichen Trotzphase auf, sondern in abgemilderten, sozialen Normen angepassten Spielarten. Die im Gehirn gebildeten neuronalen Spuren dieses *erlernten* Umgangs mit aggressiven Strebungen lassen sich aber nicht einfach löschen. Schon darum sind Kriege und selbst die meisten Massaker keineswegs spontane Ausbrüche blinder Gewalt.

Wenn wir dennoch in jeder Gesellschaft ein Tötungspotenzial zu erkennen vermeinen, das scheinbar »arbeitet« wie eine chemische Substanz, dann zeigt dies, wie wenig sich die Kompliziertheit des Menschen und seiner Beziehungen durch eine ausschließende Entweder-oder-Logik erfassen lässt. Sigmund Freuds umstrittene These einer »primären Feindseligkeit der Menschen gegeneinander«, die von der Kulturgesellschaft mit äußerster Mühe unterdrückt werde, steht nicht notwendig im Widerspruch zur Annahme eines Friedens- und Harmoniebedürfnisses. Wir sind eben, wie auch gesunder Menschenverstand und Religionen nahe legen, sowohl gut als auch böse.

Die verbrecherischen Anteile in uns lassen uns manchmal fantasieren, wie es wohl wäre, wenn der oder jener Widersacher einfach verschwände. Und der innere Aufschrei »ich bring' ihn um« stellt keine bloß metaphorische Einkleidung von Wut dar, sondern die Formulierung eines kleinen Tötungswunsches. Nur dass die meisten von uns nicht bestrebt sind, diese Wünsche auszuleben. Nach der »Sündenbock«-Theorie projizieren wir solche (stets auf konkrete Personen bezogene) Gelüste auf die tatsächlichen Mörder – sie »töten stellvertretend für uns«. Daher geht etwa Reinhard Haller davon aus, dass die Gesellschaft »bis zu einem gewissen Grad Mörder braucht« – so zynisch das in den Ohren Betroffener klingen mag.

In Gesellschaften, die Menschen opferten, wurde das interne Tötungspotenzial in der ritualisierten Form »geheiligten« Tötens gebunden.

In Kriegssituationen sind *deshalb* viele Menschen zu töten bereit, weil ihnen eine Autorität die Verantwortung dafür abnimmt.

Töten an der Kriegsfront ist »autorisiertes« Töten. Staatschefs und Militärführer setzen das zivile Tötungsverbot *partiell* außer Kraft. Ab einem bestimmten Moment darf zwar nicht etwa jeder getötet werden, aber eben »Der Feind«.

Die Militärausbildung will dem einzelnen Soldaten die (von den meisten Psychiatern als existent vorausgesetzte) Tötungshemmung abgewöhnen. Noch wichtiger als die heutzutage sehr ausgefeilte Konditionierung durch Schießübungen scheint dabei die Erziehung zu bedingungslosem Gehorsam gegenüber Vorgesetzten zu sein. Diese Teil-Entmündigung des Ego durch den militärischen Drill erleichtert nämlich die »Übertragung des Über-Ich auf den militärischen Führer, der nun als eine Art Über-Ich in Uniform mit neuen Normen (und) Wirklichkeitsbezügen (...) fungiert.«[16]

Bloß ferngesteuerte, passive, willenlose Werkzeuge in den Händen ihrer Anführer sind Soldaten aber auch nicht. Sie versuchen sich immer noch als individuell Handelnde zu begreifen; daher müssen sie, was sie tun, vor sich selbst mit Sinn ausstatten. Von außen angebotene Sinnstiftungen – Verteidigung des eigenen Landes, Befreiung eines anderen Volks von einem üblen Regime – greifen sie daher dankbar auf.

Es sind stets mehrere Faktoren, die Soldaten das Blutvergießen erleichtern: Der Konformitätsdruck, der ehrgeizige Wunsch nach Anerkennung in der Gruppe und das überwältigende »Gemeinschaftserlebnis im Angesicht des Todes« ermöglichen ebenso das Überschreiten der Grenze wie – besonders wichtig! – das Rachebedürfnis infolge der Tötung oder Verstümmelung von Kameraden. Gleichzeitig sprechen viele Selbstzeugnisse von Veteranen dafür, dass das Töten auch für (durchaus nicht persönlichkeitsgestörte!) Menschen zur vielleicht stärksten Droge überhaupt werden kann, von deren Genuss auch quälende Schuldgefühle nicht abzuhalten vermögen.

Ein ehemaliger Berufssoldat (der selbst keine Schuldgefühle hegt, siehe Seite 184) war ehrlich genug, mir unumwunden zuzugeben, dass das Töten eines Gegners für ihn eine euphorisierende Erweiterungserfahrung darstellte, ganz im Sinn von Elias Canettis Feststellung: »Der Augenblick des Überlebens ist der Augenblick der Macht. Der Schrecken über den Anblick des Todes löst sich in Befriedigung auf, denn man ist nicht selbst der Tote.«[17]

Auch Völkermord ist *autorisiertes* Töten und wird in seiner praktischen Ausführung fast durchwegs von normalen Menschen begangen.

In den meisten Studien zu diesem Thema wird das berühmte »Milgram-Experiment« zitiert, das der US-amerikanische Sozialpsychologe Stanley Milgram in den 60er-Jahren durchführte. Den Versuchspersonen wurde befohlen, andere Menschen mit immer stärkeren Elektroschocks zu foltern. 65 % (!) der Probanden steigerten die Dosis bis zum tödlichen 450-Volt-Stromschlag, weil ihnen der Versuchsleiter dies als sinnvoll und notwendig darstellte. Dem unsichtbar im Nebenraum platzierten »Opfer« wurde zwar nicht wirklich Strom in den Körper geleitet, und die Schmerzensschreie kamen vom Band, aber das erfuhren die Teilnehmer erst im Nachhinein.

»Es steht außer Zweifel, dass die Bereitschaft zum Gehorsam eine überaus verbreitete, wichtige Bedingung aggressiven Verhaltens ist«, hält Reinhard Haller in *Die Seele des Verbrechers* fest.[18]

Gehorsam allein reicht aber im Endeffekt nicht aus, um Völkermord in Gang zu setzen. »Massenhaftes und grausames Töten ist grundsätzlich ohne irrationale, ideologische und affektive Antriebe unmöglich«[19], gibt der Sozialpsychologe Rolf Pohl zu bedenken.

Die eigentlichen Kriegsverbrechen werden zwar in keinem Konflikt von der gesamten Armee, sondern meist »arbeitsteilig« von Spezialeinheiten wie Paramilitärs im Balkankonflikt oder der SA und SS im Nationalsozialismus begangen. Aber selbst in solchen Formationen liegt der Prozentsatz an psychisch auffälligen Persönlichkeiten oder hochgradig fanatisierten Überzeugungstätern zwar höher, aber nicht massiv höher als in der Normalbevölkerung.

Vielmehr tragen sehr viele psychisch gesunde Menschen in kleiner Dimension und als bloß latente Möglichkeit in sich, was bei Sexualmördern zum stets akuten, die Person beherrschenden Problem wird: Sadistische Anteile. Sadismus ist, nach der prägnanten Definition des Psychiaters Eberhard Schorsch, »sexualisierte Destruktivität«[20], auch wenn diese Verknüpfung mit dem Sexualtrieb nicht bei jeder sadistischen Handlungsweise leicht zu erkennen ist. Im Sadismus geht es darum, andere restlos zu beherrschen, sie zu brechen, ihre Autonomie zu zerstören. In Friedenszeiten begegnen wir solchen Bestrebungen in Form von »Alltagssadismus«, etwa wenn jemand versucht, uns bis aufs Blut zu schikanieren, uns »fertig zu machen«. Wenn das »große Schlachten« eines Genozids losgeht, dann können solche massenhaft verbreiteten, also normalen sadistischen Neigungen *vorübergehend* – nie auf Dauer – hochvirulent werden und die Form äußerster Grausamkeit

annehmen, worin dann auch ihre sexuelle Komponente deutli
sichtbar wird. Nicht umsonst gehen viele Massaker mit Massenvergewaltigungen höchster Brutalität einher.

Die sonst schlummernden sadistischen Regungen erwachen
aber niemals von selbst, sondern müssen durch erheblichen »Auto-
risierungs«-Aufwand erst geweckt werden.

**Massaker brechen nicht spontan aus. Sie sind nur möglich
durch planvolle Instrumentalisierung von Begehrlichkeiten,
Ängsten und Vorurteilen in der Bevölkerung.**

Bei aller historischen Unterschiedlichkeit von Genoziden lassen
sich ein paar Grundregeln für ihre Vorbereitungsphase erkennen.

Ob nun wie im Nationalsozialismus oder in Ruanda von vornherein die völlige Vernichtung des »Inneren Feindes« systematisch
geplant war (In Ruanda wurden Todeslisten als Computerausdrucke
verteilt!) oder ob, wie in Jugoslawien, die »ethnische Säuberung« in
einer Kombination aus Vertreibung und vielen punktuellen Massakern bestand: Immer werden, um derartige Pläne zu verwirklichen,
die gleichen reflexartigen Hassreaktionen bei der Bevölkerungs-
mehrheit ausgelöst. Die Strategie setzt bei schon bestehenden Res-
sentiments wie dem Antisemitismus an, oder bei »alten Rechnun-
gen« wie den Erinnerungen an die extremen Grausamkeiten
zwischen Kroaten und Serben während des Zweiten Weltkriegs.

Nun wird den »Ariern«, Serben, Kroaten eingeredet, die jeweils
»Anderen« stellten eben gerade jetzt eine akute Gefahr für das
eigene Leben dar. Mittels Hetzpropaganda in den gleichgeschalte-
ten Medien wird eine Bedrohungsfantasie induziert. Das funktioniert tatsächlich – die Verhetzten empfinden ehrliche, starke
Lebensangst – weil eine massenpsychologische Veränderung das
Kollektiv erfasst, gleichsam eine paranoide Wahrnehmungsstörung
auf Zeit. »Wir hatten das moralische Recht, wir hatten die Pflicht
gegenüber unserem Volk, dieses Volk, das uns umbringen wollte,
umzubringen«, sagte Heinrich Himmler in seiner Posener Rede des
Jahres 1943.

Zu dem so erzeugten Gemisch aus Angst, Hass und Rachedurst
gesellt sich die Aussicht auf Gratifikation, auf wirtschaftliche Vorteile, wie sie etwa in der ersten Phase des NS-Staates tatsächlich wei-

ten Bevölkerungskreisen zuteil wurden. Parallel zu alldem wird durch so genannte Dehumanisierung des Gegners schrittweise die letzte ethische Sperre aus dem Weg geräumt: Vor Genoziden wird immer den »Anderen« die Zugehörigkeit zur »eigentlichen« Menschheit aufgekündigt. Juden wurden zu »Untermenschen«, Tutsis zu »Kakerlaken« erklärt.

Der erste Mord kostet enorme Überwindung; haben die Beteiligten aber einmal erstaunt festgestellt, dass ja gar nicht die Welt einstürzt, wenn man tötet, dass auf der eigenen Seite »alles normal bleibt« und das Leben weitergeht, dann – wie Täter übereinstimmend berichten – fällt das Töten immer leichter.

Die »Sicherheitsparanoia« dämmt das Töten nicht ein.

Der alte zivilisatorische Traum, dass sich tödliche Gewalt abschaffen ließe, ist längst ausgeträumt. Das ändert nichts an der Notwendigkeit, auf die Eindämmung des Tötens und den Schutz potenzieller Opfer bedacht zu sein. Ganz entschieden sei aber die »Big Brother«-Methode abgelehnt: Politische Weichenstellungen, die auf ein Mehr an Überwachung und Kontrolle jedes Einzelnen abzielen, erfolgen aus höchst zweifelhaften Motiven und könnten auf Dauer das Gegenteil des Gewünschten bewirken.

Wenn freie Bürger auf US-Flughäfen völlig überzogene Security-Prozeduren über sich ergehen lassen müssen, wenn Firmenchefs den E-Mail-Verkehr sämtlicher Mitarbeiter ohne deren Wissen kontrollieren, und wenn gewisse österreichische Politiker wiederholt nach dem DNA-Test für alle Asylwerber rufen, dann schwingt die Unterstellung möglicher Kriminalität mit. Entgegen dem juristischen Gebot der Unschuldsvermutung geraten die betreffenden Personen a priori unter Verdacht.

Die Kontrollinstanz »unterzieht« – verräterischer Terminus – den Einzelnen der Kontrolle, mit einem Gestus, der einen hochgradig aggressiven Akt gegen die persönliche Freiheit und Integrität darstellt.

»Unter immer zudringlicheren Überwachungen, unter immer konzentrierteren Disziplinarzwängen« soll das autonome Individuum »gefügig und nützlich« gemacht werden, wie es Michel Foucault so unnachahmlich formulierte;[21] das geschieht unter dem

Vorwand des Wohls der Bürger in Form eines notwendigerweise illusorischen Sicherheitsversprechens. »Sicherheit ist eine Illusion« – so Patrick Frottier –, »denn es gibt ein fundamentales gesellschaftliches Bedürfnis, Grenzen auszuloten, das in jedem steckt.« Menschen brauchen den privaten Aktionsspielraum, in dem sie unbeobachtet agieren können, keinen Chef haben, sich als ihr eigener Herr fühlen dürfen. Wird diese »Intimzone« des Handelns durch usurpierende Kontrolle bedroht, so führt das zu einer latenten kollektiven Wut, die eine Gefahr darstellt. Wie Kinder haben auch Erwachsene noch das Bedürfnis, kleine Übertretungen des sozialen Regelsystems zu wagen. Darum scheint es so wichtig, dass die Grenzen des Erlaubten in einer Gesellschaft nicht zu restriktiv und vor allem nicht zu eindeutig gezogen werden. Es muss jenen Graubereich der Toleranz geben, in dem der Mensch als »universell kriminelles Wesen« (Freud) seine Sehnsucht nach Verbotenem auf vergleichsweise harmlose Art ausagieren kann. Zu eng empfundene Grenzen provozieren viel eher zu ihrer gewalttätigen Überschreitung.

Wienfluss

Mord und Totschlag –
Vom Töten im zivilen Leben

Spieleinsatz: Ein Leben

Wenn ein Mensch in einer Gastwirtsfamilie aufwächst und dann selbst in der Gastronomie arbeitet, so kommt er permanent mit allem, was süchtig macht, in Berührung. Gerald Kollmann* ist in einem Landgasthof groß geworden. Alkohol, Zigaretten oder Drogen interessierten ihn nie, aber die Kartenrunden der Gäste hatten es ihm schon früh angetan. Dem harmlosen »Schnapsen« mit Gästen, um den Preis einen Kaffees, mehr um des Spaßes als des Gewinns willen, folgten Pokerpartien, bei denen bereits um kleinere Geldsummen gespielt wurde. Und mit dem ersten Casinobesuch begann für Gerald Kollmann jener Weg, an dessen Ende er einen ehemaligen Freund mit einem Eisenrohr erschlug.

Kollmann ist ein gross gewachsener junger Mann mit hellem Haar und blasser Haut, von ziemlich angenehmem Äußeren.

Ein wenig weich, ein wenig still, jedoch nicht allzu verschlossen. Kein stimm- und sprachgewaltiger Typus, der mit Worten zu

Die Interviews für sämtliche Fallgeschichten fanden zwischen September 2003 und Oktober 2005 statt. Bei Tätern in Haft wurden die Namen aus Gründen der Anonymisierung stets geändert (Kennzeichnung durch *). Täter in Freiheit, Angehörige von Opfern und Überlebende erscheinen nur dann unter Pseudonym, wenn sie es so wünschen. Orte und biografische Einzelheiten wurden bei anonymisierten Fällen leicht verändert, Tathergang und zitierte Aussagen der Beteiligten entsprechen aber – bis auf formale Details wie die Glättung dialektaler Sprechweisen – der Wirklichkeit.

Es wäre es nicht zielführend, die Erzählungen der Täter oder Betroffenen mit der Darstellung der Fakten in den Gerichtsurteilen bis ins Letzte abzugleichen. Die objektive Wahrheit über einen Fall lässt sich ohnehin selten zweifelsfrei feststellen. Und es ist ja gerade die subjektive Wahrnehmung der Ereignisse durch die Beteiligten, die – explizit und zwischen den Zeilen – das »Warum« erst erahnen lässt.

dominieren versucht, aber auch keine einsame Randfigur. In einer intakten Familie sei er behütet und völlig gewaltfrei aufgewachsen. Unter den Schul- und Lehrlingskollegen habe er sich integriert gefühlt.

Kein brutaler Mensch

»Die meisten, die töten, sind keine brutalen Menschen«: Darüber herrscht weitgehend Konsens in der Verbrechensforschung. Mir setzte dies ein erfahrener Staatsanwalt aus Richmond/Virginia auseinander, der hunderte Mordprozesse, einige davon mit Todesurteilen, geführt hat (siehe Seite 155 ff.).

Auch Kollmann war nie als brutal aufgefallen. Nicht seine Eltern, nicht seine drei jüngeren Geschwister, nicht seine Bekannten, niemand hätte ihm eine solche Tat im Entferntesten zugetraut. Er sich selbst am allerwenigsten.

»Ich habe nie gedacht, dass ich ins Gefängnis komme. Geschweige denn einen Menschen töte. Das war für mich überhaupt das Unbegreiflichste. Ich habe Jahre gebraucht, bis ich das überhaupt habe verarbeiten können. Wie schnell das nämlich geht – plötzlich hat man getötet. Außer den üblichen Raufereien in der Volksschule habe ich ja bis dahin nicht einmal eine Schlägerei erlebt. Normalerweise erledige ich alles ganz cool und ruhig und locker.

Früher, wenn ich gehört habe, es hat einer jemanden umgebracht, dann war der erste Gedankenblitz, der mir durch den Kopf geschossen ist: Weg mit dem!«

Dem Gerichtspsychiater Reinhard Haller ist diese Fassungslosigkeit über das eigene Verbrechen in seiner jahrzehntelangen Gutachterlaufbahn immer wieder begegnet. »Es gibt im Menschen immer auch Seiten, die er selbst gar nicht kennt, die ihm nur in der konkreten Tötungssituation für wenige Sekunden oder Minuten bewusst werden, über die er im Nachhinein entsetzt ist. Diese Menschen haben tatsächlich *einmal* im Leben eine Tiefe in sich erkannt, an die sie danach selbst nicht glauben können – die sie nicht sehen können.«

Gerald Kollmann spricht mit großer Zuneigung über seine

Eltern, die ihn wöchentlich in der Haft besuchen; ebenso über die Geschwister, die im Gegensatz zu ihm ihr Leben offenbar ohne gravierende Probleme meistern. Auch seine eigene berufliche und private Existenz ließ sich anfangs ganz normal an. Gemeinsam mit seiner Jugendliebe führte er bald einen gut gehenden Gastronomiebetrieb. Warum hat einzig er, und *gerade* er, sich in so schrecklicher Weise schuldig gemacht?

Der lange Weg zur Affekttötung

Ein Tötungsdelikt kann spontan und ungeplant geschehen und ist dennoch keine zufällige Entgleisung, sondern das Endergebnis einer meist Jahre andauernden krisenhaften Entwicklung. Wenn seelisch gesunde Personen im zivilen Leben töten, dann befinden sich diese ansonsten normalen Menschen schon längst nicht mehr im Normal*zustand* – ohne aber psychisch krank zu sein!

Es sind durchaus verbreitete Ich-Probleme, wie Minderwertigkeitsgefühle, Konfliktängste, oder ein ausgeprägtes, aber unbefriedigtes Geltungsbedürfnis, die in besonders ungünstiger Kombination zu einer derartigen Krise führen können – aber nicht zwangsläufig müssen. Unter all den vielen Menschen, die einen solchen Mix an Persönlichkeitsdefiziten mit sich schleppen und nicht ausreichend an sich arbeiten, wird nur ein winziger Prozentsatz tatsächlich eine Tötungshandlung begehen. Denn es bedarf erst einer Häufung von äußeren Umständen, um die potenzielle Gefährdung wirksam werden zu lassen. Niemand kann von sich selbst mit letzter Sicherheit wissen, ob er nicht durch eine besondere Lebenskonstellation irgendwann zu dieser Risikogruppe gehören wird.

Gerald Kollmanns Haupt-Risikofaktor, zum Täter zu werden, dürfte seine Disposition zur Spielsucht gewesen sein. Krankhaftes Spielen ist ein psychiatrisches Thema für sich; ein kompliziertes Phänomen, das auf individuell unterschiedlichen Ursachenbündeln beruht. Die Betroffenen selbst haben vom Wesen ihrer Sucht nur eine verschwommene Vorstellung, sonst könnten sie sich ihr ja entziehen. Was reizte Kollmann am Glücksspiel so sehr?

»Es ist keine Minute langweilig im Spiel. Vielleicht war es das: die Suche nach etwas Außergewöhnlichem. Oder nach Anerkennung – ich weiß nicht, wie ich sagen soll … Vielleicht war mir das Dorf, in dem ich aufgewachsen bin, zu eng oder zu spießbürgerlich. Ich habe dort zwar meinen sicheren Hafen gehabt, aber ich bin gern weggesegelt, auf Saisonarbeit in einer Tourismusregion oder eben ins Casino.«

Kollmann beginnt ein klassisches Doppelleben zu führen. Das ganz normale »offizielle« Leben mit Freundin, Wohnung, guten Einkünften und passendem Beruf lässt sich jahrelang aufrechterhalten, weil das zweite Leben, das Spielerleben mit steigenden Einsätzen, noch nicht völlig außer Kontrolle geraten ist. Die Freundin, die sich vernachlässigt fühlt, sieht Geralds regelmäßige Casinobesuche nicht gern; dabei ahnt sie noch nicht einmal, um welch hohe Summen er spielt, weil sich Gewinne und Verluste über etwa fünf Jahre einigermaßen die Waage halten.

Gegen Ende dieser Phase freundet sich Kollmann mit einem zehn Jahre älteren Berufskollegen, dem Gastwirt Fritz Zauner*, an. Man begegnet einander im Spielermilieu: Beide frequentieren jene illegalen Pokerrunden, bei denen in den Hinterzimmern von Gasthäusern um eklatant hohe Einsätze gespielt wird. Kollmann hilft Zauner, mehr aus Freundschaft als der Bezahlung wegen, manchmal in dessen Gastronomiebetrieb aus.

»Ich habe ihn mehr oder weniger als Mentor angesehen. Habe mich sehr gut mit ihm verstanden, und wir haben zu zweit öfters Karten gespielt. Leider hat er dann mein Vertrauen missbraucht und mich beim Kartenspielen beschissen … Da bin ich mir sehr sicher. Es muss markierte Karten gegeben haben, und auch vom Spielablauf her sind Dinge geschehen, die nicht normal sein können. Nur lässt sich so etwas schwer beweisen – die Trickspieler sind so schnell mit den Fingern. Das Problem war, dass auf dem Papier für mich ein Schuldenstand von 300 000 Schilling (rund 23 000 Euro, A. d. V.) übrig geblieben ist.«

Kollmann will den seiner Ansicht nach ergaunerten Gewinn Zauners nicht anerkennen; im Streit geht man auseinander, und der Kontakt reißt völlig ab. Zauner meldet sich auch nicht mit Forderungen.

Bald danach schlittert Kollmann immer tiefer in die Sucht, schließlich in jene finale Phase, in der ein Spieler jeden auch noch so hohen Gewinn neuerlich setzen muss. Er nimmt Privatkredite auf, der finanzielle Zusammenbruch droht. Es gelingt ihm jedoch, mit den Banken eine außergerichtliche Einigung zu erzielen, sodass ein immer noch hoher, aber doch abzahlbarer Schuldenstand von umgerechnet knapp 50 000 Euro übrig bleibt.

Im Gegensatz zu den Finanzen lässt sich die Beziehung nicht mehr retten. Seine Partnerin und er haben einander seit Monaten fast nur mehr bei der Arbeit gesehen; Geralds Freizeit gehört dem Casino, ein gemeinsames Privatleben findet nicht mehr statt. Als er schließlich seine Spielsucht und das finanzielle Desaster eingesteht, verlässt ihn die Gefährtin – und zwar, seiner Erinnerung nach, ohne Streit, ohne ein böses Wort.

»Schuld daran war sicher der Vertrauensbruch meinerseits. Ich kann verstehen, warum sie sich trennen wollte. Sie hat im Prinzip Recht gehabt. Ich bin ihr nicht böse und habe sie immer noch gern – aber sie mich offenbar nicht mehr. Ich habe damals die Hoffnung gehegt, dass wir wieder zusammenkommen.«

Geralds Freundin verschwindet jedoch völlig aus seinem Leben; auch im Gefängnis hat sie ihn noch nie besucht.

Etwa zwei Jahre nach dem Scheitern der Beziehung und vier Jahre nach jener Pokerpartie versucht Fritz Zauner plötzlich, die Spielschuld von damals einzutreiben. Aus dem Nichts, nach langer Funkstille, habe Zauner plötzlich begonnen, Telefonterror zu veranstalten.

»Er hat bei meinen Eltern angerufen, hat gedroht, die Schulden einzukassieren. Wenn ich nicht zahlen würde, würde etwas Furchtbares passieren. Ich bin dann zu dem ›Herrn‹ (Zauner, A. d. V.) gefahren, habe ihn gestellt und eine Aussprache verlangt. Er hat total abgewiegelt und alles heruntergespielt, aber weiter telefonisch Druck gemacht. Über ein halbes Jahr hat sich das dann so in mir aufgestaut, dass ich keinen Ausweg mehr gewusst habe.

Meine damalige Lebenssituation war wahrscheinlich sehr zerbrechlich. Die Hälfte der Schulden war schon abgezahlt. Ich habe einen tollen neuen Job bekommen. Gespielt habe ich nur noch Pokerturniere in Kartencasinos, so wie andere Sport-Vereinsmeisterschaften spielen. Da sind die Einsätze sehr limitiert, das ist nicht gefährlich, was Verluste betrifft, das war kein finanzielles Problem. Mein Lebensstandard war ganz normal, aber eben alles sehr eng kalkuliert, wegen der Kreditraten. Deshalb habe ich auf die Sache mit Zauner total falsch reagiert. Wegen der Bedrohung durch den ›Herrn‹ habe ich das alles in Gefahr gesehen. Ich habe mich so hilflos gefühlt, so eingeengt und in die Ecke gedrängt. Da habe ich dann knappe 40 000 Schilling (2500 Euro, A. d. V.) zusammengespart, die wollte ich im Casino schnell verdoppeln oder verdreifachen und ihm das Geld geben. Also, ich wollte lieber einen Teil bezahlen, damit da endlich Ruhe einkehrt.«

Bei dieser Gelegenheit begibt sich Kollmann vier Jahre nach der gütlichen Einigung mit den Banken zum ersten und einzigen Mal wieder an den Roulettetisch. Und verliert die gesamte Summe.

»Nach diesem Rückfall ins Spielen war ich in einer solchen Verzweiflungssituation, da bin ich noch am selben Abend zu ihm gefahren und habe ihn abgepasst. Rückblickend gesehen, war schon davor im Hinterkopf öfters der Gedanke: Eigentlich gebührt ihm eine Tracht Prügel für die Aktion! Das hätte es auch werden sollen an dem Abend. Ich bin nicht mit Tötungsabsicht hingefahren, ich wollte ihn nur verprügeln. Leider ist das dann so ausgeartet, dass er nach einer Woche im Spital gestorben ist.«

Zum Prügeln beschafft sich Gerald Kollmann ein Eisenrohr, und schlägt mit aller Kraft auf Zauner ein. Drei-, viermal kracht das Eisen auch gegen den Kopf des Opfers.

Die Geschworenen befinden Kollmann des Mordes für schuldig.

Der gekränkte Täter

Die Geschichte einer Affekttötung beginnt häufig, wie auch in diesem Fall, mit einer als schwere Kränkung erlebten Situation. Dieses Kränkung trifft den späteren Täter in einer ohnehin labilen Phase seiner inneren Existenz.

Gerald Kollmann steckt bereits tief in der Spielsucht, als ihm der (vermeintliche oder tatsächliche) Verrat durch den guten Freund, Zauner, widerfährt.

»Das war vielleicht der Hauptgrund: Dass ich von einem Menschen, der mir viel bedeutet hat, so enttäuscht worden bin. Es ist dabei überhaupt nicht um das Geld gegangen. Mein Ehrgefühl, dass man beim Spiel nicht betrügen darf, war verletzt. Das hat bei mir eine solche Wut und einen solchen Hass ausgelöst. Er dürfte übrigens schon früher, was das Spielen angeht, Probleme gehabt haben. Er ist schon davor einmal zusammengeschlagen worden – das habe ich erst im Nachhinein in der Haft erfahren.«

Als Fritz Zauner nach Jahren des Schweigens plötzlich die Zahlung einfordert, wird bei Kollmann die alte Kränkung reaktiviert. Wut und Hass kehren wieder und verbinden sich mit der panischen Angst, die mühsame Aufbauarbeit am Ego, die Reparatur der Selbstsicherheit nach dem großen Crash, könnte zerstört werden.

»Eigentlich hatte ich mein Leben wieder im Griff. Durch die Bedrohung von Seiten dieses Herrn habe ich das aber alles in Gefahr gesehen – nur war mir das damals nicht so bewusst.«

Töten aus Angst

So gut wie jeder Mensch wäre in der Lage, zur Verteidigung des eigenen Lebens zu töten. Affektmörder tun aus ihrer subjektiven Warte aber nichts anderes: Vor der Tat glauben sie ihre Existenz durch den Menschen, den sie dann töten, ernsthaft gefährdet. Dies setzt keine im pathologischen Sinn wahnhafte Wahrnehmungsstörung voraus. Wir alle nehmen manchmal Situationen verzerrt und stark einseitig wahr. Schon wenn wir auf eine unbedachte Bemerkung überempfindlich reagieren, kann uns das Gefühl für Verhältnismäßigkeit abhanden kommen. Die Rücksprache mit anderen, das »Überschlafen« des Vorfalls, eventuell eine Aussprache mit der Person, von der wir uns beleidigt fühlen, dienen als Korrektiv: Wir erkennen im Nachhinein, dass wir aus einer kleinen Turbulenz ein großes Drama gemacht haben.

Vor einer Affekttötung geschieht ein solche Überreaktion in vielfach größerem Maßstab. Nur fehlt in diesem Fall die korrigierende Einwirkung der Umwelt. Denn der Täter begeht den entscheidenden Fehler, nicht oder zu wenig mit anderen über seine Situation zu kommunizieren. Aus Scham, Schwäche einzugestehen; aus dem ängstlichen Bedürfnis, eine Fassade der »Überlegenheit« aufrechtzuerhalten.

Der Betreffende steht unter emotionalem Hochdruck, aber der daraus resultierende massive Affektstau wird nicht, über Gespräche mit Dritten, nach außen abgeleitet.

So reagierte auch Gerald Kollmann. Er wandte sich wegen der Drohungen Zauners nicht an die Polizei, weil er damit selbst eine Bestrafung wegen verbotenen Glücksspiels riskiert hätte. Und seine Eltern bat er, die bösen Telefonanrufe in ihrem Haus nicht ernst zu nehmen.

»Ich habe ihnen gesagt: ›Da will mir nur jemand aus Rache einen Schrecken einjagen.‹ Ich habe die Sache verharmlost, weil ich sie da nicht hineinziehen wollte. Sie hatten mir ja schon damals wegen der Kreditschulden bei der Bank geholfen. Ich wollte das selber, im Geheimen, lösen. Hätte ich bei meinen Eltern um Hilfe gerufen oder wäre ich zur Polizei gegangen, dann hätte sich wahrscheinlich alles in Luft aufgelöst. Damals, in der Situation selbst, habe ich leider nicht so klar denken können wie jetzt.«

Kollmann hatte also nicht den Mut, sich mit seinem Problem zu outen, neuerliche Nachwirkungen seines alten Versagens, der Spielsucht, einzugestehen. Weil er den Konflikt, der ihn überforderte, nach außen hin bagatellisierte, konnte ihm niemand seine übersteigerte Angst vor Zauner ausreden. Er fixierte sich in geradezu obsessiver Weise auf sein späteres Opfer.

Täter wie Kollmann halten eine zwar belastende, aber nicht unlösbare Situation für derart existenzbedrohend, dass sie sich einbilden, zum Töten, diesem letzten Mittel der Selbstverteidigung, greifen zu müssen. Die engagierte und erfahrene Leiterin des psychologischen Dienstes in der österreichischen Justizanstalt Stein, Elisabeth Tadayon-Manssuri, legt den Kern dieses Fehlverhaltens frei: »Mörder sind feige. Sie können mit Schwierigkeiten, die ein normaler Mensch ohne körperliche Gewalt lösen kann, nicht fertig werden. Zum Beispiel mit dem Verlassenwerden, mit Enttäuschungen, mit Widerständen bei der Durchsetzung eigene Wünsche. Sie erleben den anderen als so bedrohlich, dass sie ihn vernichten müssen. Im Nachhinein sind sie dann sehr bestürzt, wenn man sie mit dieser Ansicht konfrontiert. Wenn man sie fragt: ›Was hat Ihre Frau oder Ihren Bekannten für Sie so bedrohlich gemacht, dass Sie Ihr Leben verteidigen mussten?‹ – Vor der Tat erscheint der Mord als die einzig mögliche Lösung, als die einzig vernünftige Lösung. Man beseitigt einen Todfeind, indem man ihn ins Jenseits befördert. Nach der Tat geht es darum, den Blickwinkel wieder zu erweitern. Klar zu machen, dass es auch andere Lösungsmöglichkeiten gegeben hätte.«

Homizide Bereitschaft

Die Veränderung, die ein Mensch in den Wochen vor einer Affekt-tötung an sich zulässt, gehört zu den für Außenstehende am schwersten vorstellbaren emotionalen Erfahrungen überhaupt. Darum gibt Elisabeth Tadayon-Manssuri zu bedenken: »Die eigentlichen Experten für Mord sind die Mörder.« Nur wer, wie Reinhard Haller, Hunderte Male die Erzählungen von Tätern auf sich wirken ließ und sie analysierte, gelangt vom rationalen Begreifen auch zum intensiven Nachempfinden jenes inneren Ausnahmezustands. »Das Erleben des zukünftigen Täters«, so Haller in *Die Seele des Verbrechers*, »wird immer stärker durch Hoffen und Bangen, durch die Konflikte und das gleichzeitige Bemühen bestimmt, die ansteigen-de Spannung zu beherrschen. Dabei bringt gerade der Versuch der Beherrschung keine Lösung der Situation, sondern wird zur Haupt-ursache für die zunehmende Störung des Motivationsgefüges.«[1]

Irgendwann mündet diese Befindlichkeit, vorbei an einem »point of no return«, in die sogenannte Homizide Bereitschaft. Diese finale Phase wird von Tätern häufig als ein sich zur Tat hin verengender Tunnel oder Trichter beschrieben.

»Ein wichtiges Phänomen stellt bei Affekttätern die Einengung der seelischen Abläufe und des Wahrnehmungsfeldes oder die soge-nannte Bewusstseinseinengung dar. Es handelt sich dabei um den normalpsychologischen Vorgang der Konzentration der Aufmerk-samkeit auf wenige Bewusstseinsinhalte und situative Elemente, der Täter blendet alles andere aus und konzentriert seine ganze Energie auf den einen Gedanken.«[2]

In Gerald Kollmanns Worten:

»Es war Verzweiflung, nicht mehr wissen, wie man die Situation handhaben soll … schwer zu erklären. Da ist man in so einem Strudel, wo man sich hineindenkt und psychisch verfällt. Dass man nicht mehr klar denkt, nicht mehr rational denkt. Man denkt nur: ›Ihm gebührt ein Denkzettel!‹ Und wenn man dann dort steht, ist man sowieso auf Hundert vom Adrenalinschub her, sodass Denken eigentlich überhaupt nichts mehr bringt. Wenn man die Tat macht, indem man zuschlägt, ist man total blockiert. Da will man nur noch, dass das vorbei ist.«

Was Kollmann hier begreiflich zu machen versucht, ist die schwerstmögliche Form des »Ausrastens«. Bei einem Wutanfall wird, selbst wenn der Betreffende zuschlägt, ein Sicherheitsmechanismus aktiviert: die Tötungshemmung. Der Zornige »kommt zu sich«. Umso tragischer, wenn die attackierte Person etwa nach einem Schlag unglücklich fällt und dennoch verstirbt (»Körperverletzung mit Todesfolge«). Bei Mord und Totschlag jedoch versagt die bei den Tätern ohnehin oft mangelhafte Impulskontrolle zur Gänze, sodass sich der lange Zeit angestaute, ungeheure Druck der Affekte »direkt in aggressiver Motilität« entlädt, ohne »den Filter der Gesamtpersönlichkeit zu passieren«[3].

Ein anderer Täter, Sebastian Meixner* – der als Neunzehnjähriger das Kleinkind seiner Freundin durch Prügeln und Gegen-die-Wand-Schleudern tödlich verletzte –, schilderte mir die Bewusstseinseinengung im Moment solch furchtbarer Aggression folgendermaßen:

»Es ist ein unglaubliches Stur-Sein, geistig und verstandesmäßig Zugezimmert-Sein. Man ist in einem ganz kleinen Kästchen. Es war überhaupt kein aktives Erleben dessen, was man tut; man sieht sozusagen innerlich überhaupt nicht nach. Plötzlich ist man mit dem Endergebnis konfrontiert.«

Der »Rückstoß« nach der Tat

Die meisten Affekttäter unternehmen keinen oder keinen effizienten Fluchtversuch. Gerald Kollmann lief zwar davon und fuhr heim, verlor aber am Tatort seine Kappe, bemühte sich nicht, Spuren zu beseitigen.

»Da meldet sich eigentlich nur noch ein Gedanke: Weg von da! Ich habe mich nicht um das Opfer gekümmert, was natürlich ganz schlimm war, und auch um nichts anderes. Man bemerkt, dass man etwas angerichtet hat, will es aber nicht wahrhaben. Die Gefühle sind schlimm. Das ist ein Totschlag nicht nur an dem ›Herrn‹, sondern auch an sich selbst.«

Haller vergleicht die psychische Reaktion *nach* der explosiven Affektentladung mit dem Rückstoß nach dem Abfeuern einer Waffe. »Es kommt zu einem Innehalten und einer schweren depressiven Reaktion, durch welche sich die Persönlichkeit nach der Tat von derselben distanziert.«[4]

Selbstmordversuch

Kurz nach seiner Verhaftung versucht Gerald Kollmann zum ersten Mal, auch sein eigenes Leben zu beenden, weil er erfährt, dass sein Opfer im Sterben liegt.

Später, während der Untersuchungshaft, auf der Fahrt zum Lokaltermin am Tatort, erfolgt der zweite Suizidversuch. Auf der Schnellstraße greift er ins Lenkrad und versucht, den Wagen der Kriminalpolizei in den Gegenverkehr zu lenken.

»Das war absolut Verzweiflung. Der schlimmste Moment in meinem Leben«, erklärt er.

An diesem Punkt des Gesprächs lässt sich der Beiklang von Selbstmitleid in Kollmanns Stimme nicht mehr höflich-neutral überhören. Denn sein Tonfall suggeriert bloß, wie sehr *er* an jener Situation litt – was ja nachvollziehbar scheint. Dass er aber durch diese Flucht in den Frontalzusammenstoß, wäre sie denn gelungen, womöglich weitere Menschen in den Tod gerissen hätte, und wie die Kriminalbeamten wohl den Schreck erlebt haben mögen – dies zu erwähnen, kommt ihm offenbar nicht in den Sinn. Waren ihm die Mitfahrer völlig gleichgültig?

»Wenn man mit seinem eigenen Leben abschließt, ist eigentlich alles egal. Man denkt auch nicht an die Gefängnisstrafe. Was man den eigenen Eltern antut, was man der Familie des Opfers antut – für so etwas hat man keine Gedanken. Man ist nur noch auf Tod aus. Ich will sterben, alles hinter mir lassen – Ende.«

»Nur noch auf Tod aus«: Die menschliche Destruktionsneigung, die nach Freud'scher Auffassung als Todestrieb in uns waltet, macht keinen grundsätzlichen Unterschied zwischen der Zerstörung der eigenen Person und der Vernichtung anderer. Selbstmord und Fremdtötung beruhen auf der gleichen Aggressionsdynamik, selbst wenn sie sich im Ergebnis gravierend unterscheiden.

Gerald Kollmanns Formulierungen, die Akzente, die er im Erzählen setzt, lassen ein Stück weit ahnen, welche noch fehlenden Reifungsprozesse, welche mangelnden sozialen Kompetenzen ihn so weit brachten, dass er in jener Lebenskonstellation zu töten fähig war.

»Wahrscheinlich habe ich in meinem Leben zu wenig Konflikte lösen müssen; habe Konflikte verdrängt oder erst gar nicht aufkommen lassen.«

Dies kann bedeuten, sich den Forderungen und Bedürfnissen anderer zu entziehen, sich Kämpfe und Anstrengungen ersparen zu wollen. Immer habe er »alles cool und ruhig und locker« erledigt. Vielleicht verharrte Kollmann in einem kindlich-regressiven Harmoniebedürfnis, machte sich den Umgang mit Mitmenschen und sich selbst zu einfach; wich eigenen inneren Widersprüchen lieber aus, als an ihnen zu wachsen; versuchte Wünsche nach einem höheren Einkommen und einem glanzvolleren gesellschaftlichen Status »auf die Schnelle«, im Casino, einzulösen; und auch in seiner neun Jahre dauernden Beziehung wollte er bis zuletzt die wachsende Unzufriedenheit der Partnerin nicht wahrhaben:

»Bis auf das Spielen war das, wie man sagt, perfekt. Es ist total klaglos gegangen – und dann komischerweise auch total klaglos auseinander gegangen.«

Diese Scheu vor Konfrontationen äußert sich auch in Kollmanns verbalem Umgang mit seiner Schuld.

»Das Ganze ist mir, wie man so sagt, passiert. Die Situation war total gegen meine Natur.«

Er wirft den Banken allzu freizügige Kreditvergabe vor und grollt den Casinobetreibern, die die gesetzlich vorgeschriebene Einkommensprüfung erst getätigt hätten, als er bereits katastrophal verschuldet war. Diese Kritikpunkte mögen ihre Berechtigung haben, stehen aber in Kollmanns Schilderung der Ereignisse etwas zu sehr im Vordergrund gegenüber der – durchaus nicht geleugneten – eigenen Schuld. Auch dem Opfer Fritz Zauner verübelt er nach wie vor dessen (aus seiner Sicht) wesentlichen Anteil am Zustandekommen jener fatalen Situation.

»Richtig verzeihen kann ich ihm eigentlich nicht, dass es dazu gekommen ist. Das wäre gelogen. Aber noch mehr böse bin ich auf mich selbst. Weil ich das so ›gelöst‹ habe und nicht anders.«

Dass Zauner inzwischen geheiratet hatte, eine Frau und ein kleines Kind hinterließ, erfuhr Kollmann erst nach der Tat. Im Gerichtssaal entschuldigte er sich bei der Witwe. Nach wie vor würde er gern mit ihr in Kontakt treten – um Absolution zu erhalten?

»Wenn sie Fragen hat, stelle ich mich gern zur Verfügung. Allerdings, in der umgekehrten Situation wäre ich als Angehöriger auch nicht erpicht darauf, mit dem Täter zu reden.«

Gerald Kollmann versucht, die Gedanken an den Kummer der Hinterbliebenen nicht zu nah an sich heranzulassen, denn:

»Das übersteht man nicht.«

Er fürchtet also, vielleicht zu Recht, neuerliche Depressionen bis hin zur Suizidgefährdung, falls er sich auf die Vorstellung seiner Schuld und ihrer Konsequenzen mit ganzer Seele einließe.

Die meisten Menschen gestehen schon vergleichsweise harmlose Fehler ungern ein und haben Schwierigkeiten damit, ihr Unrecht zu bereuen und daraus zu lernen. Es gehört Courage dazu, in sich selbst die Spannung zwischen Gut und Böse bewusst zu erleben und sie zu ertragen. Dies dürfte umso schwerer fallen, wenn dieses Böse absolut irreversibel, niemals wieder gutzumachen ist – denn dies unterscheidet Mord und Totschlag von anderen Verbrechen.

»Das ist nicht etwas, was man einmal kaputtmacht und dann repariert. Ich kann es nicht mehr reparieren. Ich kann nur schauen, dass ich weiterkomme, irgendwie.«

Als diese Zeilen geschrieben wurden, stand Gerald Kollmann die so genannte Tataufarbeitung unmittelbar bevor. Ein Jahr lang würde er, in Gruppe mit anderen Tötungsdelinquenten, unter Leitung von Psychologen, viele Stunden über sein Delikt sprechen und dessen tiefere Ursachen erforschen müssen. Die anderen Teilnehmer der Gruppe, denen niemand etwas vormachen kann, da sie ja selbst getötet haben, würden ihm kein Detail der Konfrontation mit seinem Verbrechen ersparen.

Eine solche therapiegestützte Auseinandersetzung mit der Tat gilt als wesentliche Vorbedingung dafür, dass ein Affekttäter wie Kollmann nach seiner Entlassung nicht mehr Gefahr läuft, gefährlich zu werden.

Wegen Einmischung erschossen

Wenn ein fünfzigjähriger Mann den dreiunddreißigjährigen Liebhaber seiner vierunddreißigjährigen Ex-Lebensgefährtin umbringt,
dann glaubt alle Welt einschließlich der Boulevardpresse an einen
Eifersuchtsmord:

»(...) streckte er seinen Nebenbuhler mit zwölf Schüssen nie-
der (...).«

Aber offenbar waren es weit weniger »romantische« Beweggründe, die Karl Hinterberger* einen Mord begehen ließen. Seine
Geschichte kann als Paradebeispiel dafür dienen, welch banale, ver-
traute Konflikte oft hinter einem Tötungsdelikt stehen.

Wir alle haben schon erlebt, dass sich in unserem Bekanntenkreis ehemalige Freunde, Paare oder Geschäftspartner überwerfen
und einander eine Schlammschlacht liefern – oftmals unter Drohungen und Verleumdungen und zum Schluss mit juristischen
Mitteln. Wenn dann eine von tausenden derartigen Streitigkeiten
in einem Mord oder Totschlag eskaliert, so spielen manchmal
Zufälle oder auch Begleitumstände wie Alkoholisierung mit.

Das gerichtsmedizinische Protokoll führt Schritt um Schritt, wie
eine auf Details zoomende Kamera, durch den Tatort. »(...) leeres
Bierglas (...) Patronenhülsen (...) umgestürzter Couchtisch (...) Ein-
schussdefekt an der Wand (...) zersplitterte Türverglasung (...) auf
dem stark abgenutzten Linoleumboden findet sich die Leiche in
Rückenlage. Es ist hier eine große Blutlachenbildung zu erkennen,
darüber hinaus zahlreiche blutig verschmutzte Trittspuren. Es zeigt
sich eine blutende Wunde über dem linken Knie (...) Das rechte
Bein weist ebenfalls zwei Einschüsse auf, einen an der Vorderseite
des rechten Oberschenkels, einen weiteren an der Rückseite des
rechten Oberschenkels annähernd in der Mitte. In der linken
Gesäßhälfte ebenfalls eine Lückenbildung der Haut. (...) Der Schädel ist blutig verunreinigt, hinter dem linken Ohr ist eine aus-
gedehnte Lückenbildung zu erkennen. (...) Es wird nunmehr der
Leiche die Unterhose ausgezogen, um die Rektaltemperatur zu messen, dabei kommt in der Gesäßspalte links sowie auch rechts je eine
Lückenbildung der Haut zur Ansicht.

(...) Bei Manipulation der Leiche läuft eine Kakerlake durch das
Zimmer.«[5]

Ein Mensch wie viele andere

Karl Hinterberger, der diese Kugeln abgefeuert hat, sieht aus wie der Hausmeister oder der Kneipenbesitzer von nebenan.

Unter den Tätern, die mir bei der Recherche zum zivilen Töten begegnet sind, erschien er mir als der »Unverdächtigste« von allen. Der untersetzte, etwas derbe, rotgesichtiger Mann mit Schnurrbart macht weder einen labilen noch einen besonders egozentrischen Eindruck, er wirkt auch nicht besonders gehemmt oder verschlossen, noch bemerkt man an ihm unreife Züge eines »ewigen Kindes«. Man traut Karl Hinterberger Verantwortungsbewusstsein zu und schätzt ihn als einen in sein Milieu integrierten Menschen ein, der gern feiert und lacht.

Vorstellen kann man sich allerdings, dass er auch zu heftigem Ärger neigt, zu keifende Gereiztheit, die rasch in cholerische Zornesausbrüche übergeht; dies freilich nicht primär aus Machthunger, sondern nur aus Erregung über seiner Meinung nach unkooperatives oder provozierendes Verhalten anderer – die ihn aber recht häufig überkommt.

In der unmittelbaren Nachkriegszeit wächst Karl Hinterberger im kleinbürgerlichen Milieu auf und tritt, nach der Abschlussprüfung an einer technischen Lehranstalt, in ein Versicherungsunternehmen ein. Mit achtzehn heiratet er seine gleichaltrige Jugendliebe, die schwanger ist. Die Ehe hält nur drei Jahre, weil der lebensfrohe junge Mann viel »herumzieht« und auf Feste geht.

»Das hat ihr natürlich nicht gepasst, weil sie zu Hause saß mit dem Baby. Wir sind aber in Frieden auseinander gegangen und haben uns einvernehmlich scheiden lassen. Das war damals eine Seltenheit.«

Mit Anfang dreißig lernt Hinterberger dann Sabrina* kennen, ein siebzehnjähriges Mädchen, das schon seit dem vierzehnten Lebensjahr Mutter eines Jungen ist und nun ein weiteres Kind, Karls Sohn, zur Welt bringt. Zu viert ziehen sie nach Italien, wo Hinterberger durch seinen Vater, der im Krieg dort stationiert war, über beste Kontakte verfügt. Sie führen ein gut besuchtes Restaurant, Hinterberger handelt zusätzlich mit Autos und Wohnungen. Seine Partnerin verdient nebenbei hohe Summen durch Prostitution, was ihm aber, wie er versichert, erst im Nachhinein zu Ohren gekommen sei.

Zurück in Österreich, kauft das Paar nicht einen, sondern gleich zwei Gastronomiebetriebe, was naturgemäß mit hoher Arbeitsbelastung einhergeht. Hinterberger trägt dies mit Fassung, nicht aber seine Freundin.

»Da hat es immer öfter Streit gegeben. Sie hat gesagt: ›Wieso kommst du so spät aus dem anderen Lokal?‹ Dabei gab es da wirklich nichts mit einer anderen Frau, ich habe nur einfach so lang gearbeitet … Aber vor allem ist ihr die Arbeit zu anstrengend geworden. Sie hat gesagt: ›Geben wir doch das eine Lokal auf!‹ Sage ich zu ihr: ›Du wolltest doch vorher einen eigenen Betrieb haben, und jetzt ist es dir zu viel?‹«

Hinterberger scheint zu den Menschen zu gehören, die sich gern und ohne Jammern ein übergroßes Arbeitspensum aufladen, dies aber ganz selbstverständlich auch von anderen erwarten.

Man kann sich die wachsende Unzufriedenheit der Frau, die gegenseitigen Schuldzuweisungen, die lautstarken Szenen, die Verschlechterung des Klimas in der Beziehung – die immerhin achtzehn Jahre gehalten hat – lebhaft vorstellen. Später, als Zeugin im Mordprozess, wird sie ihn der Gewalttätigkeit bezichtigen. Er weist das strikt zurück – nie habe sie von ihm auch nur eine Ohrfeige bekommen.

Ein ganz gewöhnlicher »Scheidungskrieg«

Sabrina beginnt schließlich ein Liebesverhältnis mit einem Stammgast des Lokals. Als gemeinsame Bekannte längst Bescheid wissen, fällt es endlich auch Karl auf.

»Als ich dann die Rede darauf gebracht habe, hatte ich plötzlich auch keine Schlüssel mehr. Sie hat alle Schlösser austauschen lassen. Ich hatte aber noch viele Sachen in unserer gemeinsamen Wohnung, die über dem Lokal war. Zum Beispiel Kleidung, eine Münzensammlung, eine Briefmarkensammlung, die nach damaliger Währung ungefähr 500 000 Schilling (ca. 36 330 Euro, A. d. V.) wert war. Die Sachen waren mir aber vor allem persönlich sehr viel wert, weil ich sie von meinen

Eltern und Großeltern bekommen habe, das hatte einen gewissen Erinnerungswert.

Nun, und als ich schon keine Schlüssel mehr hatte, sagt sie zur mir: ›Ich habe mich verliebt, ich möchte jetzt mit dem anderen Mann zusammenziehen‹. Sage ich: ›Aha, und das sagst du mir so im Vorbeigehen? Und was ist mit meinen Sachen?‹ – ›Ja, die kannst du dir irgendwann holen.‹«

Hinterberger akzeptiert, zumindest nach außen hin, das Ende der ohnehin abgekühlten Beziehung, räumt umstandslos das Feld und sucht sich eine Wohnung. Damit beginnt aber erst der Trennungskrieg, der ein knappes Jahr später zur Katastrophe führen wird.

Weder erhält er seine zurückgelassenen Kleidungsstücke – er muss sich neue kaufen – noch die erwähnten Erbstücke zurück.

»Das hat sie alles behalten! Also, ich hatte einen furchtbaren Zorn, nicht? Am Anfang hat sie mich erst einmal zwei Monate hingehalten, indem sie gesagt hat: ›Der große Sohn‹ – also mein Stiefsohn – ›bringt die Sachen zu deiner Mutter.‹ Meine Mutter wohnt nämlich nicht weit von dort. Na ja, habe ich angerufen nach einer Woche: ›Wann bringt er sie denn?‹ Sagt sie: ›Der ist leider noch nicht dazu gekommen, aber morgen kommt er und bringt deiner Mutter die Sachen.‹

Ich habe zwei Tage später meine Mutter angerufen: ›Sind die Sachen schon bei dir?‹ – ›Nein‹, sagt sie, ›es war noch immer niemand da.‹ Deshalb habe ich wieder bei Sabrina angerufen. So hat sich das immer mehr aufgeschaukelt. Meine Mutter: ›Wieso bringt sie die Sachen nicht her? Da sind ja auch noch alle die Sachen von meinem Mann dabei! Die kannst du der doch nicht einfach lassen!?‹ Und ich habe schon wieder angerufen!«

Bei diesen Worten stößt Hinterberger ein fast heulendes Lachen aus: Ein verzweifeltes Auslachen des eigenen fatalen Fehlers im Leben – er beobachtet sich gleichsam selbst in jener grotesken Situation, als er sich in seinen ohnmächtigen Ärger verbiss, wie ein Hund hinter einem Zaun, der von einem Passanten aus sicherer Distanz mutwillig gereizt wird und diesen immer wütender anbellt, statt ihn zu ignorieren.

Mehr als zwei Monate nach der Trennung bittet Hinterberger

gemeinsame Freunde um Vermittlung, um eine gütliche Einigung zu erreichen, was leider scheitert: Seine Ex-Partnerin vertritt offenbar die Meinung, die strittigen Besitztümer stünden *ihr* zu. Nun schaltet er einen Anwalt ein, dessen briefliche Forderungen aber unbeantwortet bleiben.

Karl Hinterberger gibt nicht auf, verkrallt sich in seinen Groll. Der Anruf bei Sabrina wird zum frustrierenden »Höhepunkt« jedes Tages. Schon das Wählen der Nummer und das Ertönen des Freizeichens lassen ihn beinahe außer sich geraten.

»Ich habe mir gesagt: Jetzt erst recht! Ich bin an und für sich immer ein gutmütiger Mensch gewesen. Nur hat mich dieses ewige – dieses Zum-Narren-gehalten-Werden, immer wieder, praktisch jeden Tag, das hat mich am meisten gestört, muss ich ehrlich sagen. Weil es mir auch nicht einmal mehr möglich war, einen normalen Kontakt mit meinem Kind aufrechtzuerhalten. Meine Kellnerin im Lokal hat immer gesagt: ›Warum lässt du dir denn das gefallen? Wenn mir das passiert, fahre ich zu ihr und haue ihr die Bude zusammen‹ – hat mir die Kellnerin gesagt! Die ist daneben gestanden, wenn ich telefoniert habe und gebeten habe: ›Kann ich mit meinem Sohn reden?‹ Nun, entweder hat sie mich mit einer offensichtlichen Ausrede provoziert – ›Der ist nicht da, mit dem kannst du nicht reden‹ – oder gar keine Antwort gegeben. Oder sie hat herumgeredet. Der Kleine war ja zu dem Zeitpunkt erst zwölf Jahre alt. Davor war er im Internat, und nachdem wir uns getrennt haben, hat sie ihn aus dem Internat genommen. Nach dem Schulwechsel hat er nicht einmal die Klasse abschließen können, er ist durchgefallen. War natürlich ein Problem für mich, das hat mir auch Sorgen gemacht zu dem Zeitpunkt.«

Nach wie vor verkehren etliche seiner Freunde in dem nun allein von Sabrina geführten zweiten Gastronomiebetrieb; sie versorgen Karl mit Neuigkeiten aus der »Sperrzone«, wie etwa, dass seine Ex-Freundin nach ihm schon einige Male den Liebhaber gewechselt haben soll.

Sicherlich eskalierte der Zwist auch deshalb, weil er sich unter den Augen gemeinsamer Bekannter abspielte: Schon um nicht völlig das Gesicht zu verlieren, mag Hinterberger stur an seiner Position festgehalten haben.

Ärger mit tödlichem Ausgang

In weiterer Folge entsenden beide Seiten Droh-Abordnungen. Bald danach – der Streit dauert nun schon fast ein Jahr – verabredet sich Hinterberger mit einem Bekannten zum Sportschießen an einem Schießplatz, den er schon seit Jahren jeweils im Abstand von wenigen Wochen frequentiert; das Lokal seiner Ex-Freundin liegt nicht weit entfernt.

»Von unterwegs – ich hatte ein bisschen etwas getrunken – habe ich dann bei ihr angerufen, ob ich jetzt meine Sachen abholen kann, denn der Bekannte von mir hatte einen Lieferwagen mit. Im Zuge der telefonischen Debatten, die sich dann ergeben haben, bin ich hingefahren.«

Die Pistolen stecken in den Taschen einer eigens für diesen Zweck angeschafften Weste. Hinterberger betritt kurz vor Sperrstunde das fast schon leere Lokal. Dort begegnet er einem jungen Mann, den er aus einem weit entfernten Stadtviertel vom Sehen kennt und den er dem Zuhältermilieu zuordnet. Etwas erstaunt, ihn an diesem Ort zu finden, habe er sich vorerst nichts anmerken lassen, ein Bier bestellt, das Glas ausgetrunken und nach Sabrina gefragt. Zu diesem Zeitpunkt scheint das spätere Opfer noch nicht begriffen zu haben, dass der Ex-Lebensgefährte der Wirtin vor ihm steht.

Alles weitere spielt sich blitzschnell ab.

»Auf einmal kommt sie heraus und fängt an, mich anzuschreien, als sie mich sieht: ›Was willst du denn da, du Arschloch?‹ So auf die Art. Habe ich gesagt: ›Was ist mit meinen Sachen?!‹

Nun, daraufhin hat *er* losgelegt: ›Putz dich, du altes Arschloch!‹ – oder: ›Verdrück dich, du alter Trottel!‹ – ›Deine Sachen haben wir schon lange weggeworfen oder verwenden sie selbst.‹«

Sabrinas Liebhaber soll zwei Messer unter der Theke hervorgezogen haben – man fand sie jedenfalls später unter seiner Leiche.

Karl Hinterberger beginnt sofort zu schießen.

»Als ich hereingekommen bin, war ich noch verhältnismäßig ruhig. Aber auf die Äußerungen dieses Menschen hin habe ich momentan rotgesehen. Ich war so zornig, ich habe überhaupt nichts gefühlt. Überhaupt nichts.«

Hinterberger verfolgt den schon mehrfach Angeschossenen vom Lokal nach hinten in den Privatbereich des Hauses.

»Es war ja so, er hatte ein Messer in der Hand, und ich habe geschossen, solange er weitergegangen ist. Wenn er vorher zusammengebrochen wäre, hätte ich ja nicht mehr geschossen, wahrscheinlich. Aber genau kann ich das nicht mehr sagen. Das ist so schnell abgelaufen. Das ging irgendwie automatisch. Eine reine Reaktion. Durch den inneren Stau, den ich schon hatte. Ich habe mich später an die hundertprozentigen Einzelheiten gar nicht mehr so erinnern können. Das ist mir erst ein, zwei Jahre später – da war ich natürlich schon in der Haft – wieder zu Bewusstsein gekommen, wie ein Film.«

Erinnerungslücken bei Tätern

Mörder (falls sie keine routinierten Killer sind) erinnern sich typischerweise sehr genau an ihre *Emotionen* in den Sekunden der Tat, aber die äußeren Details sind ihnen oft nur schemenhaft präsent; manche Täter sprechen von einem »Filmriss«, oder dass ihnen »ein Stück Zeit fehlt«.

Emotionsgeladene Momente, in denen »der Verstand aussetzt«, werden im Gehirn nicht in gleicher Weise kodiert und wachgerufen wie andere Ereignisse. Wahrscheinlich unterliegt die Erinnerung an das »Ausrasten« bei einem Affektmord grundsätzlich dem gleichen neurobiologischen Prozess, den der Psychiater John Ratey für die Erinnerung an Traumata formuliert – ohne das Trauma eines Opfers mit der Aktionserfahrung eines Täters gleichsetzen zu wollen; hier geht es um eine rein »technische« Parallele. Ratey also vermutet, das solche Situationen von den Betreffenden nur bruchstückhaft rekonstruiert werden können, »weil sie zu intensiv im Langzeitgedächtnis verankert sind. Wenn ein Mensch versucht, sich an ein (solches) Ereignis zu erinnern, greift die tatsächliche sensorische Erfahrung störend ein. (...) Es kommt zu einer Überreaktion des Mandelkerns, während das Broca-Areal, das für Sprache und Sprechen unentbehrlich ist, seine Tätigkeit einstellt. (...)

Wenn aber das Erlebnis nicht in Worte gefasst wird, ist das Gehirn einer verwirrenden Flut hereinströmender Daten ausgeliefert.«[6]

Es muss also keine Ausflucht sein, wenn Mordangeklagte vor dem Untersuchungsrichter behaupten, sie könnten sich an das Geschehen nur teilweise erinnern. Alkoholeinfluss wie in Hinterbergers Fall begünstigt solchen partiellen Gedächtnisverlust.

Typischer Verlauf eines Affektmords

Ein Teil der Szene wurde auf Band aufgenommen, weil Sabrina die Polizei anrief und am anderen Ende der Leitung, in der Wachstube, der Recorder mitlief.

»Auf dem Tonband hört man mich irgendwie schreien mit einer komischen absonderlichen Stimme – äh – nicht: ›Ich bring' dich um‹, sondern: ›Ich schieß' dir die Eier ab‹ – wörtlich! Ich wollte ihn nicht umbringen; ich wollte ihm nur richtig wehtun – das ist mir später klar geworden. Nachher, wie ich aus dem Haus gekommen bin, kam ich mir leer vor. Müde war ich, wie ich in den Regen getreten bin – es hat gegossen wie aus Kannen. Ich war richtig fertig – wie wenn ich den ganzen Tag 100-Kilo-Säcke geschleppt hätte.«

Hinterbergers Wiedergabe seiner Tat hört sich an wie ein Lehrbeispiel zur psychischen Dynamik einer Affekttötung. »Affektverbrechen sind gekennzeichnet durch einen unvermittelten, quasi rechtwinkligen Affektverlauf am Beginn und Ende der Tat«, so Reinhard Haller in *Die Seele des Verbrechers,* »das heißt, ein abruptes Einsetzens des Affekts wie aus dem Stand und ein ebenso rasches Sistieren am Ende der Entladung sind typisch.«[7]

Mehr Morde durch Alkohol

Schon tagsüber hatte Hinterberger beim Zapfen hinterm Tresen nach seiner Gewohnheit ab und zu ein kleines Bier getrunken. Unmittelbar vor dem Mord leerte er in schnellen Zügen ein weiteres, großes Glas Bier. Bei einem erheblichen Teil der Morde – und übrigens auch der Tötungen bei Massakern – ist Alkohol im Spiel; Reinhard Haller nennt diese hochgradig enthemmende Substanz daher den »Übeltäter Nummer Eins«. Alkohol dämpft die Aktivität des präfrontalen Cortex, einer Region des Stirnlappens, die für Impulskontrolle, für verstandesmäßig gesteuertes Verhalten zuständig ist.

In den letzten Jahren waren Defizite dieses Hirnareals, die auch genetisch oder durch Gehirnverletzungen bedingt sein können, Gegenstand zahlreicher wissenschaftlicher Studien (siehe auch Seite 87 ff.). Solche organischen Mängel scheinen mit die Ursache für die sogenannte antisoziale Persönlichkeitsstörung zu sein. Ein Mensch im Rausch kann sozusagen zur temporär antisozialen Persönlichkeit werden: Durch die Wirkung des Alkohols schaltet er von der bewussten Selbststeuerung gleichsam auf automatische Steuerung um. Da die Kontrollfunktion des Stirnlappens ausfällt, bricht der Wutimpuls ungehindert durch. *Viele Morde wären in nüchternem Zustand niemals begangen worden.*

Wahrheitsfindung nur bedingt möglich

Nach der Tat flüchtet Karl Hinterberger ins Ausland. Monate später kehrt er heimlich zurück, um seinen Betrieb zu veräußern und ein nur persönlich zugängliches Bankguthaben zu beheben, wird verraten und lässt sich widerstandslos festnehmen.

Hätte er die Waffen zur Tatzeit im Auto liegen lassen, wäre es womöglich nicht so weit gekommen:

»Dann hätte ich wahrscheinlich nur mit einem Sessel geworfen.«

Warum also betrat er das Lokal mit drei Pistolen?

Man kann mutmaßen, dass er Sabrina und eventuell sonst noch anwesende Personen bedrohen, in Schach halten und dazu zwingen wollte, ihm »seine Sachen« auszuhändigen.

Gegen einen vorab geplanten Mord spricht der Besuch des Schießstands: Jemand, der töten und fliehen will, wäre dumm, sich zuvor in der Öffentlichkeit mit Waffen zu zeigen.

Diente der letzte Schuss der »Hinrichtung« (der Staatsanwalt), oder zielte der Wütende »nur« nochmals auf den Unterleib seines Opfers, das leider in genau diesem Moment zusammenbrach, sodass »zufällig« der Kopf getroffen wurde (Hinterbergers Version)?

Diese Fragen, die sich kaum mit Gewissheit klären lassen, zeigen die engen Grenzen der Wahrheitsfindung in der Kriminalistik und Strafjustiz auf: Richter und Geschworene urteilen oft bis zu einem gewissen Grad »auf Verdacht«. Nur in Fernsehkrimis löst ein allwissender Kommissar sämtliche Rätsel.

Wenn in Hinterbergers Fall jemand die ganze Wahrheit über seine Motive und Absichten kennt, dann höchstens Hinterberger. Sogar er selbst könnte sich aber über seine Motive und Absichten um Nuancen täuschen: Das eigene Verhalten in einer von heftigen Affekten getrübten Lebensphase kann man sich – schon aufgrund der erwähnten Gedächtnisausfälle – im Nachhinein nie vollständig erklären.

Wäre es bei dem Konflikt primär um materielle Wünsche gegangen, also um die Frage, wie der Besitz nach der Trennung geteilt werden sollte, dann hätte das Ganze mit einer Entscheidung vor Gericht geendet, oder eine Seite hätte irgendwann grollend, aber doch ihre Ansprüche fahren lassen. Oder Sabrina hätte beispielsweise von Karl gefordert, ihr die Herausgabe der Briefmarken- und Münzsammlung in Bargeld abzugelten.

Es kam anders, weil sie ihren Zugriff auf seine Besitztümer und den Streit um das Kind offenbar nutzte, um Karl einen Machtkampf mit ungleichen Waffen zu liefern. Sabrina dürfte sich auf diese Weise für sein (wie auch immer geartetes) Verhalten in der Beziehung gerächt haben.

Der alternde Mann sah sich »zur Sau gemacht«, verhöhnt. Liebeskummer habe er nicht empfunden, sagt er; die Art seines Hinauswurfs nach achtzehn Jahren Lebensgemeinschaft, zu der auch zwei Kinder gehörten, könnte ihn dennoch gekränkt und menschlich enttäuscht haben; vielleicht fühlte er sich auch in seiner Männlichkeit verletzt. Falls er solche Emotionen hegte, mag er sie teilweise aus Stolz verleugnet haben.

Das Opfer als Sündenbock

Als er Sabrina nachts im Lokal überraschte, wollte er sich bei ihr sein Recht (oder was er dafür hielt) verschaffen und war auf eine Zweier-Konfrontation eingestellt. Ich persönlich glaube nicht, dass Karl Hinterberger auf seine Ex-Freundin geschossen hätte, wäre sie am Tatort allein gewesen. In der tatsächlichen Situation bekam sie auch nur einen Streifschuss ab.

»Auf sie habe ich nicht geschossen. Nein. Weil sie mich in dem Moment – ich habe mir das nachher überlegt – nicht beleidigt hat. Sondern *er* mit seiner Aussage hat mich so in Rage gebracht.«

Zum Mord kam es, weil sich das Opfer in den Konflikt einschaltete. In dem prekären Moment, als es zu einer von Karl erzwungenen Entscheidung im Zwist mit Sabrina kommen sollte, provozierte ihn der aus seiner Sicht »störende« Dritte, brachte dadurch seine geballte Wut zur Entladung und zog sie auf sich: In Karls rein affektiver, extrem eingeengter Wahrnehmung wurde der beinahe Fremde in diesem Augenblick zum eigentlich »Schuldigen«, der für Karls monatelanges Demütigungserlebnis als Mensch und Mann einstehen musste. Daher die vielen Schüsse in den genitalen Bereich.

Mit diesem Erklärungsversuch soll in keinster Weise eine Mitschuld des Opfers postuliert werden. Schuld an dem Mord ist Hinterberger, denn er hat auf eine vielleicht objektiv gegebene Provokation mit entsetzlicher Unverhältnismäßigkeit reagiert.

Die Geschichte eignet sich aber als Beispiel dafür, wie jemand zum Opfer wird, weil er sich zur falschen Zeit am falschen Ort befindet und unversehens in die Rolle des Sündenbocks gerät (oder sich – wie in diesem Fall – als Sündenbock geradezu aufdrängt, indem er sich einmischt). Nicht selten findet man bei näherem Hinsehen eine solche Konstellation auch hinter scheinbar unmotivierten Morden an Zufallsbekanntschaften oder völlig Fremden, die getötet werden, bloß weil sie den Täter »blöd angequatscht haben«. Diese Opfer sterben, weil sie einem aggressiv »entsicherten« Individuum in die Quere gekommen sind.

Wenn sich ein Täter der Verantwortung stellt

Bei einem zu lebenslanger Haft verurteilten Menschen scheint es naheliegend, dass er sich gegenüber Journalisten in günstigem Licht darstellen will. Er muss ja davon ausgehen, dass Justizbeamte, die über seine bedingte Entlassung zu entscheiden haben, vom Inhalt des Interviews erfahren. Umso mehr überraschte mich die Erklärung, die Karl Hinterberger zum Schluss abgab, und zwar ohne dass ich ihn nach Reue oder dergleichen gefragt hätte.

»Ich möchte heute eines sagen: Es tut mir leid, dass er tot ist, ich wollte ihn auch nicht töten in dieser Situation, aber ich möchte auch dazusagen: Ich kann natürlich nicht beschwören, dass ich es nicht mehr tun würde, wenn ich noch einmal in die Situation käme. Es ist leicht zu sagen, ich mache es nicht mehr. Aber wenn man in der Situation ist, kann man nicht sagen, wie man reagiert, wenn sich das so aufstaut. Schuldgefühle? Muss ich ehrlich sagen, nein.«

Aber – versuche ich meine Fassungslosigkeit höflich einzukleiden – es ist doch nicht nett, jemandem »in die Eier zu schießen«?

»Das ist richtig, ja! Ich stehe dazu und möchte eines sagen: Ich habe kein Interesse, Ihnen zu erzählen, wie leid es mir tut, damit ich dann vielleicht früher entlassen werde, denn Sie wollen ja die Wahrheit wissen.«

Pausetaste. Soll ich diese Passage unseres Rundfunk-Interviews tatsächlich senden – auf die Gefahr hin, ihm damit zu schaden?

»Ja. Warum soll ich mir selbst etwas vormachen? Das bringt ja nichts. Das habe ich draußen nicht gemacht, warum soll ich es herinnen machen? Ich habe es mir mit vielen verscherzt, weil ich immer gesagt habe, was ich denke. Warum soll ich jetzt – nur, weil ich dann vielleicht zwei, drei, vier Jahre mehr absitzen muss –, soll ich zehn Jahre schauspielern?

Erstens einmal kann ich es heute nicht mehr ändern. Vorher habe ich auch nicht geglaubt, dass ich jemanden töten könnte. Ich würde sagen, man kann als Normalsterblicher nie sagen, ich würde das nicht machen, wenn man nicht in dieser Situation gewesen ist oder diese ganzen Gefühle, die man vorher hat, mitgemacht hat.«

Hinterberger gibt keine Reue vor, die er nicht empfindet, und stellt sich gerade dadurch seiner Schuld. »Ich stehe dazu« bedeutet: Er steht ohne Wenn und Aber zu der Tatsache, dass er einer solchen

Brutalität fähig war und dennoch nicht von Schuldgefühlen verfolgt wird. Indem er dies bei laufendem Tonband erklärt, setzt er sich bewusst den Konsequenzen aus – einer möglicherweise längeren Haftdauer, nach dem Motto: »So war ich damals, und ich bezahle dafür.«

Sollte ihn dennoch hin und wieder das Gewissen quälen, so würde er das vermutlich für sich behalten; denn ein Leiden an der eigenen Tat erschiene ihm wohl als Selbstmitleid, in dem sich manche Täter tatsächlich baden.

»Ich bereue es so«, kann bedeuten: »Mir tut das Opfer und seine Familie leid«, kann aber auch heißen: »Ich tue mir selbst leid, weil ich mein Leben verpfuscht habe und nicht fassen kann, dass ich zu so etwas in der Lage war. Denn in Wirklichkeit bin ich ja nicht so. Es tut mir so leid, verzeiht mir doch bitte.«

Ganz in diesem Sinn beschreibt der Psychiater Patrick Frottier die beiden gegensätzlichen Tendenzen des Umgangs der Mörder mit ihren Taten: »Es gibt jene, die die Verantwortung abschieben, die unterscheiden sich nicht sehr viel vom ›mittelmäßigen Bürger‹, der sagt: ›Die Kindheit, die Partnerin, der Chef, alle anderen sind schuld.‹ Und es gibt jene, die sagen: ›Ich habe es getan und weiß nicht, ob ich es nicht wieder tun könnte, der mörderische Impuls wäre in der gleichen Situation noch immer enthalten‹ – das ist eine Dimension, wo jemand bereit ist, eine Verantwortung zu übernehmen, mit der die meisten Menschen große Schwierigkeiten hätten.«

Ehrlichkeit gegen sich selbst repräsentiert für Karl Hinterberger offenbar einen höheren Wert als Freiheit. Bei anderen, die nicht getötet haben, würde man sagen: »Eine gute Eigenschaft.« Warum nicht bei Hinterberger?

Diese Feststellung will mitnichten um Verständnis für die Tat werben. Vielmehr wird – ohne zu werten! – die logische Konsequenz aus der Annahme »Mörder sind meistens normale Menschen« gezogen. Aus dieser Prämisse folgt auch, dass ein Mörder nicht ausschließlich aus seiner Tat besteht.

»Wenn etwas Ungewöhnliches oder scheinbar Unerklärliches geschieht, verkleinern wir die Person des Handelnden auf eine Dimension: jemand, der tötet, ist ein Mörder, womit impliziert ist, dass seine Persönlichkeit irgendetwas ›Mörderisches‹ aufweise oder sich geradezu durch das ›Mörderische‹ definiere«[8], so der Sozialpsychologe Harald Welzer.

Für die Psychologin Elisabeth Tadayon-Manssuri läuft dieser Diskurs auf die Frage hinaus, ob es das »absolut Böse« gebe: »Es gibt wahrscheinlich absolut böse Mörder. Aber es gibt auch Täter, die das Leben gemeistert haben bis zu einem gewissen Punkt und dann in diese Krise gerannt sind. Es ist geschehen. Sie haben es geschehen lassen. Trotzdem kann so ein Mensch sympathische Seiten haben, von seinen Angehörigen und Freunden akzeptiert sein. Und doch hat er einen Mord verübt.«

Es ist der Mord, der nicht entschuldigt werden kann. Umso beunruhigender für unser Selbstbild als vernünftige Wesen, dass ein normaler Mensch in der Lage war, einen solchen zu begehen.

Für den Verkehr gesperrt

Der umgeleitete Vatermord

»Lebenslang für Polizistenmörder«

Es war ein gerade noch »durchschnittlicher« Mordfall – keiner von den spektakulärsten – dem eine seriöse österreichische Tageszeitung Anfang der neunziger Jahre die obige Schlagzeile widmete.

»Im Prozess gegen den 21-jährigen Polizistenmörder Horst Riedl* legte der Staatsanwalt in einem emotionell geführten Plädoyer nahe, den Täter zur Höchststrafe zu verurteilen. Der Ankläger sprach von einem ›Mordvorsatz in schwerster Form‹. Der Beschuldigte habe morden müssen, weil er flüchten wollte. ›Sie dürfen ihn nicht frei herumlaufen lassen, so leicht verliert ein Tiger seine Streifen nicht – das sage ich Ihnen als alter Staatsanwalt!‹ – Das Geschworenengericht verurteilte den Täter zu lebenslanger Haft.

Riedl hatte, wie berichtet, im Abstand von einigen Monaten zwei Supermärkte überfallen. Beim ersten Mal entkam er unerkannt. Nach dem zweiten Überfall wechselte er die Kleidung und versuchte, als Jogger getarnt zu entkommen. Zwei Polizisten forderten ihn jedoch zur Ausweisleistung auf. Der Verbrecher schoss ohne Vorwarnung. Ein Beamter wurde tödlich in den Kopf getroffen. Dann hatte Riedls Wehrmachtspistole Ladehemmung. (...)

Am ersten Prozesstag hatte sich Riedl dem Gericht als von ›Depressionen, unerträglichem Druck und Selbstmordgedanken gequälter Außenseiter‹ dargestellt. Ein psychiatrischer Sachverständiger attestierte dem Angeklagten zwar ›neurotische Strukturen‹, Anhaltspunkte für eine psychische Erkrankung stellte er jedoch nicht fest. (...)

In seinem Schlussvortrag meinte der Staatsanwalt: ›Er ist die Karikatur eines ewigen Opfers. Er will an nichts selber schuld sein.‹ Der Angeklagte habe ›mit der Waffe in der Hand den Helden gespielt‹. Er gebrauche ›läppische Ausreden‹ und weine und winsle herum.

Der Verteidiger sprach von ›einseitiger Charakterisierung‹ des Angeklagten. Er zitierte aus Abschiedsbriefen, die Riedl vorbereitet hatte. ›Alles erscheint mir so sinnlos‹, oder ›ich wollte schon lange sterben‹, hieß es darin. (...)

In seinem Schlusswort meinte Riedl, es sei unverzeihlich, dass er eine Familie ausgelöscht habe. Der getötete Polizist hinterlässt eine Frau und einen fünfjährigen Sohn.«

Was erfahren wir aus diesem durchaus korrekten, um Objektivität bemühten Bericht?

Der Tathergang wird skizzenhaft beschrieben, die Ausleuchtung der Figuren befriedigt aber kaum.

Wir ahnen, dass es sich nicht um einen Berufskriminellen handelt – schon weil ein erfahrener Gangster keine Pistole aus dem Zweiten Weltkrieg tragen würde – und dass Riedl vor Gericht ein seiner Schuld völlig unangemessenes Selbstmitleid gezeigt hat. Aber letztlich lassen sich die formelhaft überzeichnenden Sätze des Staatsanwalts (der als Ankläger notwendigerweise parteiisch argumentiert) und die wenigen Zitate aus Riedls Selbstdarstellung kaum zum Bild eines Täters zusammenfügen. In Unkenntnis der Person und der Hintergründe können wir daher nur spekulieren, warum ein selbstmordwilliger Neurotiker ausgerechnet einen Raubüberfall begeht und dabei gezielt und absichtsvoll tötet.

Die Konventionen der Kriminal- und Gerichtsreportage sehen keine differenziertere Darstellung vor. Mit den Fakten, die wir erfahren, können wir nur begrenzt etwas anfangen.

Mordfälle auf den Chronikseiten

»Normale« Morde stellen keine echte Sensation für die Medien dar, auch wenn die Boulevardpresse sie als »tägliche Pfefferkörner« in ihrem Themenmix keinesfalls entbehren kann. Doch der Stoff, aus dem die *großen* Krimis sind, sieht anders aus: Dafür braucht es schon Mehrfachmorde, monströs sadistische Morde oder Sexualmorde an Kindern. Ohne Perversion oder die Niedertracht einer Bluttat an Minderjährigen schafft es ein Tötungsdelikt noch nicht einmal auf die Titelseiten überregionaler Zeitungen. Es sei denn, das Opfer und/oder der Mörder wären Prominente: Auch die Verbindung von Glamour und Tragödie oder der tiefe Fall vom Idol mit einem Luxusleben zum Verbrecher hinter Gittern ergeben genug Stoff für Aufmacher-Geschichten.

Weniger spektakuläre Fälle werden im Chronikteil routiniert abgehandelt. Mit ein, zwei Artikeln in den Tagen nach dem Mord und ein paar weiteren während des Prozesses hat sich die Berichterstattung erledigt.

Verharmlosende Floskeln

»Feuerte kaltblütig«, »schmiedete mit seinem Komplizen das Mordkomplott«, »das skrupellose Pärchen«, »Ganove setzte sich ins Ausland ab« – solche Worthülsen verharmlosen die Dimension eines Mordes: Reale Tragödien lesen sich als unwirkliche Thrillerhandlungen, die keinerlei Erschütterung verursachen und es auch gar nicht sollen; denn das »crime sells«-Prinzip funktioniert ja nur, wenn die Kriminalberichte einen gewissen Unterhaltungswert bieten.

Die Leidtragenden, um deren Schicksal es eigentlich gehen sollte, bleiben fast stets gestaltlos. Name, Beruf, Stellung zum Täter, »hinterlässt« – falls zutreffend – »Frau und Kinder«.

Welche Morde zu Medienereignissen werden

Erst wenn eine Bluttat die Öffentlichkeit derart im Atem hält, dass sie den Fernsehstationen teure Dokumentationen und den großen Magazinen mehrseitige Artikel wert ist, erst dann steigt der Informationsgehalt der Berichterstattung insgesamt dramatisch an. Zu den Fällen Robert Steinhäuser (»Amokläufer von Erfurt«) oder Armin Meiwes (»Kannibale von Rothenburg«) erschienen kompetente Analysen, einfühlsame Gespräche mit Beteiligten, aufschlussreiche Expertenbefragungen.

Es herrscht also ein krasses Ungleichgewicht zwischen der Rundum-Information über psychisch abnorme Täter und der Mangel- und Scheininformation über Täter im normalpsychischen Bereich. Über die Mehrzahl der Morde wissen wir also am wenigsten, über seltene, atypische Morde mit atypischen Motiven am meisten. Dies trägt wesentlich dazu bei, dass wir Tötende gern für »Ungeheuer« halten und die Möglichkeit zu töten nicht als Teil der »Welt der Normalen«, also unserer Alltagswelt, wahrnehmen.

»Jeder Mensch ist ein Abgrund. Es schwindelt einem, wenn man hinabsieht«, sagt Büchners Woyzeck, nur Stunden bevor er seine Gefährtin Marie ermordet.

Gerade darauf käme es an: Zur Kenntnis zu nehmen, dass jeder seelische Organismus, auch unser eigener, über diesem Abgrund lebt, über diesem verborgenen Krater, den wir normalerweise mit dem Gewebe der Alltagsbefindlichkeit umhüllen und – lose – abdecken. Wer sich nun auf den »Verfemten Teil« (Georges Bataille) einlässt, statt ihm auszuweichen, wer sich für Menschen mit Tötungserfahrungen (Täter, Überlebende oder Angehörige) in gleicher Weise interessiert wie für alle anderen Menschen, der nähert sich der Chance, jenen Krater zum ersten Mal in sich zu erblicken. Der Krater (»Das Böse«?) existiert zugleich in uns und über uns hinaus, er ist eine der vertikalen Schichten – die tiefste, wie ein unterirdischer See – die uns mit dem Rest der Welt verbindet...

Der Fall, im Gespräch mit dem Täter erforscht

Horst Riedl, der vor eineinhalb Jahrzehnten einen Polizeibeamten getötet hat, gab mir zwei Interviews im Abstand von mehreren Monaten.

Riedl im Erstgespräch: Ein trainierter jüngerer Mann mit Brille und scharfer senkrechter Stirnfalte, der sich merklich quält mit der Erkenntnis, mutwillig ein Leben vernichtet zu haben; am Schluss verabschiedet er sich blass, strapaziert, mit feuchtkalten Händen.

Riedl beim zweiten Treffen: Ein trainierter jüngerer Mann mit Brille und kräuselnden senkrechten Stirnfältchen, der im ersten Moment ein wenig geschmeichelt wirkt ob des Interesses, das man seiner Person neuerlich entgegenbringt.

Es kam mir so vor, als hätte er an jenem Tag schon bei der Begrüßung gleichsam eine andere Platte aufgelegt. Im Lauf des Gesprächs wurden daraus mindestens zwei Platten, die einander so rasch abwechseln und sogar überlagern konnten wie die Vinyls auf den Turntables eines Discjockey. (Nachträglich dachte ich an Dr. Jekyll und Mr. Hyde.)

Der Anflug von Selbstinszenierung weicht dann im Gespräch einer resignativ illusionslosen Haltung und dem konzentrierten Bemühen, die eigene Person, Tat und jetzige Situation wirklichkeitsnah darzustellen. Reue, Trauer über das nicht wieder Gutzumachende, klingt auch diesmal an. Manchmal aber erscheint schlagartig ein heiterer Stimmungswechsel auf dem sonst grübelnden Gesicht. Ein Horst Riedl will zum Vorschein kommen, der durch Witz brillieren und kommunikativ sein kann, der sich dem Durchschnitt überlegen, zur Elite gehörend und dominant fühlen möchte: der Mensch, der Horst Riedl hätte werden können, wäre es allein nach seiner Intelligenz, Eloquenz und Schulbildung gegangen.

Doch seine kindliche Entwicklung, besonders während der Pubertät, führte in eine radikal andere Richtung der »Selbstverwirklichung«; es waren Größenfantasien ganz anderer Art, die er in die Wirklichkeit umsetzte.

Das unglückliche Kind

»Mein Vater war ein Trinker und hat die Mutter, meine Geschwister und mich regelmäßig geschlagen. Er hat mehr oder weniger das ganze Familienleben vergiftet mit seinen Aggressionen und Komplexen. Es hat zwar einen gewissen Pegel an Alkohol gebraucht, damit er seine Hemmschwelle überwinden konnte – also wenn er nicht betrunken war, war körperliche Gewalt nicht unbedingt ein Thema. Aber es war eben immer diese Spannung da, man wusste nie, wann er gewalttätig werden wird, und man hat gemerkt, er sucht einen Anlass.

An den Ansprüchen, die er an sein Leben gestellt hatte, war er schwer gescheitert. Er hat eine Laufbahn beim Militär angestrebt und dürfte dann aufgrund eines Zwischenfalls unehrenhaft entlassen worden sein, wenn ich das richtig verstanden habe aus der Familiengeschichte. Bei einer Ausbildung ist es wohl zu einer Verletzung eines Untergebenen gekommen – nur ist mir nicht ganz klar, warum. Ob er den Betreffenden durch stundenlangen brutalen Drill körperlich so überfordert hat, dass etwas passiert ist, oder ob es wirklich ein Unfall war ... aber ich glaube, eher ersteres. Also, dass mein Vater die Machtposition ausgekostet hat und da eben übers Ziel hinausgeschossen ist. Jedenfalls ist er nach seiner Entlassung vom Heer dann nur noch bei Gelegenheitsjobs hängen geblieben und hat die Familie als Hilfsarbeiter mehr oder weniger über die Runden gebracht.

Meine Mutter hat doch sehr unter meinem Vater gelitten, trotz allem war sie aber stärker als er. Denn wenn es Probleme gab, hat mein Vater meine Mutter vorgeschickt und sich hinter ihr versteckt. Im

Grunde genommen war er ein Feigling. Trotzdem hat sie wirklich Angst davor gehabt, ihn zu verlassen. Sie hat befürchtet, dass er dann ihr und dem Rest der Familie etwas antut.

Nach außen hin hat er den guten Familienvater gespielt. Aber ich kann mich an kein freundliches Wort seitens meines Vaters erinnern. Eine Umarmung – ein Ding der Unmöglichkeit! Obwohl von mir aus natürlich das Bedürfnis nach Liebe da war. Es ist mir nie das Gefühl vermittelt worden, dass ich etwas wert bin. Es war also keine Bindung im positiven Sinn da – es war einfach nur Druck und Stress.«

Riedl trägt das alles ohne Larmoyanz vor. Vielmehr verrät seine Intonation den bis heute nicht überwundenen Kummer eines Kindes, das sich elend und verlassen fühlt. Seine Mutter allerdings dürfte ihn – in gleicher Weise wie seine beiden jüngeren Brüder – mit normaler mütterlicher Zuneigung versorgt haben. Hat er also tatsächlich eine jener grauenhaften Kindheiten erlebt, aus denen mit hoher Wahrscheinlichkeit Kriminelle, Drogensüchtige oder Selbstmordkandidaten hervorgehen? Oder war es »bloß« durchschnittliches Familienunglück, dessen schädigender Einfluss zwar ernste Spuren hinterlässt, aber aus einem jungen Erwachsenen nur selten eine tickende Bombe macht, wie es bei Horst Riedl damals der Fall war?

Diese Erwägung zählt erst, wenn man fragt, ob Riedl eher durch Veranlagung oder eher durch Milieuschäden zum Mörder geworden ist; für den Gang der Tatsachen scheint es aber unerheblich, ob sein Vater ihn wirklich gänzlich ablehnte oder der Junge sich das nur einbildete, weil der Vater seine Liebe nicht entsprechend zu zeigen vermochte. Entscheidend ist, dass bei dem empfindlichen, reizbaren Kind nur negative Signale ankamen.

Gewaltfantasien

»Als ich jünger war, habe ich meinen Hass und meine Aggression noch artikuliert, aber die Reaktion meiner Mutter hat mich dann davon abgebracht. In meiner Familie waren keine offenen Aussprachen möglich. Es wurde kaum über Gefühle gesprochen. Sie hat immer gemeint: ›Bleib ruhig, lass es …‹ – und irgendwann war der Punkt erreicht, wo ich nicht mehr über das gesprochen habe, was mich bewegte. Weil es keinen Sinn hat, weil es ohnehin keiner hören will. Meine Strategie ging dann in die Richtung: ›Du kannst machen, was du willst, du kannst mir nicht mehr wehtun.‹ Es war ein Ideal, ein Wunschbild, nichts mehr empfinden zu müssen. Aber natürlich waren die Emotionen unterschwellig noch da. Ausagiert habe ich die verdrängten Gefühle dann in einer Fantasiewelt. Ich habe mich zurückgezogen und mir meine eigene Scheinwelt gebastelt, in die ich mich gewissermaßen ausblenden konnte. Also, dass man sich wirklich einlässt auf eine komplett eigens geschaffene Welt, in der man Situationen, in denen man gescheitert ist, noch einmal aufrollt; dann lässt man sie vor seinem geistigen Auge ablaufen wie einen Film und stellt sich selbst in den Mittelpunkt als Held. Es ist gewissermaßen eine Bewusstseinsspaltung. Auf der einen Seite funktioniert man im Alltagsleben einigermaßen, auf der anderen Seite holt man sich den Kick im eigenen Bewusstsein. Das ist dann schon in Richtung Gewalt gegangen. Also, ich habe meine Aggressionen innerlich ausgelebt.«

Abspaltung von Gefühlen

Horst Riedl hat in jugendlichem Alter eine Störung des Gefühlshaushalts ausgebildet, wie man sie in weit krasserer Form etwa von sogenannten malignen Narzissten, wie es Serienkiller sind, kennt. Unter dem Eindruck schwerer Kränkungen in der Kindheit spalten diese Menschen »Gefühle von ihrem Bewusstsein ab«, wie es Reinhard Haller griffig formuliert.[9] Aus diesem Grund vermögen sie vor sich selbst auch die Gefühle ihrer Opfer zu negieren: Das Mitleid, eine Emotion wie jede andere, unterliegt ebenfalls dieser Abspaltung – nur deshalb können solche Personen völlig kalt und empathielos töten!

Die Entwicklung, die dazu führt, beschreibt der Kriminalpsychologe Thomas Müller (die Bezeichnung »Profiler« schätzt er nicht) folgendermaßen: »Kommunikationsmangel ist ein wichtiger Punkt dabei. Was wir festgestellt haben, ist, dass diese Personen sehr häufig bereits in früher Kindheit in eine Situation geraten, in der sie mit niemandem über ihre Probleme sprechen können. Zu dieser Vereinsamung können andere Faktoren kommen, wie das Erleben von Ungerechtigkeiten, Gewalt oder sexuellem Missbrauch in der Familie oder in der Schule. So ein kleiner Knirps kann nun mit solchen

Belastungen nur umgehen, indem er sich in Gewaltfantasien verliert, wo er tatsächlich mächtig ist, weil er gedanklich zum Beispiel seinen Lehrer oder Erzieher verprügeln und töten kann. Wenn er dann mit zwölf, dreizehn, vierzehn in die normale biologische Sexualentwicklung kommt, dann verbinden sich diese Gewaltfantasien mit der Sexualität, und Sie haben die Basis für jedes Sexualverbrechen! Also, ich sage immer gern: Die Familie ist die Keimzelle des Friedens. Wenn Sie in der Familie dem Kind die Möglichkeit bieten, mit jedem Problem möglichst jederzeit an Sie herantreten zu können, ist das eine der besten präventiven Maßnahmen.«

Horst Riedl spricht zwar ebenfalls von einer »Bruchlinie«, die sich in seiner Persönlichkeit gebildet habe. Ihm ist aber diese Spaltung nicht vollständig »gelungen«. Seine Störung – er gilt als Borderliner – hatte nach Gutachtermeinung nicht Krankheitswert erreicht, weshalb er auch nicht als »psychisch abnormer Rechtsbrecher« eingestuft wurde. (Juristisch bedeutet das: volle Zurechnungsfähigkeit für seine Tat, aber in der Praxis bessere Chancen auf vorzeitige bedingte Entlassung).

Außerdem kam es bei Riedl nicht zur Sexualisierung der Störung. Unerfüllte sexuelle Sehnsüchte lebte er während der Pubertät zwar ebenfalls in seiner Fantasiewelt, allerdings in harmlosen Bildern, aus.

»Es war ein Ding der Unmöglichkeit, ein Mädchen anzusprechen, das mir gefallen hätte. Solche Situationen habe ich eben in der Parallelwelt durchgespielt. Das waren positive Dinge.«

Vaterhass

»Aber das Negative, das Dunkle, das Schwarze wirklich, diese Gewaltfantasien, haben sich in erster Linie gegen meinen Vater gerichtet, dem ich zu diesem Zeitpunkt wirklich den Tod gewünscht habe. Einen langsamen, qualvollen Tod. Weil auch ich Qualen gelitten habe. Da habe ich mir wirklich schon fast konkrete Mordpläne ausgemalt.«

Mit welchen Waffen denn? Auf welche Weise? –
Riedl zögert –

»Das könnte ich jetzt gar nicht mehr konkret benennen ...«

Und lässt dann doch sofort darauf die »Katze aus dem Sack«:

»Aber ganz ganz groß steht mir noch vor Augen, also wirklich, das Bild von einem Erdgrab, das ich für ihn ausgehoben hätte ...«

In dem er ihn lebendig ...??

»Der Gedanke war da, ja, der Gedanke war da. Weil der Hass einfach dermaßen verzehrend war.«

Warum war es sein erster Impuls, der Frage nach konkreten Inhalten der Gewaltfantasien auszuweichen? Es scheint doch kaum vorstellbar, dass ein Mensch derart obsessive innere Bilder, die er noch dazu selbst erschaffen hat, jemals wieder vergisst. Oder *will* er sich nicht daran erinnern?

»Nein, ich erinnere mich nicht gern daran. Ich möchte nicht an diesen Menschen erinnert werden, der ich damals war.«

Oder er möchte es sich nicht erlauben, der damaligen Lust an der Gewalt mehr als nur eine *kurze* Reminiszenz zu widmen.

An solchen Stellen des Gesprächs offenbart Riedls Erzählton, *wie* mörderische Aggression beschaffen sein könnte. Man fühlt sich als Zuhörer strapaziert und schwach, wenn man unversehens die ungeheure Ballung brutaler Energie nachzuempfinden vermag, die einen Menschen im Augenblick des Mordens antreibt.

Übersehenes Warnzeichen

Nach dem Hauptschulabschluss schafft Horst Riedl den Sprung in die Gymnasial-Oberstufe und besucht ein katholisches Internat. Von den Mitschülern wird er aufgrund seiner Introvertiertheit, schweren Gehemmtheit und Kontaktangst als Außenseiter behandelt. An Raufhändeln sei er kaum beteiligt gewesen. Nur in seinem »Zweiten Leben«, dem Fantasieleben, stellt er bei imaginären Schlägereien »seine Überlegenheit unter Beweis«.

Eines Sommertags aber, als ihn ein Kommillitone provoziert, rastet er aus, taucht den Beleidiger im Schwimmbecken des Internats unter, und ertränkt ihn beinahe; die Kollegen müssen den Rasenden wegzerren. Der Vorfall wird »gepetzt«, hat aber für Riedl keine ernsten Konsequenzen.

Vor der Reifeprüfung bricht er die Schule ab.

»Als ich dann keine festen Strukturen mehr hatte, bin ich mehr oder weniger hilflos im Regen gestanden und habe mich immer weiter fallen gelassen. Normale soziale Kontakte waren qualvoll für mich. Der Umgang mit Menschen hat mir Schmerzen bereitet. Wenn du nicht in der Lage bist, dein Leben selbst in die Hand zu nehmen, wenn du bei den einfachsten Dingen schon scheiterst, na klar hasst du dich für deine Unfähigkeit. Ich habe mich selbst und den Rest der Menschheit gehasst.«

Er versucht es mit Selbstmord, schiebt die Pistole in den Mund, spannt den Abzug bis zum Druckpunkt, bringt es nicht über sich.

»In erster Linie wollte ich ja mich selbst vernichten, habe aber gedacht: ›Scheiß drauf. Wenn es jemanden anderen erwischt, egal. Ich tue der Welt noch einmal weh, zum Abschluss.‹«

Horst gegen den Rest der Welt

Zweimal fährt er in eine fremde Stadt, um – wie im Zeitungsbericht geschildert – Supermarktfilialen zu überfallen. Diese Aktionen dienen weniger der Geldbeschaffung als der Selbstbestätigung: Der »tolle Bursche« aus Riedls Tagträumen soll endlich zum Leben erwachen.

»Ich habe versucht, mir auf die Schnelle den Kick zu holen, das Gefühl, couragiert vorgehen zu können. ›Django reitet wieder‹, um es leger auszudrücken. Ich hatte natürlich auch ein Faible für Waffen entwickelt. Also das Gefühl der Macht, das man hat, wenn man kalten Stahl in der Hand hat – wenn ich das einmal so ausdrücken darf. Plötzlich war ich derjenige, der zu bestimmen hatte.«

Durch die Überfälle fordert er bewusst die Chance heraus, seine Gewaltfantasien Wirklichkeit werden zu lassen.

»Als mich nach dem zweiten Überfall die beiden Polizisten visitieren wollten, habe ich zur Waffe gegriffen und geschossen. Es ist genau das abgelaufen, was ich mir vor meinem geistigen Auge immer vorgestellt hatte: Mit der Waffe in der Hand der große Endkampf. Showdown, großes Finale, ich gegen den Rest der Welt. Dieses überzeichnete Machobild von Cowboy und Schießerei – ich wollte im Kugelhagel sterben.

Damals war ich nicht in der Lage, die Konsequenzen dessen zu erfassen, was ich da wirklich anrichtete. Mir hat das Gefühl gefehlt, dass mir da ein Mensch gegenübersteht! Mir war nicht klar, dass das ein Familienvater ist, dass der ebenfalls Kinder hat, dass da eine Frau im Spiel ist und dass dieser Mensch einfach tot ist. Von der Erde weggewischt. Es war für mich einfach ein Film. Mein eigener Film, in dem ich mich bewegte. Der Polizist bestand für mich aus seiner Uniform. ›Der hat eine Waffe? Na sehr gut! So sind wir wenigstens gleichberechtigte Gegner!‹«

Das »Ersatzopfer«

Sarkastisch formuliert, hatte sich Riedl gleichsam ein Opfer mit »eingebauter Rechtfertigung der Tat« erwählt.

»Natürlich. Als Autoritätsperson ist er mir gerade recht gekommen. Er war ein Stellvertreter für meinen Vater. Eigentlich hat die Tat gegen meinen Vater gezielt.«

Den zweiten Beamten versucht er ebenfalls zu erschießen. Hätte die alte Pistole nicht versagt und hätten sich weitere Polizisten eingeschaltet – wäre Riedl dann zum Amokläufer geworden? Seinen eigenen Tod »im Kugelhagel« hatte er ja einkalkuliert.

»In dem Moment, als mich die beiden aufhielten, ist alles von mir abgefallen. Ich habe mich so erleichtert gefühlt, weil ich dachte: Das ist das Ende, jetzt werde ich sterben, jetzt bin ich endlich frei! Ich weiß noch, wie schwer enttäuscht ich war, als ich dann angeschossen am Boden gelegen bin.«

Da Riedl auf der Flucht nach einem Raubüberfall mordete, fiel der Fall für die Justiz in die Kategorie »Raubmord«. Diese Definition verschleiert aber den wahren Sachverhalt.

Die Tat traf nicht zufällig einen Polizisten. Horst Riedls Kontrahent fungierte als das von ihm herbeigesehnte »Ersatzopfer«. Es handelt sich also rein im Hinblick auf den Sicherheitsbeamten (nach der Terminologie des Aggressionsforschers Hans-Peter Nolting) weniger um »affektive« als um so genannte »instrumentelle« Aggression: Nicht, weil Riedl auf ihn persönlich wütend gewesen wäre, musste der Polizist sterben, sondern weil er ihn für emotionelle Ziele instrumentalisierte, die mit dem Mann selbst wenig zu tun hatten.

Riedl benutzte sein Opfer, um sich am Vater und dem Rest der Welt zu rächen, um sich von eigenen Minderwertigkeitsgefühlen »freizuschießen«, um seiner damaligen Macht-Arroganz, seinem kompensatorischen Größenwahn Geltung zu verschaffen. Dazu schien es ihm nötig, in der Gestalt des Uniformierten symbolisch den Vater zu entmachten.

Reue

Riedl kann sich nicht entsinnen, ob sich die Witwe des Opfers und ihre Kinder im Gerichtssaal befanden.

»Ich habe meine übliche Taktik angewandt, den Rückzug ins Innere, und habe das alles nicht an mich herankommen lassen.«

Der Gedanke, wie die Angehörigen des Erschossenen wohl aussehen mögen, verfolgt ihn des öfteren.

»Ich will mich jetzt nicht besser machen, als ich bin.
Es gibt gute und es gibt schlechte Tage. An den schlechten Tagen ist mir alles scheiß-egal, da bin ich nur mit meinem eigenen Elend beschäftigt. Aber wenn ich dann wieder zu mir komme, wenn ich den ganzen belastenden Mist auf die Seite streife und – das hört sich jetzt ein bisschen esoterisch an – wenn ich mein Zentrum gefunden habe und ich selbst bin und der Gedanke an die Angehörigen und an das Opfer auftaucht, dann kann ich mir schon eingestehen: Ich bin ein

Mörder, ich habe verletzt, einfach einen ungeheuren Schaden angerichtet.

Ich plage mich schon seit Jahren damit, dass ich den Angehörigen gern einen Brief schreiben möchte, nur um sie wissen zu lassen, dass es mir leid tut. Ich bin davor immer wieder zurückgeschreckt, weil ich mir die Frage stellen muss: Darf ich überhaupt die alten Wunden wieder aufreißen? Und mit welchem Recht nach einem so langen Zeitraum? Und wie kann ich das überhaupt formulieren, ohne noch einmal Schaden anzurichten?

Ich kann nichts mehr gutmachen, und bin auch viel zu spät dran mit meinen Einsichten, die Kinder sind inzwischen Jugendliche beziehungsweise Erwachsene – da gibt es wahrscheinlich schon einen Stiefvater –, sie werden denken: Was will der Mensch überhaupt?

Ich finde, es ist ein grundlegendes Problem, dass man als Straftäter wenig unmittelbar mit dem Opfer und den emotionalen Folgen für die Angehörigen konfrontiert wird. Die Haft als solche hat wenig erzieherischen Effekt, weil du keine Wiedergutmachung leisten kannst. Meistens hast du keine finanziellen Mittel, um zumindest finanzielle Wiedergutmachung zu leisten. In manchen anderen Kulturen bist du als Mörder in der Pflicht, dass du für das Auskommen der Angehörigen der Opfer sorgen musst, und das macht zumindest nach meinem Empfinden unmittelbar Sinn.«

Vaterkomplex

Um den Preis des Todes eines Unbeteiligten hat Horst Riedl seit seiner Verhaftung zu einer Kommunikationsbasis mit Mutter und Brüdern gefunden.

»Es ist mir heute möglich, mit ihnen über Dinge zu sprechen, über die wir vor fünfzehn Jahren nicht einmal ansatzweise hätten sprechen können.«

Ungelöst blieb der Konflikt mit seinem Vater, der vor wenigen Jahren an Krebs verstorben ist. Durch den Mord an einem »Vater-Stellvertreter« hat sich Riedls Vaterproblem sogar noch verhärtet statt verflüchtigt.

In Riedls Worten klingt auch durch, dass er das überlebensgroße

Bild des Vaters als Bösewicht schlechthin (auf den er eigene negative Anteile projiziert) auch vor sich selbst nur mühsam aufrechtzuerhalten vermag.

»Durch seinen Tod fehlt mir die Möglichkeit, mich mit ihm auseinander zu setzen. Denn das starke Bedürfnis würde ich jetzt schon verspüren. Ich würde ihm gewisse Dinge gern ins Gesicht sagen. Diese Möglichkeit fehlt mir leider, und das vermisse ich schmerzlich.

Und ich nehme an, obwohl ich meinen Vater ablehne, bin ich ihm von der Veranlagung her ähnlich und habe einen guten Teil seiner negativen Verhaltensweisen übernommen.

Ich nehme an, meine Brüder werden den besseren Teil der Gene abbekommen haben. Mein jüngster Bruder ist ein ganz anderer Mensch, viel offener und fröhlicher.«

Zum Verbrecher wurde nur Horst. »Schlechtere Gene« plus ungutes häusliches Klima – so könnte sich ein halbwegs gebildeter Laie den Fall Riedl erklären. Selbst wenn im Einzelnen die Dinge komplizierter liegen und Riedl mit seiner bitteren Schilderung des Familienlebens übertreiben mag, selbst dann erscheint diese Ursachenerklärung im Kern nicht falsch. Denn was sonst soll einen Menschen zum Gewalttäter machen als angeborene psychische Risikofaktoren, die leider zum Tragen kommen, weil Eltern und sonstige Umwelt ungünstig auf das Kind eingewirkt oder zumindest nicht gegengesteuert haben? Die Einsicht, dass jeder Mensch das Produkt seiner Gene *und* seiner Sozialisierung sei (wie etwa Studien an getrennt aufwachsenden eineiigen Zwillingen gezeigt haben), zählt längst zum Biologieschulbuch-Wissen.

Umso mehr verwundert es, dass diese Binsenweisheit gerade dann bezweifelt wird, wenn es um Gewalttaten geht. Die Frage »Zum Verbrecher geboren oder geworden?«[9] erweist sich nach jedem spektakulären Mordfall neuerlich als ideologisches Schlachtfeld öffentlicher Meinungsbildung.

Wer aber wirklich begreifen will, wie es zu Mord und Totschlag kommt, muss bereit sein, die Tatsachen (wie »schlechte Kindheit«) erst einmal von ihrer Bewertung (»mildernder Umstand« oder eben nicht) zu trennen.

Exkurs: Mörder aus Veranlagung oder durch Sozialisation?

Die wichtige Rolle der Kindheit

Je nach weltanschaulichem Hintergrund neigen Laien dazu, der »Veranlagung« bei Tötungsdelikten (und Suizid) eine dominierende, gleichsam unentrinnbar schicksalhafte Kraft zuzuschreiben, oder aber ihre Rolle weitgehend zu negieren. Beides ist nach heutigem Wissensstand falsch.

Tatsache ist, dass ein erheblicher Teil der Tötungsdelinquenten in der Kindheit außergewöhnlichen seelischen Belastungen ausgesetzt war. Schon bei der Lektüre von Kriminalfall-Anthologien lässt sich dies mühelos feststellen. In einem eindrucksvollen Interviewbuch des britischen Starjournalisten Tony Parker, *Leben um Leben – zwölf Gespräche mit Mördern*, berichten nur drei der befragten Männer und Frauen von einer ganz normalen Jugend. In den übrigen neun Gesprächen finden sich Stellen wie: »... Sie hat geheult und geheult, als sie herausgefunden hatte, dass sie schwanger war. Sie hat mich nie gewollt, und sie hat auch nie vorgegeben, mich gewollt zu haben: Sie hat mich in eine ganze Reihe von Kinderheimen gesteckt, bis ich sechzehn war.«[10] – »Mein Vater war 'n kleiner Krimineller ... sie haben fünf Kinder gehabt, und ich war der letzte. Das war zu der Zeit, als die sich gestritten, geschlagen und getrennt haben. Kindheit is' für mich immer Unglücklichsein gewesen.«[11]

Auch Erfahrungen wie der frühe Tod eines besonders geliebten Elternteils, Aufwachsen bei wechselnden, teils fürsorglichen, teils aber lieblosen Bezugspersonen, oder eine »broken home«-Situation, wegen der das Kind auch noch von Gleichaltrigen verhöhnt wird, eine allzu strenge oder vereinnahmende Erziehung kennzeichnen die Biografien vieler Täter. Bei Menschen mit so genannten kriminellen Karrieren sind chaotisch zerrüttete Verhältnisse oder traumatische Kindheitserlebnisse eher die Regel als die Ausnahme. Sexueller Missbrauch verursacht ein besonders hohes Risiko für spätere Kriminalität (aber auch für Drogensucht, Depressivität und Suizidgefährdung). Reinhard Haller nennt Schätzungen, wonach etwa 20 % aller Verbrecher, nicht nur der Mörder, in ihrer Kindheit sexuell missbraucht worden sind.

Gemeinsamer Nenner der schädigenden Kindheitserlebnisse: Das Kind empfängt nicht genügend Liebe und Anerkennung oder fühlt sich benutzt, also nicht um seiner selbst willen geliebt und geschätzt. Dadurch erlebt die betroffene Person das Ich als wertlos oder geringwertig. Ein solcher Mensch kann sich oft noch als Erwachsener nicht »spüren«, ist daher nicht ausreichend motiviert, auf sein Schicksal achtzugeben.

»Die Sache, der ich mir am meisten bewusst war, war, dass ich mir nicht bewusst war, überhaupt irgendjemand zu sein«, formuliert einer der Täter aus Tony Parkers *Gesprächen mit Mördern*.

Wer aber der eigenen Person keinen hohen Wert beimisst, entwickelt zu wenig Gefühl für den Wert des Lebens anderer.

Selbstbeeinflussung als »Dritte Kraft«

Der Satz »die meisten Mörder hatten eine schlechte Kindheit« trifft also zu; der Umkehrschluss ist hingegen nicht zulässig.

Nicht jeder Sohn eines trinkenden, gelegentlich prügelnden Vaters wird wie Horst Riedl zum Mörder, nicht jeder in der Kindheit sexuell missbrauchte Mensch wird später in Umkehrung der Täter-Opfer-Situation die eigenen Kinder missbrauchen oder sich gar zum Sexualmörder entwickeln.

Ob es jemand schafft, solche schlechten Ausgangsbedingungen halbwegs auszugleichen, hängt einerseits von seinen außerfamiliären Bezugspersonen ab, andererseits von – nun ja, man sollte niemals sagen, »angeborenen Eigenschaften« oder »der Persönlichkeitsstruktur«. Durch diese Wortwahl folgt man nämlich dem verbreiteten Fehler, die Persönlichkeit eines Mörders gleichsam als statische Konstruktion zu betrachten, was mit dem gedankenlosen Spruch »ein Mensch ändert sich nicht« am schärfsten auf den Punkt gebracht wird. Auch wenn ein völliges Umkrempeln des Charakters bei einem Erwachsenen kaum zu erwarten ist, geht das Veränderungspotenzial doch viel weiter, als wir wahrhaben wollen. Wissenschaften wie die Gehirnforschung und die Lernpsychologie liefern immer reichere Belege dafür, dass Persönlichkeiten offene Netzwerke sind, die sich ständig bewegen, deren flexible Gestalt langsame, manchmal auch schnelle Metamorphosen durchmacht. »Glücklicherweise kann uns die Vorstellung einer solchen dynamischen Komplexität von der Furcht befreien, dass unsere Natur genetisch festgelegt ist«, so der Psychiater John Ratey in *Das menschliche Gehirn – eine Gebrauchsanweisung.* »Gene enthalten Vorgaben für einen Großteil der anfänglichen Entwicklung des Gehirns, sie legen aber nicht ein für alle Mal fest, wie Gehirnreaktionen ablaufen.«[12] Die permanente Veränderung einer Persönlichkeit ergibt sich aus kleinteiliger Wechselwirkung zwischen Umweltimpulsen und dem, was das jeweilige Individuum auf der Basis seiner genetischen Disposition daraus macht, welche Verhaltensweisen und -nuancen es durch Abertausende von Situationen erlernt, umlernt und dazulernt. »Lernen geschieht aber nicht einfach als Formung durch die Umwelt, sondern ebenso als direkte und indirekte Wirkung der *Eigenaktivität* des Individuums«[13], hält der Psychologe Hans-Peter Nolting in seinem Buch *Lernfall Aggression* fest. Hier hätten wir auch den Ausweg aus einem bekannten Argumentationsdilemma:

Vor allem in der Diskussion um jugendliche Straftäter haken sich zwei Fraktionen am selben Denkfehler fest, nur eben von verschiedenen Seiten. Von konservativeren Geistern wird sogenannten »Gutmenschen« gern vorgeworfen, sie würden die Kindheits-Schädigungen der Täter quasi als Absolution ins Treffen führen, als Versuch, die Delinquenten von jeder Eigenverantwortung freizusprechen. Diese inkriminierte Sichtweise – »Mörder durch die Gesellschaft« – gibt es, sie etablierte sich nicht zuletzt im Umfeld der 68er-Bewegung. Aber nicht jeder, der die leidvolle Kindheit eines Täters als Tatsache zur Kenntnis nimmt, vertritt diese Extremposition und will die Tat entschuldigen, wie reflexartig unterstellt wird.

Selbst ein Kind oder Jugendlicher ist nicht bloß willenloser Spielball der Einwirkung seiner sozialen Umgebung. Auch ein Heranwachsender trifft, je älter desto autonomer, Entscheidungen. Umgekehrt ließe sich ja behaupten, auch Eltern und andere Bezugspersonen könnten nicht aus ihrer Haut, wären also genauso wenig schuld an ihrem Fehlverhalten wie das Kind. Denkt man sich aber die aktive Mitgestaltung am eigenen Schicksal (Nolting: »Lernen als Eigenaktivität des Individuums«), die *Selbst*beeinflussung, als dritten Vektor zwischen den beiden Vektoren Veranlagung und Fremdbeeinflussung – also Sozialisation – dann erledigt sich die Diskussion von selbst.

Warum Menschen töten, lässt sich nur bedingt erklären und begreifen, und ohne differenziertes Denken schon gar nicht.

Die Rolle der Gene

Untersuchungen in verschiedenen Ländern führen regelmäßig zu dem Ergebnis, dass straffällig gewordene Menschen mit Persönlichkeitsstörungen, also »psychisch abnorme Rechtsbrecher«, mehrheitlich an bestimmten Abnormitäten der Gehirnfunktion leiden, wie etwa einer zu geringen Aktivität der Stirnlappen. Dies kann die Folge einer Gehirnverletzung sein: In diesem Zusammenhang hat der »klassische« Fall des Arbeiters Phineas Gage Psychiatriegeschichte geschrieben; bei einem Unfall, der sich 1848 im Verlauf von Sprengungsarbeiten beim Eisenbahnbau ereignete, trieb eine Eisenstange dem armen Mann ein großes Loch ins Frontalhirn. Binnen kurzem war er nicht wiederzuerkennen: Aus dem früher beliebten Familienvater wurde ein grobes, fluchendes, betrügerisches Ekel.

Liegt keine Verletzung oder etwa eine neurologische Schädigung im Zuge der Geburt vor, so gelten derartige Defizite der Hirntätigkeit als Hinweis auf eine genetische Disposition. Sie kommt aber offenbar meist nur bei mangelndem »Training« der betreffenden Gehirnregionen zum Tragen: Vor allem, wenn dem Kind Zuwendung fehlt, eine Atmosphäre der Sicherheit, die ihm normales soziales Lernen ermöglicht.

Versuchsreihen der letzten Jahre bringen immer detailliertere Erkenntnisse zu der Frage, *welche* genetischen Eigenschaften es denn sind, die ein erhöhtes Risiko für spätere Gewaltverbrechen bergen. Seit mittels Computertomografie die Vorgänge im menschlichen Gehirn in einem bis dahin unvorstellbaren Ausmaß am Bildschirm beobachtet werden können, seither ist die Gehirnforschung auch einer Vielzahl von erblichen Risikofaktoren für kriminelles Verhalten auf der Spur. Etliche Studien lassen aber vermuten, dass solche Anlagen fast immer nur unter unglücklichen biografischen und situativen Umständen zur tatsächlichen Entfaltung kommen. Da die betreffenden Experimente und ihre Resultate ohnehin in Standardwerken der letzten Jahre nachzulesen sind (etwa in John Rateys *Das menschliche Gehirn – eine Gebrauchsanweisung* oder Manfred Spitzers *Selbstbestimmen – Gehirnforschung und die Frage: Was sollen wir tun?),* hier nur ein, allerdings besonders spektakuläres, Beispiel.

Eine 2002 in *Science* publizierte, in Neuseeland durchgeführte Langzeitstudie[14] widmet sich unter anderem der Frage, aufgrund welcher genetischen Faktoren Personen, die in der Kindheit misshandelt wurden, später selbst gewalttätig werden oder eben nicht – welche ererbten Anlagen also dazu führen, dass Kinder besonders leicht Milieuschäden davontragen, etwa durch aggressive Erzieher. Für die Studie wurden zwei komplette Geburtsjahrgänge der neuseeländischen Stadt Dunedin (Die Jahrgänge 1972 und '73) ab dem dritten Lebensjahr alle zwei bis drei Jahre von dem Gehirnforscher Avshalom Caspi und seinen Mitarbeitern untersucht.

Ein »Aggressionsgen«, und wann es sich auswirkt

Bei einer Teilgruppe von 442 männlichen Jugendlichen (alle »weißkaukasisch« bis hinauf zu den Großeltern, also genetisch einheitlicher Herkunft) stellte sich heraus, dass 8 % von ihnen in der Kindheit mit Sicherheit schwer misshandelt worden waren; weitere 28 % wurden mit einiger Wahrscheinlichkeit ebenfalls misshandelt. Nun wurde bei allen 442 mittlerweile erwachsenen jungen Männern der Serotoninhaushalt im Gehirn überprüft. Der Botenstoff Serotonin ist an der Regulierung des Aggressionsverhaltens beteiligt. Bestimmte genetisch bedingte Normabweichungen des Serotoninpegels gelten als Risikofaktor für erhöhte Aggressionsneigung; eine niedrige Aktivität des Serotonin abbauenden Enzyms Monoaminooxidase A (MAO-A) zeigt eine solche Normabweichung an.

37 % der Probanden wiesen eine »riskant« *niedrige* MAO-A-Aktivität auf. Die in der Kindheit misshandelten Jungen unter diesen 37 % waren mit weit höherer Wahrscheinlichkeit kriminell geworden als ihre ebenfalls misshandelten Schicksalsgenossen in der 63 %-Mehrheit mit *hoher,* also günstiger MAO-A-Aktivität. Bei den *nicht* Misshandelten in beiden Teilgruppen kehrte sich aber das Verhältnis um! Diejenigen mit *niedriger* MAO-A-Aktivität, aber *ohne* Misshandlungserlebnisse schnitten weitaus am besten von allen ab: Bei ihnen lag die Quote an Verurteilungen wegen Gewalttaten noch viel niedriger als unter den nicht Misshandelten in der 63 %-Gruppe mit *hoher* MAO-A-Aktivität.

Zur besseren Verständlichkeit nochmals im simplifizierten Klartext: Wer das »Risikogen« hatte *und* misshandelt worden war, wurde mit höchster Wahrscheinlichkeit von allen zum Gewalttäter – rund 30 % dieser genetisch *und* familiär belasteten jungen Männer hatten Verurteilungen wegen Gewalttaten erfahren. »Falsches« Gen *und* falsche Kindheit bedeuten also ganz besonderes Pech. Dagegen schnitten Männer *mit* »Risikogen«, aber *ohne* familiäre Belastung ganz besonders *gut* ab (weniger als 5 % Verurteilungen) – sogar *noch besser* als sämtliche Studienteilnehmer mit »friedfertiger« Veranlagung im Hinblick auf den Serotonin-Haushalt.

Die Alltagserfahrung lässt diese Studienergebnisse im ersten Moment plausibel erscheinen: So kennen wir alle besonders kreative und erfolgreiche Menschen, die einmal »anstrengende Kinder«, »kleine Tyrannen« waren, aber dank umsichtiger Erziehung gelernt haben, aggressive Strebungen zu beherrschen und sie beispielsweise in beruflichen Ehrgeiz umzumünzen.

So wenig ein erhöhtes genetisches Risiko für Brustkrebs bedeutet, dass man daran erkranken muss, so wenig ist auch ein Mensch mit höherem anlagebedingten Aggressivitätsrisiko zum Gewalttäter »verurteilt«. Die Genetik »liefert *nicht* den Plan, nach dem dann später das Leben abläuft« – die eben erwähnte zitierte Studie bestätigt einmal mehr diese beruhigende Einsicht.

Es wäre jedoch falsch, zu glauben, dass die Forschung mit dem für mangelnden MAO-A-Abbau zuständigen Gen *das* Aggressivitätsgen gefunden hätte, oder gar den Schlüssel für das Zusammenwirken von Anlagen und Umwelt bei der Entstehung und Vermeidung von Gewalttätigkeit.

Die Thesen aus dieser Studie – die ja auf einer sehr kleinen Testgruppe beruht – müssen erst durch viele Folgestudien erhärtet werden. Sollte das gelingen, so wäre *ein* genetischer Risikofaktor für erhöhte Aggressionsneigung identifiziert, andere aber müssen noch im Detail erforscht beziehungsweise erst entdeckt werden.

Es scheint jedoch völlig illusorisch, dass die Humangenetik das Phänomen »Mord« jemals wissenschaftlich in den Griff bekommen könnte. Denn erhöhte Aggressivität durch »Risikogene« bildet ja nur eine von vielen Ursachen, die hinter einer Tötungshandlung im zivilen Leben stehen können. Mehr noch: Im Ursachenbündel eines Mordes oder Totschlags *fehlt* sehr oft gerade notorische

Aggressivität. Man denke an die Feststellung des US-Staatsanwalts (s. Seite 155): »Die meisten Mörder sind keine brutalen Menschen.« Bei Affekttötungen gibt oft eine Kombination anderer Defizite den Ausschlag: Minderwertigkeitsgefühle, Neigung zu übersteigerten Ängsten, geringe Fähigkeit, Ärger und Kränkungen zu verarbeiten, oder mangelnde Impulskontrolle – derartige Stichworte finden sich in gerichtspsychiatrischen Gutachten über seelisch nicht abnorme Mörder sehr häufig.

Genetische Screenings zur Mord-Verhütung?

Stellen wir uns vor, *sämtliche* genetischen Risikofaktoren für *jede* Art der Disposition für Mord ließen sich in der Zukunft dingfest machen. Und stellen wir uns vor, Eltern würden dann ihre Sprösslinge auf diese angeborenen Risiken hin testen lassen. Wäre damit etwas gewonnen? Für den prominenten Gehirnforscher und Psychiater Manfred Spitzer scheint die Antwort klar: »Schon die Eltern eines Kindes werden wissen wollen, was ihrem Kind gut tut und was man unbedingt vermeiden soll. (…) Nur wenn ich meine Anlagen kenne, kann ich mich aktiv zu ihnen verhalten, kann mich ihnen stellen und kann ihrer bestimmenden Macht entkommen, zumindest teilweise und manchmal sogar sehr nachhaltig und deutlich.«[15]

Aber könnten Eltern und Pädagogen ein Kind, bei dem ein hohes genetisches Kriminalitätsrisiko festgestellt wird, tatsächlich mit Erfolg »zum Besseren« erziehen, so wie sich gewisse genetische Krankheitsrisiken etwa durch passende Ernährung mindern (nicht aber eliminieren) lassen?

Kann man einen perfekten »Seelen-Ernährungsplan« für einen spezifischen Menschen erstellen, wenn man seine anlagenbedingte Startposition bis ins kleinste kennt?

Werden wir je über das emotionale Know-how verfügen, um uns gegenüber einem solchen Wissen auch nur annähernd richtig zu verhalten?

Angesichts der hoffnungslosen Kompliziertheit des Zusammenspiels von Gehirn und Körper – das wie gesagt nie in zwei Momenten dasselbe bleibt! – ist damit wohl kaum zu rechnen.

Freilich wird in allen Kulturen davon ausgegangen, dass der

Mensch, wie Spitzer formuliert, »sich zu seinen Anlagen aktiv verhalten kann«[16]; sonst würden sich ja alle theologischen und philosophischen Verhaltenslehren einschließlich der Tötungstabus erübrigen. Jeder kann versuchen, »etwas aus sich zu machen«, und Selbsterkenntnis hilft dabei. Die Frage ist nur, ob genetische Screenings eine produktive Form der Selbsterkenntnis darstellen, oder eher das Gegenteil. Vollständiges rationales Wissen um unseren »Bausatz« – oder den unserer Kinder – konfrontiert nämlich unseren Geist und unsere Emotionen mir einer unlösbaren Aufgabe.

Angenommen, Sie wüssten, Ihr Kind könnte per genetischer Disposition mit 30-prozentiger Wahrscheinlichkeit zum Mörder werden. Das würde Sie erschrecken, vielleicht Ihre Intuition blockieren, Sie wären ängstlich bemüht, in der Erziehung das »Richtige« zu tun, diese Angst könnte das Kind negativ beeinflussen ... Und selbst wenn Sie sich wider alle Wahrscheinlichkeit nicht aus der Ruhe bringen ließen, stünde Ihnen *kein* sicheres Rezept zur Verfügung, um das Risiko auszuschalten. Sie könnten nur Grundregeln beachten, wie etwa, dem Kind ausreichend Zuwendung zu geben, ihm die richtige Balance zwischen Selbstsicherheit und Selbstkritik zu vermitteln, sein Verantwortungsbewusstsein zu stärken, aggressivem Verhalten Grenzen zu setzen, es dennoch in einem freien und großzügigen Klima aufwachsen zu lassen, ihm das Artikulieren seiner Probleme zu ermöglichen und so weiter, und – falls dennoch gröbere Probleme auftreten sollten – fachliche Hilfe in Anspruch zu nehmen. Wenn Sie aber über genügend »Elternkompetenz« verfügen, um dies alles zu schaffen, dann würden Sie Ihr Kind *ohne* das Wissen um sein »Mordsrisiko«, ohne die Belastung durch dieses Wissen, wohl noch erfolgreicher erziehen.

Für die Mitgestaltung des eigenen Schicksals oder das der Nachkommen brauchen wir, populär gesprochen, Kopf *und* Bauch. »In Wirklichkeit sind es Gefühle, die uns bei moralischen und persönlichen Entscheidungen und beim Vermuten und Planen den Weg weisen«[17], erklärt der Psychiater John Ratey (im Hinblick auf die Funktion des ventromedialen Cortex, eines Teils des Stirnlappens). Die Kenntnis des genetischen Code eines Menschen ist aber reines Kopf-Wissen, taugt daher wenig als Grundlage für den rational wie emotional bestimmten Prozess der Selbst- und Fremdbeeinflussung.

Diese simple Diskrepanz wird von all jenen übersehen, die an die Optimierung des Menschen durch den Fortschritt der Genetik glauben.

Damit soll die wachsende Bedeutung der Genetik und Gehirnforschung gerade im Zusammenhang mit Gewaltprävention keineswegs heruntergespielt werden.

Es macht Sinn, festzustellen, ob ein tatsächlich abnorm aggressives Kind unter einem genetischen Defekt leidet oder bei der Geburt eine Schädigung des Gehirns erlitten hat, die unbemerkt blieb, weil sie keine sonstigen Symptome nach sich zog. Solche Diagnosen ermöglichen gezielte Maßnahmen des Wahrnehmungs- und Verhaltenstrainings durch die Eltern, durch psychiatrische und andere Fachleute. Damit steigen gegenüber früheren Zeiten die Chancen eines solchen Menschen, ein glücklicheres Leben führen zu können als das eines Gewalttäters.

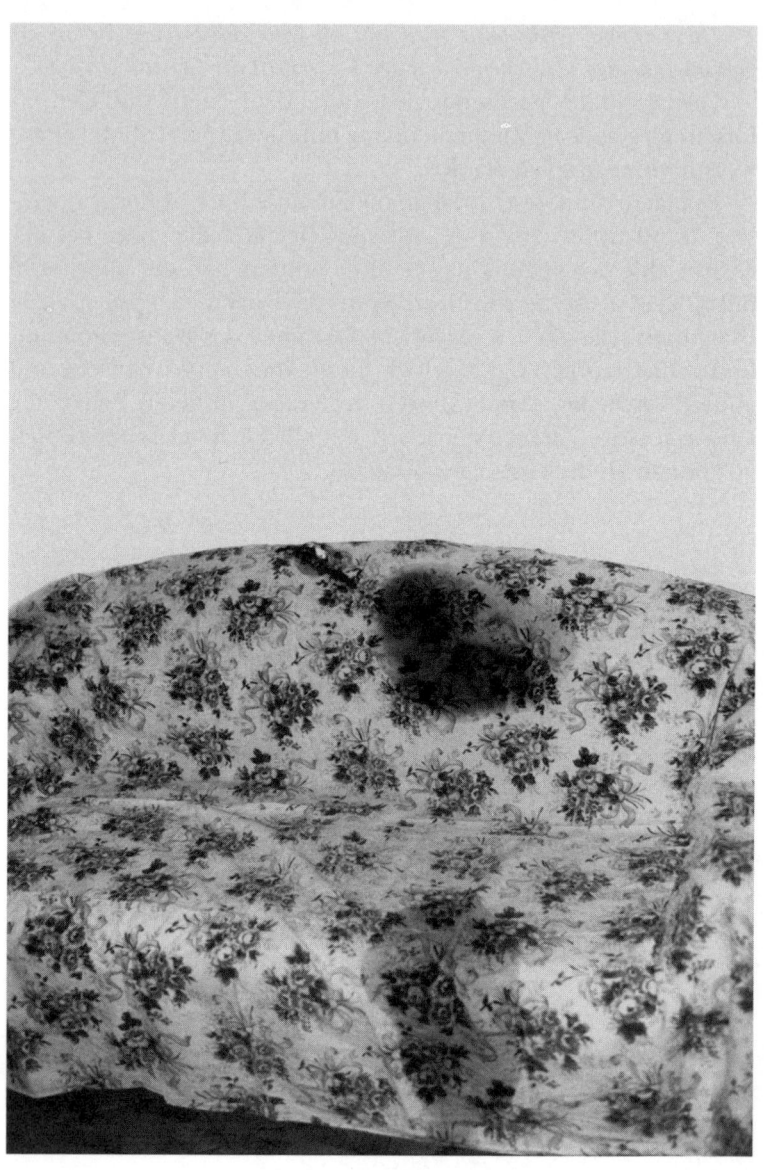

Doppelmord und Selbstmord:
Wenn Männerstolz Tabula rasa macht

Liljana Jovanovic* kommt nicht zur Arbeit.

Das dichte Schweigen in dem frühsommerlich hellen Wohnzimmer verursacht Ohrensausen. Drei Personen, und nicht ein Laut.

Der Körper einer zierlichen schwarzhaarigen Frau lehnt zusammengesackt, mit dem Rücken nach vorn, an der Sitzfläche und Lehne des großen schwarzen Lederfauteuils.

Eine zweite, etwas fülligere Frau ist im Sterben auf den Teppich gestürzt. Über den Kragen ihres leichten Mantels, den abzulegen sie keine Zeit mehr hatte, ragen die Spitzen ihrer blutverklebten Haare.

Auf dem Sofa sitzt ein hochgewachsener junger Mann. Gelbliche Blässe verfärbt seinen dunklen Teint. Auf dem rückwärts geneigten Schädel zeigt sich austretende weiche Masse. Die Waffe ruht neben der Hand auf der Polsterung.

Thomas Nemeth* hat im Alter von zwanzig Jahren seinen Vater durch einen Verkehrsunfall verloren. Drei Jahre später wurde seine Mutter – Liljana Jovanovic – ermordet: Ihr zweiter Mann Nenad* tötete sie und ihre Cousine und anschließend sich selbst durch Kopfschüsse.

Keine vier Wochen danach starb Thomas' letzte familiäre Bezugsperson, seine Großmutter, die ihn erzogen hatte, an einem Herzinfarkt.

»Man hat kaum Zeit, sich irgendwo neu zu orientieren und mit dem Ereignis irgendwie umzugehen, und schon passiert das nächste. Man ist dann für kurze Zeit – ich will nicht sagen, ohnmächtig, aber zumindest einmal orientierungslos im Leben.«

Liljana, seine Mutter, war ein Landmädchen aus der Umgebung von Belgrad. – Als Thomas Anfang der neunziger Jahre mit Liljana ihr Dorf besucht, glaubt er sich in einem anderen Jahrhundert: Straßen ohne Asphalt, Pferdewagen, Wasser aus dem Hausbrunnen, und einmal die Woche schaut ein Ordnungshüter vorbei. Altes rurales Europa eben, wie es sich in den ärmsten Gegenden des Ostens bis heute erhalten hat.

Als junge Gastarbeiterin wandert Liljana in den frühen siebziger Jahren nach Österreich aus, lernt wenige Jahre später Thomas' Vater kennen und heiratet in die selbstbewusste Gesellschaft einer kleinen, alten, von Touristen viel besuchten Stadt ein.

Thomas hat seine Mutter nie anders als berufstätig gekannt: Liljana findet Jobs als Raumpflegerin und in der Gastronomie, später in einer ziemlich staubigen, lauten Fabrik, wo Matten aus Naturfasern erzeugt werden.

In der alteingesessenen ländlichen Familie fühlt sich die Ausländerin aus bescheidenen Verhältnissen niemals wirklich integriert. Als Thomas sechs Jahre alt ist, trennen sich die Eltern.

»Meine Mutter hat wohl gute Gründe gehabt, von meinem Vater wegzugehen. Das war sicherlich die richtige Entscheidung. Erst später habe ich aus Erzählungen erfahren, was mein Vater für ein Mensch war, als er noch mit meiner Mutter zusammengelebt hat. Ein sehr emotionaler Mensch, der mit dem Kopf durch die Wand wollte und sehr verletzend sein konnte. Damals hat er anscheinend auch zu viel Alkohol getrunken.«

Man einigt sich darauf, dass Thomas bei Vater und Großmutter bleibt. Liljana leidet sehr unter der Trennung von ihrem Sohn; aber bei der Schwiegermutter weiß sie ihn in geregelten Verhältnissen, während sie selbst in eine große Stadt übersiedelt ist und sich dort erst eine neue Existenz schaffen muss. Was der fleißigen Frau auch bald gelingt: Vom abgesparten Geld erwirbt sie eine kleine Wohnung. Thomas verbringt mehrmals die Ferien bei Liljana.

»Diese Zeiten habe ich immer sehr genossen.

Mir gegenüber haben mein Vater und meine Mutter auch nie schlecht übereinander gesprochen. Zumindest mir hat es sich so vermittelt, dass sie nach der Scheidung den größten Respekt voreinander hatten. Mein Vater hat danach sein Leben – vielleicht zu spät – neu ausgerichtet. Es hat einfach keinen Alkohol mehr gegeben in seinem Leben, und obwohl er vorher ein starker Raucher war, hat er nie wieder eine Zigarette angerührt. Die Scheidung dürfte ein entscheidender Einschnitt in seinem Leben gewesen sein. Zumindest vor mir hat er dann auch nie wieder mit einer Frau zu tun gehabt. Nachdem meine

Mutter das Haus verlassen hat, ist nie mehr eine Frau ins Haus gekommen.«

Als Thomas' Vater auf der Fahrt zur Arbeit mit dem Auto verunglückt, hat er noch keine sechsundvierzig Jahre lang gelebt. Liljana ist zu diesem Zeitpunkt bereits wieder verheiratet. Ihren Sohn hat sie aber nicht zur Hochzeit eingeladen; Thomas wird vor die vollendete Tatsache gestellt.

»Als ich zum ersten Mal richtig wahrgenommen habe, dass da ein anderer Mann im Leben meiner Mutter ist, da war mein erster Gedanke natürlich: Bumm. Der ist eigentlich unwesentlich älter als ich. Der könnte ihr Sohn sein. Das war schon ein bisschen ein Schock für mich, weil ich mir gedacht habe: Was findet meine Mutter an einem solchen Typen? Na ja, dieser Mann war natürlich aus ihrem Kulturkreis. Das kann eine gewisse Anziehung haben.

Und ich muss auch sagen, bei den paar Malen, die ich dort zu Besuch war, hat er keinerlei Härte erkennen lassen. Ganz im Gegenteil, am Anfang, in der Zeit kurz vor und nach der Hochzeit, ist er mir sehr zuvorkommend und nett erschienen. Später dann ruhig und ein bisschen unzugänglich ...«

Thomas konnte kein klares Bild der neuen Lebenssituation seiner Mutter gewinnen, einmal seines jugendlichen Alters wegen, vor allem aber, weil er mehr als hundert Kilometer entfernt wohnte.

Hingegen beobachteten einige Freundinnen Liljanas die fatale Konstellation, in die sie sich begeben hatte, aus nächster Nähe. Gemäß den Schilderungen dieser Gewährspersonen ereignete sich Folgendes:

Nach ihrem Umzug in die Stadt führt Liljana ein unabhängiges Leben. Die hübsche, körperbewusste, gepflegte Frau verfügt durchaus über die Stärke, Männer zu verlassen, wenn sie sich von ihnen schlecht behandelt fühlt. Einzig bei Nenad gelingt ihr dies nicht. Durch Abhängigkeiten unterschiedlichster Art verbunden, schlingern beide auf den Untergang zu, wobei er das Amokfahrzeug lenkt, sie aber in der entscheidenden Phase einer möglichen Rettung die Tür des Notausstiegs wieder zuwirft.

Nenad Jovanovic ist der Sohn einer engen Freundin Liljanas.

Der gutaussehende, sympathische, zurückhaltende, strebsame Junge wächst bei Verwandten in Serbien auf. Nur Wochen, nachdem er seinen Rekrutendienst angetreten hat, beginnt der Jugoslawienkrieg, und Nenad findet sich, wohl ungläubig entsetzt wie Tausende Altersgenossen, an der Front in Kroatien wieder.

Zur Zeit der Kämpfe in Bosnien hält er sich mit einem befristeten Visum, das abzulaufen droht, bei seiner Mutter in Österreich auf.

Da verliebt sich die knapp vierzigjährige Liljana in den kaum zwanzigjährigen Nenad, die beiden werden händchenhaltend im Café gesehen. Nach Beobachtung ihrer Freundinnen glaubt Liljana anfangs vorbehaltlos an diese Liebe. Zeuginnen der standesamtlichen Zeremonie fällt auf, dass Nenad vor der Trauung unverhältnismäßig angespannt, nachher aber wie ausgewechselt, nämlich über die Massen erleichtert wirkt.

Ohne diese rasch geschlossene Ehe hätte er Österreich verlassen müssen. Noch kann er sich nur bedingt sicher fühlen: Die Einbürgerung erfolgt zu dieser Zeit nicht mehr automatisch mit der Trauung, sondern erst fünf Jahre später.

Doch anscheinend heiratet er Liljana nicht nur oder nicht in erster Linie wegen der Aufenthaltserlaubnis – und wenn, dann will er sich dies vielleicht selbst nicht eingestehen: Es verträgt sich nicht mit dem Stolz eines jungen Mannes aus seinem Kulturraum, sich für einen Stempel im Pass vom guten Willen einer Frau abhängig zu machen.

Das Paar soll sexuell und auch charakterlich durchaus harmoniert haben. Nenad ließ einmal vor einer Bekannten Liljanas die Bemerkung fallen: »Das wäre schon gegangen, wenn sich die anderen nicht so viel eingemischt hätten.«

In jugoslawischen Lokalen und in der jugoslawischen Videothek bekommt Nenad zu hören, was er denn mit »der Oma« wolle. Seine Clique von gleichaltrigen Freunden akzeptiert ihn nicht mehr, und man kann sich den Spott und die verächtlichen Blicke der jungen Frauen im Bekanntenkreis lebhaft vorstellen.

Nach den patriarchalen Begriffen seines Milieus steckt Nenad in eine unmöglichen, lächerlichen Situation. Er hat eine viel ältere Frau geheiratet, die mehrfach Liebesbeziehungen eingegangen war, also als »Hure« gilt. Er lebt in der von ihr gekauften Wohnung und teilweise, in Zeiten unverschuldeter Arbeitslosigkeit, auf ihre Kosten. Theoretisch hat sie ihn völlig in der Hand, weil sie ihm jederzeit mit der Scheidung drohen kann, die seine Abschiebung nach Jugoslawien zur Folge hätte. Und er weiß ja, dass Liljana unbefriedigende Beziehungen von sich aus zu beenden pflegt; dieses Wissen steigert nicht nur seine Furcht und sein Abhängigkeitsgefühl, sondern provoziert auch seine Eifersucht und gefährdet seine Männerehre: Undenkbar und schändlich für einen wie ihn, als Ehemann von seiner Frau sitzen gelassen zu werden.

»Die Liljana wirft die Männer weg – ich bin der letzte, mit dem sie das versuchen wird!«, erklärt er ihren Freundinnen. »Wenn sie geht, ist sie tot.«

Seine Unreife steht in einem krassen Missverhältnis zu ihrer Lebenserfahrung. Dass *er* sich in eine demütigend empfundene Lage manövriert hat, lässt er *sie* büßen: Liljana wird schwer misshandelt. Nenad fügt ihr regelmäßig Blutergüsse zu, verletzt ihr durch wuchtige Hiebe einmal das linke, dann das rechte Trommelfell, und schneidet ihr die Kuppe des linken Ringfingers ab. Das alles wird zu Protokoll gegeben, da sie ihn wiederholt wegen Körperverletzung anzeigt. Vierzehn Monate vor ihrem Tod reicht Liljana die erste Scheidungsklage ein; er droht daraufhin, sie zu töten. Von einer Bekannten seiner Frau zur Rede gestellt, warum er sie denn schlage, rechtfertigt er sich: »Weil sie mich so reizt.«

Die impulsive, nicht auf den Mund gefallene Liljana hat die selbstständige Lebensweise österreichischer Frauen kennen gelernt und weitgehend übernommen. Er hingegen versucht, seinen beschädigten Stolz überkompensatorisch wiederherzustellen, indem er Liljana, mit allem Nachdruck physischer Gewalt, in das traditionelle Rollenbild einer gefügigen, gehorchenden Gattin zwingen will.

Gleich mehrere Faktoren bedingen also die irreparable Schieflage der Verbindung: Sein Vertrauensmissbrauch – er verschweigt ihr die Sache mit dem Visum, wodurch bereits die Basis dieser Ehe fragwürdig erscheint –, ferner der große Altersunterschied, die Intoleranz des sozialen Umfelds, und die kulturelle Diskrepanz zwischen der assimilierten Immigrantin und dem Neuzuwanderer.

Massive psychische Probleme hat Nenad noch aus einem anderen Grund, der mit Liljana nichts zu tun hat: Offenbar sind es auch unverarbeitete Kriegserlebnisse, die ihn buchstäblich um sich schlagen lassen. Er hat oft böse Träume und schreckt schwitzend aus dem Schlaf. Auf Anraten Dritter will ihn Liljana zu einem Besuch bei einem Psychiater überreden – was er wütend ablehnt.

Vorübergehend schläft sie bei Freundinnen, die ihr aber nur für begrenzte Zeit Obdach bieten können, da Nenad nachts unangemeldet vor deren Haustüren auftaucht, nach seiner Gattin fragt und sich nur durch die Ankündigung, man werde die Polizei rufen, vertreiben lässt. Schließlich kann Liljana bei einer ihm nicht bekannten Arbeitskollegin ihrer engsten Freundin Unterschlupf finden.

Da er ihr aber ausrichten lässt, er wolle sie nie wieder schlagen und liebe sie nach wie vor, erklärt sie sich zur Versöhnung bereit und zieht die Scheidungsklage zurück.

Als Verbindungsperson schaltet sich in all den Monaten ihre Cousine ein. Diese bestärkt einerseits Liljana darin, sich die Misshandlungen ihres Mannes nicht gefallen zu lassen; andererseits wird sie von Nenad als Botin vorgeschickt und verrät ihm sogar immer wieder, wohin sich seine Frau geflüchtet haben könnte. Obwohl Liljana genau weiß, dass die Cousine nicht »dichthält«, lässt sie sich deren ungebetene Vermittlungsdienste gefallen. Ein Zeichen, dass sie sich von Nenad im Innersten nicht lösen kann und will?

Etwa ein Jahr vor ihrem Tod, kurz nachdem ihr Mann sie erstmals mit der Schusswaffe bedroht hat, überreicht Liljana ihrem Sohn Thomas den Schlüssel zu einem Bankschließfach.

»In gewisser Weise hat meine Mutter mich damals schon darauf vorbereitet, was kommen könnte. Sie ist mir mit auf die Bank gegangen und hat zu mir gesagt: ›Du, Thomas, sollte mir einmal etwas passieren, du weißt, wo du alles findest.‹

Daran habe ich gemerkt, dass sie diese Geschichte total ernst genommen hat.«

In den Monaten danach wirkt Liljana zusehends gebrochen. Nenad erlaubt ihr nicht, allein einkaufen zu gehen, verbietet ihr, Freundinnen zu besuchen, und prügelt sie, wenn sie nicht bereits kurz nach Dienstschluss telefonisch zu Hause erreichbar ist.

Auf Drängen ihres Sohnes zieht sie schließlich in ein Frauenhaus. Am zuständigen Kommissariat erstattet sie wiederum Anzeige wegen Körperverletzung und gefährlicher Drohung. Nenad wird, unter anderem wegen Verdachts unerlaubten Waffenbesitzes, einvernommen, bestreitet aber, eine Schusswaffe zu besitzen, und erhebt seinerseits Verleumdungsklage gegen Liljana. Polizei und Staatsanwaltschaft glauben ihm, nicht ihr, sehen von einer Hausdurchsuchung ab und stellen das Verfahren ein.

Offenbar auf Anraten von Mitarbeiterinnen des Frauenhauses erwirkt Liljana gegen Nenad ein Verbot, die Ehewohnung zu betreten. Kommentar eine Freundin: »Dieses Betretungsverbot war vielleicht keine so gute Idee – dadurch hat er nämlich endgültig das Gesicht verloren.«

Laut einstweiliger Verfügung muss Nenad die Wohnungsschlüssel bei Gericht hinterlegen; er leistet der Aufforderung Folge. Nun droht ihm tatsächlich der Verlust des Visums: Liljana hat erneut die Scheidung eingereicht. Selbstverständlich befindet sich eine so schwer misshandelte Ehefrau mehr als im Recht, wenn sie ihren gewalttätigen Mann der Wohnung verweist (die noch dazu ihr gehört!) und die restlose Trennung wünscht; immer noch Rücksicht auf Nenad zu nehmen, hätte niemand von ihr fordern dürfen.

Nicht moralische Pflicht ihm gegenüber, sondern der bloße Selbstschutz hätte einen Kompromiss ratsam erscheinen lassen.

Liljana hätte auf einen »Waffenstillstand« hinarbeiten können – etwa: Er räumt die Wohnung, im Gegenzug wartet sie mit der Scheidung bis zu seiner Einbürgerung. Stattdessen »wurde sie immer sturer« (eine Freundin) und wandte ungeachtet des Risikos die stärksten Mittel der Konfrontation an.

Niemand wird je erfahren, was genau Liljana dazu brachte, zwei Tage danach ohne Polizeischutz, entgegen allen Warnungen – »Am Ende lauert er dir noch auf!« – in ihrer Wohnung Nachschau zu halten. Den trauernden Freundinnen bleiben nur Erinnerungs-Bruchstücke, zu wenig, um Liljanas letzte Stunden zu rekonstruieren.

An jenem Tag lässt die Cousine gegen fünfzehn Uhr über eine der Frauen ausrichten, Liljana solle bei ihr anrufen. Sie darauf, etwas unwirsch: »Was will sie schon wieder?« – die letzten Worte, die die Lebenden von Liljana hören.

Wenige Tage zuvor hat sie erfahren, dass Nenad nun mit einem jungen Mädchen zusammen ist. Und dass die Cousine, die offenbar

Nachschlüssel hat, in ihrer, Liljanas, Wohnung gestöbert und das Kaffeeservice in Augenschein genommen habe.

War es die Cousine, die das Treffen arrangierte? Sollte nach deren Plan Liljana durch Nenads Anwesenheit in der Wohnung überrascht werden, damit er die Nichtsahnende sprechen und zu einem Sinneswandel hätte überreden können? Oder ging die Initiative von ihm aus, der bereits zu töten beabsichtigte und beiden eine Falle stellte?

Oder wollte Liljana selbst Nenad nochmals sehen, ihn vielleicht sogar zurückgewinnen? War das Betretungsverbot nur ein Versuch gewesen, ihm seine Grenzen zu zeigen, ihn zu »erziehen«?

Thomas fühlt in den letzten Lebenstagen seiner Mutter eine Veränderung an ihr, die sich ihm aber erst in der Rückschau, im nachträglichen Wissen um die Nähe ihres Todes, ganz erschließt.

»Unmittelbar bevor das passiert ist, hatte sie interessanterweise plötzlich eine gewisse Leichtigkeit. Da war eine Unbeschwertheit, die ich davor nicht gekannt habe. Meine Mutter war davor sicher die ganze Zeit in einem sehr schwierigen Zustand. In einem ernsten, belasteten Zustand – für sie und auch für mich letztlich. Aber unmittelbar davor habe ich diese Leichtigkeit an ihr verspürt. Ich weiß nicht, ob sie geglaubt hat, dass es geschafft ist, dass sie aus dieser Sache siegreich hervorgeht – oder ob es vielleicht eine Vorahnung war... Ich kann es nicht sagen. Es hatte fast etwas Letztgültiges, Abschiednehmendes. Aber in einem solchen Moment hofft man: vielleicht kommt es doch nicht dazu. Vielleicht wird es nicht so drastisch sein.«

Nach dem Tod seiner Mutter macht sich Thomas schwere Vorwürfe, die Tragödie nicht verhindert zu haben.

Typischerweise hegen Angehörige von Ermordeten anfangs Schuldgefühle, in der Meinung, sie hätten Entscheidendes versäumt – wie irrational und jeder Grundlage entbehrend diese Selbstvorhaltungen auch immer sein mögen. Häufig entwickeln Betroffene ein Versagensgefühl, weil sie im entscheidenden Moment nicht schützend an der Seite des Opfers standen: »Hätte ich mich mehr gekümmert, wäre es vielleicht nicht passiert.«

Und nicht nur Holocaust-Überlebende, sondern auch manche Leidtragende in Mordfällen kennen den Schuldkomplex des Weiterlebens an sich – als wäre man *auf Kosten* des oder der Toten unversehrt geblieben.

Es gilt als wichtiger Teil der Therapie für traumatisierte Opfer-Angehörige, solche diffusen, ungern eingestandenen Selbstvorwürfe zutage zu fördern und klar zu machen, dass es sich um Symptome seelischen Verletzungsschmerzes handelt und nicht um eine realistische Einschätzung eigener Versäumnisse.

Thomas hatte von seiner Mutter schon frühzeitig erfahren, dass ihr neuer Mann sehr zur Gewalttätigkeit neige.

»Sie müssen sich vorstellen, als junger Mensch von knapp zwanzig Jahren ist man zuerst einmal natürlich total irritiert. Man weiß nicht, wie man damit umgehen soll. Normalerweise nimmt man ja an, dass vielleicht gerade die Mutter diejenige ist, die den Sohn bevormundet und schulmeistert. Aber in unserem Fall war es umgekehrt: Ich habe versucht, meine Mutter in dieser Zeit zu stützen – sie war eine sehr zerbrechliche Persönlichkeit oder jemand, der bei vielen Entscheidungen im Leben eigentlich eine Führung gebraucht hätte. Dass der viel jüngere Sohn der Mutter im Leben weiterhelfen muss – diese Rolle kann man in meinem damaligen Alter noch nicht ganz leben.«

Auf Fotografien sieht Liljana – wie ihr Sohn – einnehmend und liebenswürdig aus, zugleich wie eine Persönlichkeit, die ähnlich einem Boot auf bewegtem Wasser schwankt und schwankt und nie in die Senkrechte findet. Dies aber nicht aus Schwäche, sondern aus Mangel an seelischem Gleichgewichtssinn.

»Irgendwie war sie schon vorher kaputt vom Leben«, so eine der Freundinnen. »Sie hat oft erzählt von ihrer Vergangenheit, das ist immer in ihrem Kopf gekreist.«

Menschen, die leicht zu destabilisieren sind, eignen sich besonders für die Rolle eines Opfers.

»Vielleicht versucht gerade jemand mit der Persönlichkeitsstruktur meiner Mutter, sich an so einen Mann zu binden, auch wenn das letztlich ihren Untergang bedeutet.«

Nach Liljanas Ermordung beginnt Thomas, der zuvor immer binnen Sekunden in Tiefschlaf gefallen war, nachts schweißgebadet und verängstigt aufzuwachen. Da sich die periodischen Angstzustände und Schlafstörungen nicht von selbst geben, nimmt er Psychotherapie in Anspruch. Die Honorare dafür und die Begräbniskosten werden ihm später von der öffentlichen Hand erstattet. Denn Thomas Nemeth hat eine Amtshaftungsklage gegen die Republik gewonnen. Das Gerichtsurteil zu seinen Gunsten, das auch eine Schmerzensgeldzahlung zur Folge hatte, stützte sich vor allem auf die Tatsache, dass die Justiz keine Hausdurchsuchung zwecks Auffindung der späteren Tatwaffe angeordnet und auch keine Untersuchungshaft über Nenad verhängt hatte.

Thomas kam es nur marginal auf das Geld an; am meisten war ihm wohl daran gelegen, seine Mutter postum in den Stand des Rechts und der Autorität gegenüber den Behörden zu setzen. Auf dem Wachzimmer hatte man Liljana offenbar die längste Zeit nicht für voll genommen. »Jetzt gehen Sie heim und vertragen Sie sich wieder mit ihrem Mann«, soll man ihr einmal nahe gelegt haben.

Polizei und Justiz wären gut beraten, Hilferufen von Frauen wie Liljana größte Aufmerksamkeit zu schenken und jedes Warnzeichen dieser Art sorgfältig zu prüfen. Denn erweiterte Selbstmorde durch Männer haben in den letzten Jahrzehnten tendenziell zugenommen. Hat das jeweilige Paar auch noch Kinder, so geraten fast immer sie (mit) ins Zentrum des tödlichen Beziehungskonflikts.

»Familientragödie in P.! Ein Mann hat seine Lebensgefährtin und den gemeinsamen zweijährigen Sohn erschossen. Die Frau hatte sich von ihm trennen wollen.« – Oder: »Ein Mann aus F. hat mit einer Pistole den neunzehn Monate alten Sohn seiner Frau, die vor kurzem die Scheidung einreichte, erschossen. Anschließend tötete er sich selbst.«

An Meldungen wie diese hat sich die Öffentlichkeit längst gewöhnt. Hier täuscht der in den Medien entstehende Eindruck nicht: Da schon in der Vergangenheit die Zeitungen über jeden derartigen Fall berichteten, deutet die wachsende Häufigkeit des Wortes »Familientragödie« tatsächlich auf eine höhere Dichte solcher Verbrechen hin.

Bis vor etwa zwanzig Jahren galt aber der erweiterte Suizid innerhalb der Familie als eines der wenigen typisch »weiblichen« Tötungsdelikte!

»Die Täterinnen waren fast *ausschließlich* depressive Mütter«, erinnert sich der Psychiater Reinhard Haller. »Frauen, die melancholisch geworden sind, die ihre Zukunft als trostlos empfunden haben, die an schweren Depressionen und Angstzuständen erkrankt sind, wollten dieses hoffnungslose Leben für sich beenden und haben dann in ›altruistischer‹ Weise die Kinder mit sich genommen. Und zwar in dem Wahn, die Kleinen würden die Welt genauso grau und trist erleben wie sie selbst, und sie wollten ihnen dieses Schicksal ersparen. In besonders tragischen Fällen kam es dazu, dass die Mütter dann überleben mussten. Sie hatten nicht mehr genügend Energie, sich auch noch selbst zu töten, und haben dann mit diesem furchtbaren Schicksal weitergelebt. Jedenfalls standen hinter Fällen, bei denen ein Elternteil ein Kind getötet hat, praktisch zu hundert Prozent depressionskranke Frauen. Solche Fälle sind seltener geworden, weil sich depressive Menschen inzwischen häufiger in Therapie begeben.

Heute hingegen sehen wir eine ganz andere Entwicklung: Nämlich, dass die Tötung des Kindes aus egoistischen Motiven erfolgt. Durch einen psychisch nicht kranken, wohl aber unendlich gekränkten Täter! Und zwar im Zusammenhang mit Partnerschaftstrennungen auf Initiative der Frauen. Oft geht es dabei auch um Sorgerechtsfragen. Nach dem Motto: ›Wenn *ich* schon das Kind nicht haben soll, dann sollst *Du* es auch nicht haben!‹ Da kommt es dann zu diesen furchtbaren Tragödien, dass ein Vater manchmal sogar die ganze Familie ausrottet.

Das ist ein elementarer Wandel in der Psychopathologie: Weg von diesem ›Mord aus Liebe‹, wie man es bezeichnen könnte, hin zu diesem Mord aus reinem Egoismus. Das hat natürlich ein Stück weit mit der Änderung des traditionellen Rollenverständnisses zu tun: Dass der Mann es nicht erträgt, sich als Verlierer wahrzunehmen, und sagt: ›Ich will noch *einmal* Recht haben, ich will den letzten Sieg davontragen.‹«

Ein solcher Mann fasst das Verlassenwerden durch die Frau, ihr Heraustreten aus seinem Dominanzbereich und ihr Aufbegehren gegen seinen Machtanspruch als existenzgefährdende Bedrohung seines Selbstwertgefühls auf.

Männer wie Nenad haben aufgrund ihrer Erziehung nur die patriarchale Konstruktion männlicher Identität kennen gelernt:

Traditionsgemäß misst sich männliche Stärke immer auch an der Herabstufung des »schwachen« Geschlechts.

Solche Stärke existiert nicht autonom, sondern sie definiert sich über Machtverhältnisse. Das althergebrachte männliche Rollenbild macht sich von weiblicher Unterwerfung abhängig. Dieses System lässt Männergesellschaften psychisch träge werden; denn es verführt dazu, Ich-Stärke nicht in sich selbst zu entwickeln, sondern sie für ein Geburtsrecht zu halten, das jedem Mann qua Ordnung der Geschlechter automatisch zufällt.

Als hätte ein Kind das Gehen von Anbeginn mit Krücken erlernt; entgleitet die Krücke, bricht der Erwachsene zusammen.

Es sind nicht die tatsächlich charakterstarken Patriarchen, sondern die im tiefsten selbstunsicheren Möchtegern-Familienoberhäupter, die jene Tragödien anrichten, weil sie die Frauenemanzipation in den eigenen vier Wänden nicht verkraften. Verweigert die »Krücke« Frau den Dienst und macht, was sie will, dreht sie gar rachsüchtig die Machtverhältnisse um, dann hat ein solcher Mann seiner Frau keine Souveränität, sondern nur noch Gewalt entgegenzusetzen; und da er sich von ihr in seiner männlichen Identität vernichtet glaubt, tötet er in dieser Logik auch sich selbst.

Hätten die letzten weltgeschichtlichen Jahrtausende im Zeichen des Matriarchats gestanden und erlebten wir in jüngster Zeit die Emanzipation der Männer anstatt umgekehrt, dann wären es vielleicht *Frauen*, die in Angst um ihre Machtposition *Männer* durch brutale Übergriffe an der Selbstbefreiung zu hindern versuchten; in Afghanistan hätten dann vielleicht weibliche Taliban der männlichen Bevölkerung unter Todesandrohung Bildung, Beruf und Bewegungsfreiheit verweigert. Auch wenn dieses Denkexperiment an den Haaren herbeigezogen scheint, so lässt sich aus ihm doch die Hypothese ableiten, dass Frauen nicht *nur* aus hormonellen, genetischen und verhaltensbiologischen Gründen so viel weniger zum Töten neigen als Männer, sondern dass der starke männliche »Überhang« bei Mordfällen – 90 % der Morde werden von Männern begangen – unter anderem durch patriarchal geprägte soziale Muster verursacht wird.

Herrschaft schließt Gewalt gegen die Beherrschten mit ein. Das Genfer »Zentrum für die demokratische Kontrolle der Streitkräfte« präsentierte im Herbst 2005 eine Studie, wonach weltweit zwei bis drei Millionen Frauen jährlich allein ihres Geschlechts wegen sterben müssen – etwa im Zuge von Massenvergewaltigungen in Kriegen, durch häusliche Gewalt, Ehrenmorde, Praktiken wie Abtreibung weiblicher Föten oder Tötung weiblicher Säuglinge, in vielen Ländern auch aufgrund ihres schlechteren Zugangs zu medizinischer Versorgung und Lebensmitteln im Vergleich zur männlichen Bevölkerung.

Die Schätzung basiert auf Zahlen der UNO, wonach im Verhältnis zur demografischen Wahrscheinlichkeit weltweit 200 Millionen Frauen zu wenig leben würden.

Ganz gleich, ob solche Angaben in der Größenordnung stimmen – der Tendenz nach können sie nicht ganz falsch sein, da sich die erwähnten frauenspezifischen Todesrisiken ja nicht leugnen lassen.

Raubmord I – Die erwürgte Großmutter und der Zorn der Enkelin

Silvia Berner* pflegt aus ihren Emotionen kein Hehl zu machen. Wärme und zornige Abwehr artikuliert sie in gleicher Deutlichkeit. Diese natürlich wirkende junge Frau ist es sichtlich gewohnt, die Initiative zu ergreifen und Verantwortung zu übernehmen. Fühlt sie sich angegriffen, kann sie sehr resolut werden. Eine gewisse Durchsetzungsfähigkeit braucht sie sicherlich auch, in ihrem Beruf als Autobusfahrerin.

Im Jahr 2000 hat Silvia Berner ihre damals wichtigste Bezugsperson, die Großmutter, durch Mord verloren.

»Die Oma war meine beste Ratgeberin. An sie habe ich die schönsten Kindheitserinnerungen – ich habe mit ihr über alles reden können. Sie hat mir so vieles von sich erzählt, das mir jetzt noch sehr hilft. Ich habe viel von ihr gelernt...«

Silvia Berner weint nicht, aber sie spricht wie über eine Tränenbarriere hinweg. An dem bewussten Tag – etwa drei Jahre vor unserem Gespräch – ruft sie mehrfach bei der alten Dame an, die aber nicht abhebt, was gänzlich ungewöhnlich ist. Bis gegen 18 Uhr versucht sich die Enkelin mit der Vermutung zu beruhigen, dass die Großmutter einkaufen gegangen sei. Dann verständigt sie ihren Vater; er verspricht, nach dem Rechten zu sehen. Unterdessen lässt Silvia weiterhin, in wachsender Sorge, erfolglos das Telefon läuten – bis schließlich der Vater abhebt.

Er hat den strangulierten Leichnam der Großmutter vorgefunden. 350 Schilling (rund 25 Euro) fehlen, sonst nichts; keinerlei Wertgegenstände wurden geraubt.

Entgegen der Versicherung, dass sie die Tote noch einmal sehen dürfe, wird Silvia Berner von der Kriminalpolizei nicht in die Wohnung gelassen. Kein Abschied. Stattdessen ein paar Fernsehbilder zur Hauptsendezeit: Der Sarg, der aus der Tür getragen wird.

Wenn der liebste Mensch getötet wird

Silvias Großmutter war zum Zeitpunkt ihrer Ermordung 89 Jahre alt.

»Am Anfang macht das überhaupt keinen Unterschied, da hätte sie zwanzig sein können – man hat einfach das Wichtigste verloren. Heute denke ich: Okay, sie hätte es nie verkraftet, ein Pflegefall zu werden wie mein Großvater. Der hat nicht mehr reden und nicht mehr alleine essen können und hat gewickelt werden müssen. Mittlerweile sage ich mir: Wer weiß, was ihr erspart geblieben ist. Aber: Das nimmt mir nicht den Hass auf den Täter! Der Hass, der wird ewig bleiben. Das Problem ist: ich habe ganz einfach kein Gesicht dazu.«

Der Raubmörder wurde nie gefasst. Sie kann nur spekulieren: War er wütend, weil er nicht mehr Bargeld fand?

»Der hat sie ja anscheinend nur zum Spaß umgebracht.«

Sie weiß, dass es so, aber auch ganz anders gewesen sein könnte.

Die Schwierigkeit, den Mord wahrzuhaben

Selbst wenn Angehörige eines Opfers – anders als Silvia – den Täter persönlich kennen oder gar in enger Beziehung zu ihm stehen, fällt es ihnen schwer, das Ungeheuerliche zu fassen. Für Menschen, die nicht selbst getötet haben, entzieht sich dies schlicht dem Vorstellungsvermögen. Fast jedermann kann das Erleiden einer schweren Krankheit oder eines Unfalls im Ansatz nachvollziehen – wir alle waren schon krank oder sind gestürzt. Aber der psychische Bereich des Tötens, die Emotionen des Täters und des Opfers, liegen derart fernab des alltäglichen Erfahrungshorizontes, dass wir kaum einen Zipfel davon zu fassen bekommen. Eine Mutter, deren Adoptivtochter durch die Hand ihres sechzehnjährigen Freundes an »Absichtlicher Schwerer Körperverletzung mit Todesfolge« (durch Würgen) starb, erklärte mir:

»Man fällt in eine Phase der Ungläubigkeit. Die eine Hälfte von mir weiß es, die andere nicht.«

Die Traumatisierung der Angehörigen

Ein Mörder schlägt gleichsam mit der Wucht seiner Aggressivität auch auf die Angehörigen ein, die ja von dem Gedanken verfolgt werden, was der getötete Mensch in seinen letzten Minuten empfunden haben mag. Sie fühlen körperlich mit, der Täter hat auch ihnen etwas angetan, und diese Erfahrung kann klassische Trauma-Symptome, wie bei direkten Gewaltopfern, auslösen.

»Die schlimmste Zeit war das erste Jahr – das war grausam! Ich habe viele, viele Nächte lang nicht schlafen können, habe Beruhigungstabletten genommen, war knapp vor dem Umkippen. Wenn man auf die Straße geht, sieht man in jedem irgendwie einen potenziellen Mörder.«

Dieser könnte es gewesen sein, denkt sie bei sehr vielen Männern. Gleichzeitig wird sie von ständigen Grübeleien über den Tathergang und das Sterben ihrer Großmutter verfolgt.

Schrecklicher Zorn, auch Rachegefühle gegenüber dem Täter sind professionellen Opfer-Betreuern als ganz normale Reaktionen vieler ihrer Klienten vertraut. Diese Gegen-Aggression muss zugelassen, verbal und in der Fantasie ausgelebt werden, um nach und nach abebben zu können.

Ist der Mörder aber ein Fremder oder – noch schlimmer – bisher nicht gefasst, also ein »unbekanntes Monster«, dann fällt diese Wut tendenziell heftiger aus und hält länger an. Silvia Berner kann ihren Zorn nicht gegen eine konkrete Person, den Täter, richten. Dieser hat sich durch Flucht jeglicher Sanktion entzogen.

Nichts zu wissen, die Tat nicht als plausible Geschichte rekonstruieren zu können, verschlimmert die Krise und verhindert geordnete Trauer.

Das normale Rachebedürfnis

»Solange ich nicht das Gesicht desjenigen habe, der verantwortlich ist, kann ich meinen Hass nicht abbauen, auch wenn er mit den Jahren weniger wird. Leider kann jeder ein Täter sein. Man sieht es leider nicht. Es steht leider niemandem auf der Stirn geschrieben. Wäre super: auf der Stirn ›Mörder‹ oder ›Täter‹ – wäre nicht schlecht…«

In Ermangelung des tatsächlich Schuldigen verteilt sie ihre nur zu verständliche Empörung unspezifisch auf »die Täter« im Allgemeinen.

Sollte der Mord an ihrer Großmutter jemals aufgeklärt werden – hätte Silvia Berner dann den Wunsch, dem Mörder zu begegnen?

»Ja. Ich will ihm unbedingt gegenübersitzen, und er soll mir erklären, warum er es gemacht hat. Ich denke ganz einfach, es kann ja sowieso kein starker Mann sein, sonst hätte er sich nicht an einer Neunundachtzigjährigen vergreifen müssen. Anscheinend dürfte er ein bisschen ein ›Schlappi‹ sein, dass er sich an einer Älteren vergehen muss.«

Das Wort »Schlappi« (»Schlappschwanz«) wird im Ton einer subtilen, aber ätzenden Verachtung in den Satz geflochten.

Der Täter – ein Eindringling in fremde Leben

Wer Mord oder Totschlag begeht, annektiert nicht nur das Leben eines Menschen, sondern dringt auch uneingeladen in das psychische Terrain weiterer Menschen ein. Er etabliert eine Zwangsverbindung zwischen sich und den Hinterbliebenen. Da er der Handelnde war und sie die Erleidenden, müssen sie sich wesentlich mehr mit ihm beschäftigen als umgekehrt. Mancher Täter setzt sich über Jahre intensiv mit dem toten Opfer auseinander und kommuniziert in der Fantasie mit ihm. Die Angehörigen scheinen in diesem Täter-Opfer-Kreidekreis kaum auf, er nimmt sie oft nur in einem vagen Außen undeutlich wahr. Sein Kontakt zum Opfer, sogar zu einem fremden Opfer, war ja ungleich enger: Er ist dem Getöteten, und sei es mittels Schusswaffe, buchstäblich bis aufs Blut nahe gekommen.

Selbst wenn der Täter ein ausgeprägtes Schuldbewusstsein entwickelt, so tritt der Gedanke an die Hinterbliebenen in den Hintergrund gegenüber der handfesten Problematik, mit der er jeden Tag konfrontiert ist: Sich selbst nach der Tat, meist unter den Bedingungen der Haft (denn die Aufklärungsquote bei Mord und Totschlag liegt in unseren Breiten sehr hoch) »auf die Reihe zu bekommen«.

Silvia Berner fühlte sich nach dem gewaltsamen Tod ihrer Großmutter von ihrem Umkreis eher gemieden. In modernen westlichen

Kulturen verhält es sich ja allgemein so, dass nach Schicksalsschlägen jeder Art die Betroffenen sich mit ihrem Kummer ziemlich allein gelassen sehen. Bekannte und Kollegen halten anfangs Distanz – aus Verlegenheit, aus Angst, die falschen Fragen zu stellen, aus Unlust, sich mit Tod und Trauer zu beschäftigen.

Selbsthilfe

Laut Gesetz haben die nächsten Angehörigen von Verbrechensopfern in vielen europäischen Ländern Anspruch auf Betreuung in professionellen Einrichtungen, oder können sich die Kosten einer Psychotherapie erstatten lassen (insgesamt wird für die Opfer noch nicht genug, aber doch mehr getan, als die Öffentlichkeit zu glauben geneigt ist; Details siehe Anhang).[18]

Silvia wandte sich zuerst nicht an eine Betreuungsstelle, sondern gründete ein Jahr nach der Tat eine Selbsthilfegruppe für Angehörige von Mordopfern. Als größten Gewinn dieser Zusammenkünfte wertet sie heute die Möglichkeit, sich ohne Hemmungen auszusprechen.

»Das Problem war nur, dass alle darüber reden, aber nicht zuhören wollten.«

Ein auf Verbrechensopfer spezialisierter Therapeut, Nikolaus Tsekas[19], wurde um fachliche Unterstützung gebeten. Er nahm sich der Gruppe an – und bezeichnet im Rückblick das Experiment als grandios gescheitert. »Vor allem deshalb, weil jeder und jede für sich eine andere Strategie entwickelt hatte, mit dem Trauma klarzukommen. Bei diesen Treffen hat jeder Teilnehmer versucht, den anderen davon zu überzeugen, dass die eigene Strategie die beste ist. Und auch, dass der Schmerz, den man selbst erlitten hat, viel schlimmer ist als der Schmerz der anderen.«

Wie Täter nicht ausschließlich aus ihrem Verbrechen bestehen, so lassen sich Leidtragende nur zu einem geringen Teil von ihrem Opferstatus her charakterisieren. Die Unterschiedlichkeit ihrer Erfahrungen nach der Tat überwiegt bei weitem die wenigen regelhaften Gemeinsamkeiten.

Die Unvergleichbarkeit der Opfer

Ein als Video erhältlicher Fernsehfilm der BBC dokumentiert den Prozess gegen Jeffrey Dahmer, einen der bekanntesten Serienkiller der jüngeren Kriminalgeschichte. In Milwaukee/Wisconsin lockte er junge Männer in seine Wohnung, betäubte und tötete sie, kopulierte mit den Leichen, zerstückelte und konservierte sie. In dieser TV-Dokumentation erschließt sich der Fall vor allem über die Lesung der Anklage, die Aussagen der Gutachter und Zeugen. Hin und wieder zoomt die Kamera auf den unbewegt zuhörenden Dahmer. Am Ende des Prozesses durfte für jedes Opfer ein Angehöriger/eine Angehörige an ein Rednerpult treten und kurz das Wort an den Mörder richten. Die Formulierungen und Sprechweisen reichen von gefasster Trauer über weißglühende Wut bis zum völligen Ausrasten eines Vaters, der von Sicherheitskräften aus dem Saal geführt werden muss. Sogar in dieser für alle Betroffenen analogen Situation legen siebzehn durch ein und denselben Täter ins Unglück gestürzte Menschen völlig unterschiedliche Reaktionen an den Tag.

»Die Menschen sind verschieden« – dies ist eine jener fast unaussprechbar banalen Allerweltsweisheiten, die jeder für selbstverständlich hält und niemand konsequent befolgt. *Die* Arbeitslosen, *die* Ausländer, *die* anständigen Menschen, *die* Kriminellen: Unsere Gewohnheit, Pauschalurteile zu treffen und uns den Rest der Menschheit gemäß einheitlichen Kategorien vorzustellen, spricht genau dieser Verschiedenheit Hohn. Die Verdummung durch schematisierende Begrifflichkeit, der schon in der Schulerziehung zu wenig entgegengearbeitet wird, richtet auf vielen Ebenen Schaden an. Sie liefert sogar eine der Voraussetzungen für Massenmord: Genozide werden vorbereitet, indem der »Wir«-Gruppe durch Propaganda nahe gelegt wird, *die* verhassten Anderen als einheitlichen Block von Personen zu betrachten, die alle die gleichen üblen Eigenschaften hätten und unterschiedslos gefährlich seien.

Freilich scheint diese Tendenz zur Verallgemeinerung in der Funktionsweise unseres Gehirns von Natur aus angelegt. Und zwar in folgender Weise: Die Verarbeitung von Erfahrungen bildet »Spuren« aus synaptischen Verbindungen – der Hirnforscher Manfred Spitzer vergleicht sie mit Trampelpfaden in einem verschneiten Park. Diese Spuren im Gehirn repräsentieren nicht die Einzigartigkeit vieler Einzelerfahrungen der gleichen Kategorie; sondern gespeichert wird, »was sie mit anderen Erfahrungen gemeinsam haben, was hinter ihnen an Gemeinsamkeit steckt.«[20] Nur dadurch ist es uns möglich, die Tomate an sich, das Pferd an sich zu erkennen. Ein spezielles Pferd wird der Kategorie »Pferd« zugeordnet.

Die Tatsache, dass wir, ebenfalls aufgrund neuronaler Prozesse im Gehirn, nichts in unserer Umwelt a priori wertfrei »objektiv« wahrnehmen, verstärkt unseren natürlichen Hang zur Generalisierung. Wir besitzen aber auch die Fähigkeit, dieses Schubladieren des Gehirns durch nachträgliche Reflexion zu objektivieren. Wir können uns immer wieder vornehmen: »Achtung, Differenzieren!«

Je feiner wir unsere zerebrale Informationsverarbeitung darauf einstellen, Wesen, Dinge und Prozesse als in ständiger Mutation begriffene Kombinatorik von Ähnlichkeiten *und* Einzigartigkeiten zu behandeln, desto genauer wird unser »innerer Bildschirm« die Umwelt wiedergeben, desto weniger wird unser Erkenntnistempo den Vorgängen hinterherhinken. Wer aber genauer und schneller sieht, kann sich geschickter, flexibler bewegen. Nicht durch Simplifizierung können wir uns leichter orientieren, wie oft unterstellt wird, sondern durch Differenzierung. Das Entweder-Oder der binären Logik hat, um mit Deleuze und Guattari zu sprechen, »die Mannigfaltigkeit nie begriffen«[21].

Durch die Auseinandersetzung mit dem eigentlich uferlosen Thema dieses Buches wird man geradezu mit der Nase darauf gestoßen, wie vorsichtig man mit Analogieschlüssen, was Menschen betrifft, umgehen sollte: Nicht einmal eine derart starke Klammer des Gemeinsamen, wie Täter oder aber Leidtragender eines Mordes zu sein, ändert etwas daran, dass zwischen Individuen Welten liegen können. Die Protagonistin des folgenden Kapitels hat durch ein ähnliches Verbrechen wie Silvia Berner einen Angehörigen verloren, und doch insgesamt ganz andere Konsequenzen daraus gezogen.

Raubmord II – Die Todesstrafegegnerin und die Ermordung ihres Vaters

Karen Schneider fand ich über das World Wide Web. Zur Todesstrafe recherchierend, geriet ich auf die Homepage der *Murder Victims' Families for Reconciliation* (MVFR – »Familien von Mordopfern für Versöhnung«[22]). In dieser US-amerikanischen Non-Profit-Organisation kooperieren laut Beschreibung im Internet Angehörige von Mordopfern mit »Angehörigen von Opfern staatlichen Tötens«, also von Hingerichteten. Ihre gemeinsame Mission: Die Todesstrafe in den USA zu bekämpfen. Wenn ausgerechnet Hinterbliebene von Verbrechensopfern sich gegen die Tötung der Täter wehren, dann könnte die Öffentlichkeit ihren Stimmen besonderes Gewicht beimessen, so die Hoffnung der MVFR-AktivistInnen. Zur Aufklärungs- und Lobbyingarbeit bedienen sie sich unter anderem einer Foto-Text-Ausstellung, die einzelne Mitglieder des Vereins vorstellt, die Geschichte ihrer familiären Verluste durch Mord oder die Todesstrafe skizziert und begreiflich macht, warum die Exekution der Täter auch dem seelischen Wohl der Opfer-Angehörigen schadet und nicht etwa nützt (siehe dazu auch Seite 164).

Erst anlässlich der Kontaktaufnahme mit MVFR und der Bitte um ein Interview mit Karen Schneider erfuhr ich, dass ich es mit der Medienchefin vom amnesty international USA zu tun hatte.

Stimme im Kopfhörer

Physisch sind wir einander bisher nicht begegnet. Unsere Kommunikation wurde über Radiomikrofone und Kopfhörer abgewickelt – wir saßen in Tausende Kilometer voneinander entfernten, über Datenleitung verschalteten Rundfunkstudios. Diese Form des Dialogs ermöglicht eine restlose Konzentration auf den Gefühlsausdruck der Stimme am anderen Ende, die wegen des geringen Mikrofonabstands akustisch sogar näher und präsenter klingt als bei einem direkten Gespräch.

»Ich habe im Jahr 1971 meinen Vater Seymour durch Mord verloren. Ich war damals 16, er war 48, genau so alt wie ich jetzt bin. Wir lebten in New York City, und in jenem Jahr war die Welle der Kriminalität beinahe an ihrem Höhepunkt angelangt; es gab 1971 fast 2000 Morde in der Stadt. Mein Vater besaß einen kleinen Autohandel und arbeitete sehr viel, um die Familie zu ernähren. Deshalb hatte er auch manchmal am Samstag offen. Eines Samstagmorgens kam jemand mit einem Gewehr, raubte ihn aus, stahl ein Auto oder zwei und erschoss ihn. Mein Vater war auf der Stelle tot.

Die letzten Minuten seines Lebens müssen unvorstellbar schrecklich für ihn gewesen sein. Ich habe mir über die Jahre zum Trost einzureden versucht, dass er dem Killer den Rücken zugedreht hatte. Die Vorstellung, dass er seinen Mörder ansah und wusste, was kommen würde, ertrage ich nicht.«

Vor mir auf dem Studiotisch liegt das aus dem Internet gedruckte Porträtfoto einer schönen, eleganten Endvierzigerin. Die Stimme in meinen Ohren signalisiert eine Mischung von Abgeklärtheit und Lebhaftigkeit, die das Gesicht auf dem Papier gleichermaßen kennzeichnet. Dabei lässt Karen Schneiders Tonfall eine starke Trauer hören, die aber, mehr als drei Jahrzehnte nach dem Mord, nicht mehr erdrückend auf ihr lastet und alle anderen Emotionen übertönt.

»Am meisten hat mir ungefähr fünfzehn Jahre danach eine Therapeutin geholfen. Ich war noch immer ganz zerstört, und ich fragte sie: ›Warum heilt das nicht? Warum komme ich nicht darüber hinweg?‹

Und sie antwortete: ›Sie werden *niemals* darüber hinwegkommen.‹ An diesem Punkt konnte ich einen Teil meines Kummers ablegen, weil ich nicht mehr dagegen ankämpfte, sondern die Trauer als einen Teil meiner selbst akzeptierte.«

Trauer als Erinnerungskultur

Trauer ist ein ambivalentes Gefühl: Sie trägt ihren Trost in sich selbst, auch weil sie mit dem Andenken an die Menschen oder Dinge verbunden ist, um die man trauert. Bestimmte Musikstücke, von volkstümlichen Totenliedern bis zu Kompositionen Johann Sebastian Bachs, bringen diesen Doppelcharakter der Trauer besonders zur Geltung. Die Philosophin Jeanne Hersch verglich Musik dieser Art mit »dem Schweigen nach dem Tod. (...) Auch ein jedem

Heil abholder Totenmarsch lässt, weil er Musik ist, einen Frieden jenseits der Zeit erahnen.«[23] An solche Musik erinnerte die Stimme meiner Gesprächspartnerin. Karen Schneider erlebt ihren Schmerz anscheinend auch als inneren Gedenkraum, in dem sie ihrem Vater näher sein kann.

»Es macht mir Freude, darüber zu sprechen. Mein Vater war ein sehr liebevoller Mensch, den ich sehr verehrt habe, und ich beziehe so viel aus den 16 Jahren, die wir gemeinsam hatten.

Als er ermordet wurde, war ich in dem heiklen Alter, wo Mädchen beginnen, sich von ihren Eltern und besonders von ihrem Vater zu emanzipieren. Weil er mir gerade in diesem Alter genommen wurde, hatte ich dazu nicht mehr die Möglichkeit. Das machte es besonders schwierig.«

Der Täter entkam vorerst, und Karen Schneider erging es ähnlich wie Silvia Berner: Der Unbekannte besetzte als Phantom ihre Fantasie.

»Nach seiner Ermordung war ich natürlich lange Zeit untröstlich und auch von Wut erfüllt. In der Vorstellung machte ich mir ein Bild von ihm. Ich malte mir aus, dass ich ihn bei einer Begegnung im Bus oder auf der Straße packen, schütteln und verletzen und wenn möglich umbringen würde. Das ging ungefähr ein Jahr so; dann verstand ich aber, dass mein Zorn den Vater nicht wieder lebendig machen, sondern nur mich auffressen würde. Da habe ich dann losgelassen.«

Schließlich wurde ein junger Mann unter Tatverdacht verhaftet, der Inhaber des Nachbargeschäfts hatte ihn identifiziert. Er hatte ein Alibi für die Tatzeit, das Karen Schneider für erlogen hält. Polizei und Justiz – die aufgrund der damals exorbitanten Mordrate überfordert waren – konnten ihm aber den Mord nicht nachweisen, sodass er mangels Beweisen freikam.

Mit der Erfahrung allein bleiben

Hinterbliebene von Mordopfern sind mit ihrer schlimmsten Erfahrung weitgehend auf sich gestellt, weil sie diese mit fast niemandem teilen können. Partner, Freunde, später geborene Kinder vermögen Rückhalt zu bieten, aber letztlich fehlt ihnen der Zugang zu dieser besonderen Art von Leid.

Silvia Berner versuchte diese Einsamkeit durch Gründung einer Selbsthilfegruppe zu durchbrechen. Karen Schneider aber blieb ein Vierteljahrhundert lang mit ihrem Opferstatus allein. Diese Isolation verzögerte, wie sie rückblickend meint, ihre seelische Heilung. Der Dialog mit anderen, in gleicher Weise Geschädigten, erscheint also doch wichtig und erstrebenswert. Nur sollte es sich bei den Teilnehmern solcher Treffen auch um Gleich*gesinnte* handeln, die einander moralisch vertrauen können. Genau dieser Gleichklang ist bei *Murder Victims' Families for Reconciliation* durch das gemeinsame Engagement gegen die Todesstrafe wie von selbst gegeben, auch wenn die Mitglieder aus unterschiedlichen ethnischen und religiösen Milieus stammen. Karen Schneider empfindet den Erfahrungsaustausch in dieser Gruppe als wesentliche Entlastung von ihrem – freilich nie ganz zu beseitigenden – Kummer.

»Natürlich ist die Zeit eine großartige Heilerin: ich weine nicht mehr so oft bei dem Gedanken an meinen Vater, nicht jeden Tag. Trotzdem kommt man niemals über den Tod eines geliebten Menschen hinweg, wenn er so gewaltsam und so lange vor der Zeit gestorben ist. Ja, ich habe absolut Karriere gemacht, auf meine Art etwas zur Welt beigetragen, ja, ich habe mich verliebt, geheiratet und zwei großartige Töchter erzogen. Das bedeutet, man macht seinen Weg, und trotzdem kommt man nie darüber hinweg.

Meine Gefühle gegenüber dem Täter, diesem schrecklichen Menschen, schwanken sehr. Manchmal hoffte ich, dass er wegen weiterer Verbrechen erwischt wird und durch die Haft seine Schuld bezahlt. Ich stellte mir auch vor, dass er getötet würde – nicht vom Staat, sondern zum Beispiel bei einer Schießerei in einer Bar. Dann dachte ich wieder, er kommt wahrscheinlich aus einer kaputten Familie, vielleicht wurde er von den Eltern verlassen oder missbraucht, vielleicht war seine Mutter drogensüchtig und hat ihn geschlagen. Ich überlegte mir, aus welchen Umständen heraus er wohl mir und meinem Vater diese unaussprechliche Tat angetan hat, um mein Herz ihm gegenüber ein bisschen zu erweichen. Das heißt nicht, dass ich ihm jemals – *jemals!* – vergeben würde. Aber es hilft mir, keine Rachegefühle zu haben.«

Racheverbot und Selbstjustiz

Jede Gesellschaft errichtet Dämme aus Regeln und Tabus, um den Zyklus von Mord, Rache und Rache für die Rache intern klein zu halten. Sogar die archaische Blutrache sieht streng ritualisierte Abläufe vor und muss nicht zwangsläufig zu einer blutigen Revanche führen.

Sogar nomadische Gesellschaften kennen die Übertragung der individuellen Rache auf eine öffentliche Gerichtsinstanz, die die Todesstrafe verhängt. In europäischen Demokratien hat die verstaatlichte Rache bei ihrer Metamorphose von der Hinrichtung zur Gefängnisstrafe die Miene humaner Milde aufgesetzt. Und lückenlos konsequent wie nie nimmt der Staat Angehörigen von Gewaltopfern beziehungsweise Überlebenden – etwa auch Holocaust-Überlebenden – die Strafgewalt aus der Hand. Dies wird im Rechtsstaat als so selbstverständlich empfunden, dass das Verbot privater Rache den meisten gar nicht bewusst ist.

In Ausnahmefällen wird dieses Verbot auf spektakuläre Weise durchbrochen – wie durch Marianne Bachmeier, die 1981 in einem Lübecker Gerichtssaal den Mann erschoss, der im Verdacht stand, ihre siebenjährige Tochter vergewaltigt und ermordet zu haben. An diesem prominenten Fall schieden sich die Geister, eine Debatte pro und contra Bachmeier brach los, ein Verein sammelte Spenden für die junge Frau, auf deren attraktive Erscheinung und dramatische Biografie sich die Medien stürzten, die Anklagebehörde geriet unter Druck. Wegen Totschlags und unerlaubten Waffenbesitzes wurde Bachmeier schließlich zu einer sechsjährigen, also verhältnismäßig kurzen Haftstrafe verurteilt. Ihre vielgelesene Autobiografie *Palermo, Amore Mio* wurde zweimal verfilmt (*Keine Zeit für Tränen* von Hark Bohm und *Annas Mutter* von Burkhard Driest), und TV-Kameras begleiteten für die Dokumentation *Das langsame Sterben der Marianne Bachmeier* ihren Krebstod im Jahr 1996.

Rachebedürfnis kann also vor Gericht als mildernder Umstand gewertet werden. In neuester Zeit wurde in Deutschland bei Rachemorden zwischen albanischen Immigranten die Blutrachetradition des Herkunftslandes als strafmindernd berücksichtigt. Damit unterscheidet die Justiz aber nur graduell, nicht jedoch prinzipiell zwischen Mord, um einen Mord zu rächen, und anders motivierten Morden.

Nur nach Fällen von Selbstjustiz nimmt das breite Medienpublikum das rechtsstaatliche Racheverbot überhaupt wahr. Erst dann wird sichtbar, dass ein solches Verbot überhaupt notwendig ist: Weil nämlich Angehörige von Ermordeten auch in stark domestizierten, vergleichsweise Gewalt-entwöhnten Gesellschaften wie der unseren dem natürlichen Drang zur Rache ausgesetzt sein können; manche von ihnen würden wohl den Täter umbringen, wenn es erlaubt wäre. Im Gegenzug würden wieder die Verwandten des Täters den Rächer zu töten versuchen, und so weiter; derartige Gewaltkreisläufe wären wahrscheinlich keine Seltenheit, gäbe es nicht das Racheverbot.

Aber erleichtert die physische Verwirklichung der Rache den Kummer der Hinterbliebenen? Kann ihnen die Beseitigung des Schuldigen, durch eigene Hand oder durch staatliche Hinrichtung, einen Teil ihrer Ruhe zurückgeben? Offenbar nicht oder nicht auf Dauer – warum, wird im Todesstrafe-Abschnitt erklärt.

In Staaten ohne Todesstrafe steht das aber in der Praxis nicht zur Debatte. Nur in abgemilderter Form, als Gefängnisstrafe für den Täter, ist Vergeltung zu erlangen.

Die Funktion der Strafe für die Geschädigten

Wie der Opferbetreuer Nikolaus Tsekas oft beobachtet hat, verschafft die Haftstrafe den Leidtragenden sehr wohl ein hohes Maß an Genugtuung: »Einfach, weil die Verurteilung des Schuldigen bestätigt, dass *sie* Recht haben. Allen Opfer-Angehörigen ist es wichtig, *dass* es eine Strafe gibt. Es wird erwartet, dass der Staat sehr klar festlegt: Was hier geschehen ist, war nicht in Ordnung. Das klingt jetzt sehr banal, ist aber wirklich vielen Betroffenen ein großes Bedürfnis. Der Strafrahmen selbst spielt eine untergeordnete Rolle. Es geht wirklich mehr darum, dass festgestellt wird: Das darf nicht sein. Wichtig ist, dass daran nicht gezweifelt wird und dass auch nicht von einer Teilschuld oder Mitschuld des Opfers die Rede ist.«

Den aktiven Part gegenüber dem Täter nimmt der Staat ein. Er ergreift Partei nur im Sinne der in Gesetze gegossenen Moralnormen, nicht aber kraft persönlicher Betroffenheit. Jene dagegen, die durch ihre emotionale Involvierung parteiisch sind, die Hinterbliebenen, können ihre Gefühle nicht durch eine Handlung in Richtung des Täters ausagieren. Ihnen bleibt nichts übrig, als die rächerische Wut, die anfangs nach Gewalt verlangt, durchzustehen. Nach einiger Zeit klingt sie von selbst langsam ab, wie Karen Schneiders Beispiel zeigt.

Humanitärer Einsatz statt Verbitterung

Dennoch sind Angehörige von Gewaltopfern weitaus nicht zum passiven Dulden verurteilt. Sie alle re-agieren im wahrsten Sinn des Wortes. Im schlimmsten Fall schädigt eine solcherart verletzte Person sich selbst, indem sie das Trauma unverarbeitet in sich einschließt, wo es wie jedes unbewältigte schwere Trauma psychische Störungen oder psychosomatisch bedingte Erkrankungen auslösen kann.

Extrovertiertere Naturen verspüren dagegen Handlungsbedarf. Nach dem Gleichgewichtsverlust durch den Schicksalsschlag sieht man sich veranlasst, »etwas zu tun«; wer sich in einem solchen Fall nicht mit Hass auffüllt und hart wird, erweist sich selbst den besten Dienst. Manche schaffen es wie Karen Schneider, sich die Lebensenergie auf dem Weg geistig-emotionaler Produktivität zurückzuholen.

Nicht zufällig wurde sie Mediensprecherin bei einer Menschenrechtsorganisation, amnesty international.

»Mein Vater war ein liebevoller, humorvoller, teilnehmender Mensch. Er war gegen die Todesstrafe. Ich ehre sein Andenken, wenn ich durch meine Arbeit bei amnesty international und bei *Murder Victims' Families for Reconciliation* gegen die Todesstrafe auftrete. Ich weiß, dass er stolz auf mich wäre. Durch dieses Engagement fühle ich mich mit ihm verbunden.

Als ich mir überlegte, was er sich gewünscht hätte, bin ich zu dem Schluss gekommen, er hätte es zwar richtig gefunden, dass der Mörder eine lange Haftstrafe absitzt, aber seine Hinrichtung hätte er sicher nicht gewollt.«

Der Künstler mit der falschen Karriere

Maria, meine Mitschülerin

Ferdinand Hoffer*, ein ungewöhnlich agiler Endsiebziger, ist lange schon verwitwet und lebt allein. Kontakte zu Kindern aus zwei Ehen, häufige Tischrunden und Ausflüge mit Freunden lassen ihn nicht vereinsamen.

An einer langen Wand der hellen Wohnung, auf zart gemusterter Tapete, reiht sich die Galerie seiner Lieben, Foto an Foto in Zierrahmen. Zweimal auch Maria*, blond mit den lebhaften braunen Augen ihres Vaters. Maria an einem Strand mit vom Wind bewegten Haaren, Maria ein wenig unscharf in einem sommerlichen Obstgarten.

Ich bin siebzehneinhalb, und die nette Maria Hoffer aus der Klasse unter mir schüttelt mir im Festsaal des Gymnasiums zum ersten Mal in ihrer leicht burschikosen, einnehmenden Art die Hand. Es muss sie wohl jeder gemocht haben in ihrer vertrauensvollen Herzlichkeit und ihrer teilnehmenden Aufmerksamkeit für das Leben anderer. In den großen Pausen tauschten wir uns gern über Musik und andere kulturelle Interessen aus.

Marius, mein Studienkollege

Ich bin fünfundzwanzig und fahre an einem wunderbaren Frühsommerabend mit zwei Freunden zu einer Veranstaltung unserer Musikhochschulklasse etwas außerhalb von Wien. Im letzten dunkelgrauen Licht steigen wir aus dem Wagen, und auf dem Kiesweg tritt uns ein großgewachsener kräftiger Mensch unseres Alters entgegen, den meine Begleiter mit vertrautem Hallo begrüßen und mir als Marius Reder* vorstellen. Der Name ist mir längst ein Begriff, gilt Reder doch als einer der Stars des Instituts, als musikalisches Ausnahmetalent; nur habe ich ihn noch nie aus der Nähe gesehen, was nun nachgeholt wird. Zwischen Parkplatz und Wiese schiebt er mir die Hand entgegen, und in der ersten Zehntelsekunde unserer Bekanntschaft erfasst mich ein fremdartiger, starker, nie gekannter Ekel.

Eine weitere Zehntelsekunde – und der Ekel ist verschwunden.

Marius wird Marias Tod

Ein halbes Jahr später begegne ich Reder in einer Kommilitonen-
runde an einem großen Gasthaustisch. An den Ekel denke ich nicht
mehr, und der etwas entfernt sitzende Marius würde mich auch
sonst nicht sonderlich beschäftigen, erblickte ich neben ihm nicht
Maria Hoffer, die nun ebenfalls Musik studiert. Sie legt ihren Arm
fast demonstrativ um seinen Hals, als wollte sie mit dieser Geste
eigene und fremde Zweifel am Funktionieren dieser Liebesbeziehung zerstreuen. Wie *die* beiden wohl zusammenpassen? frage ich
mich, aber zerbreche mir zwischen Rauchschwaden und viel Bier
nicht lange den Kopf darüber.

Wieder ein halbes Jahr später ist Maria tot. Das erfahre ich aus
der Zeitung: »Tödlicher Streit. (...) Reders Lebensgefährtin wurde
von ihm buchstäblich zu Tode getreten. Mit fünfzehn Jahren sei
er bereits in psychiatrischen Kliniken gewesen, weil er die eigene
Mutter geschlagen habe. Anschließend habe er Privattherapien
unternommen. ›Ich dachte, mit Intelligenz wäre das in den Griff zu
kriegen.‹ Reder erhielt acht Jahre Haft wegen absichtlicher schwerer Körperverletzung mit Todesfolge sowie wegen Notzucht: Noch
in der Zeit vor seiner Beziehung zu Maria Hoffer hatte er eine
andere Studentin brutal vergewaltigt.«

»Wie konnte das sein?«

Entsetzte Telefonate unter Marias und Marius' Kollegen, die
schwarze Fahne wird an der Fassade der Hochschule gehisst. Im
Kommen und Gehen der vielen Studenten und Professoren auf den
Gängen und im Foyer bilden sich kleine Inseln von Menschen, die
mit betroffenen Mienen leise fast nichts sagen, oder einander fragen, ob man Marius denn einer so bestialischen Tat für fähig gehalten hätte, und warum Maria ihn nicht rechtzeitig verlassen habe.
Denn dass Marius vor allem unter Alkoholeinfluss zur Gewalttätigkeit neigte – und er trank viel! – das wusste man. Einmal ging er
während einer Geburtstagsparty auf einen Mitstudenten mit Fäus-
ten los. Da man aber in einem künstlerischen Milieu exzentrische
Menschen gewohnt ist, tolerierte man seine impulsiven Ausbrüche
gleichsam als Kehrseite seines überragenden Talents.

Außerdem konnte das Enfant terrible auch weich und entgegenkommend und fast kindlich zutraulich sein.

In den Wochen nach Marias Tod und manchmal auch noch Jahre später erfuhr ich dann Beobachtungen und Gerüchte, Bruchstücke, die mich vieles ahnen ließen.

Einem künstlerischen Mentor soll Marius erzählt haben, seine früheren Paarbeziehungen seien immer daran gescheitert, dass er die Frauen irgendwann zu schlagen begonnen habe, und diese hätten dann nichts mehr von ihm wissen wollen. Als Marius ein Kind war, hätte sein Vater seine Mutter geprügelt. Anscheinend übte dieser dominante Vater hohen Druck auf Marius aus, vor allem, weil er aus dem hochbegabten Kind frühzeitig einen »kleinen Künstler« machen wollte; auf seine hochgespannten Erwartungen reagierte der Junge mit Versagensängsten.

Mit der Mutter verband ihn offenbar ein nahes symbiotisches Verhältnis, doch beugte sie sich wohl dem Herrschaftsanspruch des Vaters, sodass sie für den Knaben kein Bollwerk gegen dessen bedrohlich empfundene Forderungen bildete.

Marius soll sowohl mit Frauen als auch mit Männern liiert gewesen sein. Manche seiner Kollegen – die Begabtesten – musizierten gern mit ihm und wussten nichts Schlimmes zu berichten. Andere erlebten von ihm den reinsten Psychoterror: Marius habe ihnen jedes Talent abgesprochen, sie auf geradezu sadistische Weise in Selbstzweifel gestürzt, sodass sie Tage gebraucht hätten, um sich davon zu erholen. Diesen Mitstudenten machte er Angst, sie mieden ihn.

Einmal erschien Maria mit einem blaugeschlagenen Auge in der Meisterklasse, aber ihre Kollegen schwiegen taktvoll.

In der Familie einer mir bekannten Gesangsstudentin waren Maria und Marius einige Male zu Gast.

»Maria war immer unglaublich nett. Die beiden haben finanziell offenbar sehr bescheiden gelebt: Sie hat immer für meine Mutter auf der Wiese Blumen gepflückt, weil sie es sich wohl nicht leisten konnten, einen Strauß zu kaufen.

Mit Marius war es schon belastend: man hat nie gewusst, wie er gelaunt sein wird – nett und lustig oder aggressiv. Solange es noch irgendwo ein Sechzehntel Wein bei uns im Haus gab, ist er sitzen geblieben, fast bis zum Morgengrauen. Nach jedem Glas ist er groß-sprecherischer geworden. Wenn Maria ihn zum Aufbruch bewegen wollte, dann hat er sie beschimpft.

Sie war immer die Beschwichtigende. Sie hat ihn bedingungslos geliebt, war total auf Nachsicht eingestellt. Sie hat gemeint: ›Man kann einen Menschen ändern‹, sie hat gedacht, sie bringt ihn weg vom Alkohol, sie wird schaffen, was alle anderen nicht geschafft haben. Wie eine Märtyrerin auf dem ›Resozialisierungstrip‹. Er hat sie einerseits unterdrückt und sie andererseits total geliebt und vergöttert. Er wusste genau, was sie mit ihm mitmacht – darüber hat er auch Monologe gehalten.

Vor seinen Konzerten hat er völlig die Nerven verloren, wollte buchstäblich davonlaufen. Sie hat ihn dann immer zurückgeholt.

Er hat sich auch immer wieder Auftritts- und Verdienstmöglichkeiten als Musiker verscherzt; wenn er in der falschen Stimmung war und ein Mitmusiker hat *ein* falsches Wort gesagt, dann konnte er alles hinwerfen.

Also, mir war er nicht recht geheuer. Ich habe zu meinen Eltern gesagt: ›Sollte ich einmal allein zu Hause sein und er klopft an die Türe, dann mache ich ihm sicher nicht auf.‹ Obwohl ich damals zum Beispiel keine Ahnung hatte, dass er Maria oft geschlagen hat.«

Auch Hans*, ein Studienkollege und guter Freund von mir, war der Meinung: »Maria bildete sich ein, Marius ›retten‹ zu können.« Wenige Wochen vor der Tat arbeiteten er und Marius in Hans' Wohnung Kammermusikstücke durch. Obwohl die beiden einander nicht sehr gut kannten, fiel Marius ihm bei der Verabschiedung spontan um den Hals und – so merkte Hans mit Betroffenheit – klammerte sich einen Augenblick an ihn wie ein Ertrinkender.

Jahre später kolportierte mir jemand, der ihn schon als Kind kannte, dass der kleine Marius zu Tierquälereien geneigt haben soll.

Nach Marias Tod wird ihre Mutter sehr einsilbig, spricht selbst mit ihrem Mann kein Wort über die getötete Tochter. Trotz böser Anzeichen, die auf Brustkrebs hindeuten, weigert sie sich, einen Arzt zu konsultieren. Sieben Jahre nach Maria stirbt ihr die Mutter hinterher – man könnte auch sagen, an indirektem Selbstmord.

Wiederbegegnung mit Marius

Sechzehn Jahre nach der Tat versuche ich Marius zu finden, aber ohne viel Hoffnung auf Erfolg, weil ich mutmaße, dass er nach seiner achtjährigen Haftstrafe vielleicht sogar in eine andere Stadt gezogen sein mag, wo man von seinem Verbrechen nichts weiß. Umso mehr staune ich, ihn problemlos zu finden – in einer Justizanstalt für psychisch abnorme Rechtsbrecher, kaum zehn Gehminuten von meiner Wohnung entfernt.

»Ich sitze ja insgesamt das vierte Mal in diesen sechzehn Jahren und war insgesamt nur zwei Jahre draußen. Die Haft war immer nur kurz unterbrochen von Misserfolgs- und Versagensgeschichten. Das Delikt, das mich zuletzt hergebracht hat, war eine so genannte Gefährliche Drohung. Passiert ist das in einer hochgradigen Alkoholisierung mit 3,2 Promille: ich habe die Bewohner eines Gemeindebaus, in dem ich wohnhaft war, mit dem Verdikt ›Spießbürger‹ bedacht und sie mit dem Umbringen bedroht – verbal selbstverständlich.«

Da die Hausbewohner die Polizei riefen, dürfte Marius sie wohl mit einer Heftigkeit attackiert haben, die den Rahmen des gewöhnlichen Randalierens im Suff sprengte.

»Erst nach dieser letzten Verhaftung ist dann nicht von gerichtlicher, sondern von psychiatrischer Seite diagnostiziert worden, dass ich eine schwere Persönlichkeitsstörung habe, was man in all den Jahren übersehen hatte; ich selbst bin natürlich auch nicht auf die Idee gekommen.
    Die schwere dissoziale Persönlichkeitsstörung, die im klinischen Sprachgebrauch synonym ist mit dem Sozio- oder Psychopathen, beinhaltet zum Beispiel dieses Überschreiten der Grenzen, dieses Nicht-Anerkennen der Normen. Ich habe also nennenswerte, über die Grenzen des Konventionellen weit hinausgehende Impulsbeherrschungsprobleme, eine erhöhte Konfliktbereitschaft und eine sehr stark herabgeminderte Frustrationstoleranz. Das sind nun zwar so Schlagworte, in der Tat treffen sie aber genau den Punkt.«

Als mir Marius seinerzeit vorgestellt wurde, wusste ich von alldem nichts. Ich hatte nur von seinen künstlerischen Fähigkeiten, also nur Bestes gehört. Jener eigenartige Ekel kann also nicht aus Voreingenommenheit resultiert haben, sondern muss tatsächlich ein Alarmsignal der Intuition, eine unbewusste Abwehrreaktion gewesen sein. Vielleicht ahnte ich den aggressiv-beherrschenden Verhaltenszug, den Marius damals in seiner Seele wie eine massive und völlig ungefilterte Verunreinigung mitführte; oder es irritierte mich die Diskrepanz zwischen der gewalttätigen Ausstrahlung (die ich als solche nicht benennen konnte) und der geistigen Potenz eines künstlerisch Hochbegabten.

»Das ist ja die andere Seite dieser Störung, dass man relativ charmant auch glänzen und manipulieren kann, und Aktionen, die schon sehr haarsträubend waren, sind durchgegangen. Ich muss den Leuten in der Tat Angst gemacht haben.

Dazu kommt, dass ich ein so genannter action seeker bin, also da muss ständig was los sein, und natürlich waren dann auch Alkohol und Drogen im Spiel, also Barbiturate, Haschisch, aber die Drogen waren für sich genommen nicht das Hauptproblem, sondern der Alkohol war die Substanz, die dieser potenziellen Schlagseite der latenten Problematik das entsprechende i-Tüpfelchen gegeben hat.«

Marius fabriziert wirklich so geschliffene Sätze, und die Intelligenz, die sich in dieser sprachlichen Volte äußert, nimmt für den Moment meine ganze Aufmerksamkeit in Anspruch. So wird mir erst später beim Abhören des Bandes bewusst, dass mit dem *Inhalt* der Formulierung etwas nicht stimmt: Die Schlagseite von Marius' Persönlichkeit war schon Jahre vor der Tat keinesfalls »potenziell«, sondern manifest und garantiert nicht »latent«, sondern für andere mehr als deutlich sichtbar.

»Gestört«

Eine Persönlichkeitsstörung – und es gibt viele verschiedene – ist nicht mit einer akuten psychischen Erkrankung zu verwechseln. Die Betreffenden »werden nicht wahnsinnig«, verlassen nicht den kleinsten gemeinsamen Nenner der verstandesmäßigen Realitätswahrnehmung; sie sind vielmehr auf *emotionaler* Ebene kommunikationsgestört. Der Gefühlsaustausch mit anderen funktioniert nicht richtig, die Ich-Du-Relation ist aus dem Lot, und daraus resultiert ein die Umwelt (oder, zum Beispiel bei Angststörungen, vor allem den Betroffenen selbst) belastendes Sozialverhalten. »Alle Merkmale der Persönlichkeitsstörungen sind menschliche Züge, die nur nach Intensität besonders hervortreten«, so Reinhard Haller. »Es bestehen fließende Übergänge zwischen bestimmten, noch im Normbereich angesiedelten Charakterzügen (...) und den Persönlichkeitsstörungen im eigentlichen Sinne.«[24] Die Psychiatrie spricht von »strukturellen Störungen« – die Struktur der Seele ist instabil. Die Betreffenden haben »Schwierigkeiten, sich dauerhaft als ganze, zusammenhängende Personen zu erleben«[25].

Normale nehmen ihre eigenen Gefühle als ein System kommunizierender Gefäße wahr, das sie intuitiv einigermaßen steuern und im Gleichgewicht halten können. Anders bei Menschen mit Persönlichkeitsstörungen: Ihre Emotionen erscheinen ihnen unberechenbar und unbeherrschbar, das bereitet ihnen tiefe Angst und ständigen Stress. »Er hat keinen Zugang zu seinen Gefühlen, er hat nur Zugang zu seiner Wut«, so die Beobachtung eines Bekannten von Marius, der wie viele andere nach Marias Tod nichts mehr mit ihm zu tun haben wollten.

Heillose Symbiose

»In der Zeit, bevor ich Maria kennen gelernt habe, ging es mit meiner Störung und in Verbindung mit dem immer heftiger werdenden Alkoholkonsum einfach immer weiter bergab. Ich weiß noch, dass ich in dieser Zeit einmal in der Straßenbahn gefahren bin und einen Tagtraum hatte, einen Wunschtraum, und der hat so ausgesehen, dass mich ein Auto überfährt und dass ich dann monatelang im Spital liege, einfach um jeder Notwendigkeit enthoben zu sein, mein Leben weiterhin irgendwie meistern zu müssen. Das war der Hintergedanke dieses Wunschtraums.

In unserer Beziehung, damals, habe ich Verantwortung nicht anders verstanden als so, dass ich ihr mitgeteilt habe, dass sie sich eigentlich keinesfalls auf mich einlassen darf, und das auch sehr deutlich und mehrfach und immer heftiger zum Ausdruck gebracht habe. Das hat aber überhaupt keine Wirkung gezeigt, und meine Konsequenz hätte natürlich sein müssen, trotzdem zu gehen.

Was natürlich enorm schädlich für mich war, war die viel zu große Opferbereitschaft und Nachgiebigkeit der Frauen, die sich mit mir und mit denen ich mich eingelassen habe. Man weiß ja heute ganz gut, dass da nicht der Zufall regiert bei solchen Begegnungen, sondern dass sich genau die Kindheits- und Eltern-Anteile, die noch nicht von Erwachsenen regiert werden, treffen und in das persönliche Drama hineinspielen. Wenn ich damals in besonderem Maß manipulativ und beherrschend war, dann wird das Gegenüber entsprechend empfänglich dafür gewesen sein müssen.

Es war eine von Anfang an« – Marius zögert und sucht nach der genauesten Formulierung, wie ein Musiker den sprechendsten und intensivsten Klang für einen Akkord sucht – »eine, eine *tragische* Verbindung, weil sie nicht mit- und nicht ohneeinander möglich war. Ich würde gar nicht behaupten, dass sie eine eigenständige Person war und ich auch, sondern wir waren schon eine – natürlich auch unglückselige, nicht nur im Bezug auf das Endergebnis – eine Art Ausnahmegeschichte. Eine Symbiose, auch. Das hat natürlich auch unendliche und unnennbare schöne und natürlich auch sehr lange Zeiten, wenn man so will. Weil, du kannst dir vorstellen: die Intensität der Lebensführung – da sind dann eineinhalb Jahre ein ganzer Kosmos, da braucht es nicht Jahrzehnte, obwohl die Konsolidierungsphase natürlich weggefallen ist.«

Marius meint offenbar, die Beziehung sei während jener eineinhalb Jahre in ihrem Potenzial voll ausgeschöpft worden, sie sei so reich und erfüllt gewesen wie bei anderen Paaren nur in Jahrzehnten; bis auf die »Konsolidierungsphase« habe nichts gefehlt. Konsequent weitergedacht, hieße das: Für die Liebesbeziehung selbst »mache es nichts«, dass schon nach eineinhalb Jahren alles aus war, weil Marius Maria tötete …

»Jedenfalls, auch an diesem bewussten Tag – und das war der eigentliche Streit – wollte ich sie abermals und sehr heftig, auch mit den Schlägen, zwingen, dass sie gar nicht anders kann als gehen. Und sie hat sich dermaßen mit Selbstaufgabe dagegen gewehrt – das war überhaupt nicht vorstellbar für sie. Das ist natürlich ungeheuerlich.

Und ich hatte auch ein damals für mich überhaupt nicht überschaubares, aber doch nennenswert problematisches Verhältnis zu meiner Mutter. Das hat auch ein bisschen hineingespielt, überhaupt in mein

Beziehungsdenken und in mein Verhalten und in meine Verlassens- und Zurückgestoßenwerdens-Ängste. Also, es war sehr viel zündbares Material da. Von vornherein.«

Eine geliebte Person *lebt* in mir, insoweit in meinem Bild dieser Person auch ihre Bedürfnisse, ihre Anforderungen an mich ihr Leben leben.

Marius Reder ist zwar – auch nach eigener Einschätzung – ein guter Menschenbeobachter: Er durchschaut *auf ihn* bezogene Absichten anderer, als könnte er Gedanken lesen; aber seinen inneren Abbildern der Menschen mangelt es an jener entscheidenden Dimension von Lebendigkeit, die ihnen nur die *Empathie* eines Beobachters verleihen kann.

In unserem Gespräch (im Herbst 2003) erweckte er den Eindruck, sich sehr wohl nach erfüllten Beziehungen zu sehnen, aber nicht recht zu verstehen, was das ist und wie das geht.

Er konnte aus seinen vier Wänden nicht ins Haus des Gegenüber gelangen, weil er nicht sah, dass da ein Haus ist und nicht nur ein flaches Bild eines Hauses. Und weil er das Du nicht in dessen räumlicher Tiefendimension in sich selbst spiegelte, wurde ihm auch sein eigenes Spiegelbild, wie es im Bewusstsein anderer Menschen entstand, nicht zurückgeworfen.

Wer sich nicht wenigstens ansatzweise mit dem Augen anderer zu sehen vermag, nimmt in gewisser Weise sich selbst nicht wahr.

Wie sehr er sich selbst fremd war, das äußerte sich im Tonfall seines Berichts: Dieser hörte sich an, als wäre die Geschichte der Tötung Marias ein Drehbuch, in dem Marius zwar Hauptfigur ist, aber trotzdem nicht vorkommt.

Zu Tode getreten

»Die Maria und ich waren ständig zusammen, auch davor, und drei Tage vor dieser Tat war ich in einem Dauerrausch, kann man sagen, aus Kokain, Tabletten, Alkohol, ohne Essen und ohne Schlaf. Das sage ich nicht, um Schuld und Verantwortung damit zu delegieren, das ist ganz einfach eine Zutat zu dieser Geschichte. Es kam dann in der gemeinsamen Wohnung zu einer Auseinandersetzung über ein Thema, das jetzt hier nicht hermuss… An und für sich kein weltbewegendes Thema, nein. Also, es gibt die weltbewegenden Themen nicht. Und die sind es auch nicht, die die Tragödien auslösen. Das sind oft hartgekochte Eier, die statt drei Minuten vier Minuten im warmen Wasser waren. Ich meine, das war es jetzt nicht, aber wir wissen, dass es oft so ist.

Dabei war es ja zwischen uns im Grunde überhaupt nicht im Argen. Kurz nach der Tat wären wir gemeinsam nach Boston gezogen, weil wir dort berufliche Engagements in der Tasche hatten. Das ist ja umso schriller.

Wir brauchen nicht darüber zu diskutieren, wie grundsätzlich gewandelt meine Einstellung gegenüber Frauen mittlerweile ist, aber damals war es eine katastrophale, weil es durchaus nicht selten vorgekommen ist, dass ich zugeschlagen habe. Das ist auch damals passiert, sie hat natürlich auch zurückgeschlagen, es ging hin und her, und man kann es nur so sagen: Es ist zu weit gegangen. Es war sicher ein völliges Ausrasten von drei bis fünf Minuten, und als ich abgelassen habe, weil ich bereits ein Ergebnis gesehen habe, das sofort nach einem Stopp ruft, habe ich noch ein paar Worte mit ihr geredet. Sie hat gesagt, ihr ist schlecht, und ich habe sie auf die Toilette gebracht, dann hat sie sich übergeben und hat währenddessen die Augen verdreht, und man hat nur noch das Weiße gesehen. Dann habe ich sofort die Rettung gerufen, die Polizei ist da automatisch dabei, man hat sie ins Krankenhaus gebracht und mich in Gewahrsam genommen. Und ich weiß noch, wie in dieser Zelle der Gedanke einfach war, dass sie jetzt wohl gute zwei Wochen im Spital sein wird ... Das war eine sehr eigenartige Situation, die man jetzt nicht kritisch betrachten sollte, aber ich erzähle sie halt dennoch, weil sie ein sehr gutes Beispiel ist, wie man mit Schock umgeht. Ich habe das noch gar nicht an mich herangelassen, habe da in der Zelle zwei- bis dreihundert Liegestützen gemacht, habe mich hingelegt und bin eingeschlafen. Als wäre nichts, ja – aber nicht in irgendeiner bewussten Kälte, sondern das war einfach irgendeine Hilfe ...«

Am Morgen danach wird er von einem Kriminalbeamten verhört.

»Ich fange an zu erzählen, und er unterbricht mich gleich und sagt: ›Damit wir uns richtig verstehen: Ihre Freundin ist gestern Nacht gestorben.‹ Das ist aber da hinein- und da hinausgegangen,« – er deutet entsprechend auf seine Ohren – »das hat dann noch zwei weitere Tage gebraucht, bis ich das begriffen habe.

Und der erste Selbstmordversuch war dann gleich nach diesen zwei Tagen. Mir fällt auf: Die haben mir ja die Augengläser gelassen, Gott sei Dank! Und dann habe ich die zertreten und mir die Scherben fest in die Handgelenke gehackt. Und das Motiv war nicht, vor irgendeiner Verantwortung zu fliehen oder was, sondern: Ihr nach, sofort ihr nach. Und das war sehr schlimm, dass das nicht geklappt hat – das was wirklich sehr schlimm.«

Ist er nach wie vor dieser Meinung?

Marius schluckt zweimal, zögert, antwortet fast schon weinend:

»Streng genommen, ja. Im Grunde genommen schon, ja.«

Wir müssen eine Pause einlegen, aber Marius fängt sich sehr rasch wieder. Im weiteren Verlauf des Gesprächs fällt der Satz:

»Es ist damals vom Opfer eine Großfamilie übriggeblieben, die Entsetzliches durchgemacht hat, und wo ich zum Beispiel wünschen möchte, dass sie dieses Interview auf keinen Fall hören, um sie nicht zu erinnern.«

Hätte er dies mit Sicherheit vermeiden wollen, so hätte er das Interview (von dem einige Passagen im Radio ausgestrahlt wurden), nicht geben dürfen.[26] Indem er den obigen Gedanken *äußert* – statt ihn für sich zu behalten – vergrößert er den möglichen Schaden, statt ihn zu mindern. Die Aussage soll ihn als mitfühlend darstellen – er wisse ja um das von ihm verschuldete Leid der Verwandten –, doch diese könnten den Satz eher so verstehen: Ich weiß, dass ich euch verletze, und tue es trotzdem.

Immer an der Grenze – Borderline

Die dissoziale Persönlichkeitsstörung, die Marius sich selbst zuschreibt, scheint nur ein Teilaspekt seines Problems zu sein, und nicht der Hauptgrund für seine Einweisung in eine Haftanstalt für psychisch abnorme Rechtsbrecher. (Von dort kann man zwar wie aus »normalen« Gefängnissen bedingt entlassen werden, aber nur, wenn psychiatrische Experten dies im Einzelfall für vertretbar halten, also überzeugt sind, dass der Betreffende nicht aufgrund seiner Störung neuerlich gefährlich werden könnte).

Rekapitulieren wir, was aus den Schilderungen seiner Bekannten und aus Marius' eigenen Erzählungen über seine Persönlichkeit zur Zeit der Tat hervorgeht:

Er hatte größte Schwierigkeiten, seine Wut zu kontrollieren, geringe Anlässe konnten ihn zu Ausbrüchen exzessiver Gewalt reizen.

Er war, wie er übrigens auch selbst erzählt, extremen Stimmungsschwankungen unterworfen – »man wusste nie, wie er gelaunt sein wird, ob lustig und nett oder aggressiv«, wie seine oben zitierte Gastgeberin beobachtete.

Was seine Sicht Marias anbelangt, schwankte er zwischen Idealisierung und Entwertung: Einerseits vergötterte er sie, andererseits trampelte er – zuletzt ja im buchstäblichen Sinn! – auf ihr herum.

Er hatte viele, teils auch intensive, aber instabile Liebes- und Freundschaftsbeziehungen.

Er war – seit dem frühen Erwachsenenalter – Alkoholiker und konsumierte, wenn auch unregelmäßig, Drogen.

Er war nicht in der Lage, ein klares und für ihn doch so naheliegendes Ziel – die Musikerkarriere – zu verfolgen und sein Verhalten in den Dienst dieses Ziels zu stellen.

Er selbst spricht von »Verlassens- und Zurückgestoßenwerdens-Ängsten«; die symbiotische Verschmelzung mit Maria fürchtete und ersehnte er zugleich. Eine solche Reaktionsweise deutet darauf hin, dass der Prozess der Ablösung von der Mutter in den ersten Lebensjahren nicht gänzlich gelungen ist.

Sadistische Verhaltensweisen – Bemächtigen, Beherrschen, Kleinmachen, Vernichten – traten bei ihm nicht als isolierter Bereich einer »sadistischen Devianz« auf (siehe auch Seite 135 ff. und 210 ff.), sondern sadistische Einschüsse prägten viele seiner sozialen Beziehungen und besonders die Liebesverhältnisse.

Als ihm in der Haft die Möglichkeit der Schädigung anderer entzogen war, griff er zur Selbstschädigung in Form diverser Suizidversuche.

Alle diese Verhaltensmerkmale gelten nach heutigem Stand psychiatrischer Diagnostik als Kriterien für eine Borderline-Persönlichkeitsstörung.

»Der Borderliner kennt nur seine innere Welt der strikten Gut-Böse-Trennung, alles andere ist für ihn ein Vakuum, ein Nichts, das ihm Angst macht. Was sich nach außen hin als Humanitätsverachtung und Hass zeigt, sind seine psychischen Erhaltungsmechanismen, auf die er nicht freiwillig verzichten kann«, macht der Frankfurter Psychotherapeut Julian Bielecki in einer besonders anschaulichen Beschreibung der Borderline-Störung klar. Menschen wie der übersensible Marius haben als Kleinkinder den Absprung in die Unabhängigkeit von der Mutter – und in ein ausgewogenes Verhältnis zu beiden Elternteilen – nicht geschafft, weil sie die normale Angst vor diesem Absprung nicht überwinden konnten. »Das Gelingen (...) ist auch abhängig davon, ob im Kind genügend Urvertrauen vorhanden ist, um die aufsteigende Angst zu bewältigen. Ist dieses Urvertrauen nicht vorhanden, ›definiert‹ sich der Mensch als ein in einer feindlichen Welt befindliches Wesen, das sich ständig gegen äußere Bedrohung zu verteidigen hat. Hieraus entsteht das scheinbare Paradoxon, dass der Borderliner in einer Situation, in der er eigentlich nichts zu befürchten hätte, die ihm Sicherheit und Zuwendung bietet, Angst bekommt, weil er eine bedrohungsfreie Welt nicht kennt. Er kann damit nicht umgehen. Es ist, als ob die leiseste Wendung der äußeren Welt zum Guten ihm seine Identität entzöge, die er nur dadurch wiederfinden kann, dass er den Hass in sich wachruft, mit dem er die ihm gegenstandslos gewordene Welt wieder zu einem Gegenstand macht. (...) Nimmt der Borderliner einen Menschen bewusst oder unbewusst als »gut« wahr und beginnt er, diesen Menschen zu lieben, werden gleichzeitig aggressive Gefühle in ihm wachgerufen. Er verspürt unbewusst Schuldgefühle, weil er den anderen auffressen, vernichten will (...) Der Borderliner hat sich mit einem (...) sadistischen Menschenbild identifiziert, das Unterwerfung und Leiden als minimale Voraussetzung für die Aufrechterhaltung einer auch nur irgendwie bedeutungsvollen zwischenmenschlichen Beziehung verlangt, und hat daher das Bedürfnis, den Anderen als ›gutes‹ Menschenbild zu zerstören. Eine Liebesbeziehung ist für den Borderliner gleichzeitig eine sadistische Beziehung.«[27]

Schlussfrage an Marius: Kann es sein, dass er Maria in jenen Minuten, da er auf sie eintrat, als Person, als Faktor einfach nicht wahrnahm?

»Ja – ja, es wird leider genau so gewesen sein. Ich habe sie als Faktor ganz einfach nicht wahrgenommen in dieser Situation. Ich habe das ganz allein durchgezogen und durchgewütet. So wird man das sagen müssen. Es hat überhaupt keinen Sinn, dem nicht auf die Spur zu wollen. Gute Frage. Wirklich gute Frage. Die ist mir entgangen.

Und ich hab mir sehr viele gestellt. Superfrage. Da werde ich gleich wieder weiterdenken …«

Die Mordsüchtigen – Bemerkungen über Serienkiller

Die »Internet Movie Database«[28], eine bekannte Web-Datenbank zum Thema Film, listet unter dem Stichwort »serial killer« achthundertdreiundsechzig (!) Einträge auf. Das sind bei weitem mehr Filme, als es Serienmörder gibt: Ihre Anzahl wird *weltweit* auf allerhöchstens *einige hundert* geschätzt. Im internationalen Schnitt gehen – ebenfalls nach groben Schätzungen – nur 0,5–1 % aller Morde auf das Konto von Serienkillern. Genaue Zahlen lassen sich nicht erheben, da ja weitaus nicht alle Morde aufgeklärt werden und nicht alle Staaten entsprechend genaue Statistiken führen. Sicher ist jedoch: Jene Menschen, die aus einem meist sexuell motivierten Tötungsdrang Mord um Mord begehen, bilden rein zahlenmäßig eine völlig unbedeutende Minderheit unter den Tätern (Mord an sich ist ja in den meisten Ländern der Welt – im Verhältnis zur Bevölkerungszahl und in Relation zur sonstigen Kriminalität – ein *äußert seltenes* Verbrechen, wie schon im Thesenteil dargelegt).

Weil aber Serienkiller durch Filme, Bücher, Zeitungsartikel und Internetforen gegenüber anderen Tätern derart überrepräsentiert sind, färbt ihr Image auf die landläufige Vorstellung von Mördern im Allgemeinen ab. Die Öffentlichkeit neigt dazu, Tötungsdelinquenten samt und sonders für schwer gestört, pathologisch grausam und überaus gefühllos zu halten, für »Bestien« – jedenfalls für grundsätzlich anders als die so genannten Normalen.

Wenn manches davon für eine Gruppe von Tätern überhaupt zutrifft, dann *nur* für Serienmörder; und auch diese seltenen Einzelfiguren darf man sich nicht als einheitlichen »Typus« vorstellen, sind es doch höchst unterschiedliche Personen, die außer bestimmten psychischen Störungsbildern wenig gemeinsam haben. Zudem bestehen selbst Serienkiller nicht nur aus ihren abgründigen Seiten, sondern sind widersprüchliche Persönlichkeiten, die auf anderen Ebenen ihres Lebens oft relativ normal agieren.

Der Sexualmörder Arthur Shawcross, der mindestens 11 Frauen, ein kleines Mädchen und einen Jungen tötete, sagt von sich selbst in einem Fernsehinterview:[29]

»Ich kann Ihr schlimmster Albtraum sein – oder der Mann von nebenan. Ich bin gemütlich, nett – eigentlich verhalte ich mich zu den meisten Frauen als Gentleman. Nur einige behandle ich wie Dreck.«

Nur die wenigsten Serienkiller sind psychisch Kranke im engeren
Sinn (nicht aber Shawcross). Diese wenigen leiden zum Teil an
wahnhaften Vorstellungen und handeln unter dem Eindruck
»befehlender Stimmen«; andere, so genannte »missionarische« Serientäter, lassen sich von fanatischen Wahnideen leiten; sie bilden
sich etwa ein, die Welt von Obdachlosen oder Prostituierten »reini-
gen« zu müssen.

Solche Zwangsideen beherrschten auch den Attentäter Franz
Fuchs, der Bekennerschreiben im Namen einer fiktiven »Bajuwari-
schen Befreiungsarmee« verfasste und im Alleingang mit seinen
Brief- und Rohrbomben »nichtdeutsche« Einflüsse in Österreich
bekämpfte. Eine der Sprengfallen tötete bekanntlich vier Roma im
burgenländischen Oberwart, fünfunddreißig weitere Menschen,
wie Wiens Altbürgermeister Helmut Zilk, wurden zum Teil schwer
verletzt, verloren Arme oder Teile ihrer Hände.

Die weitaus meisten Serienmörder sind aber Personen mit sadis-
tisch deviantem Verhalten, dies oft in Kombination mit einer narzisstischen Störung.

Menschen, bei denen sadistische Tendenzen zum dauerhaften
Persönlichkeitsmerkmal werden, bilden schon in den ersten
Lebensjahren die Grundlage einer schweren seelischen Fehlfunk-
tion aus; nur die wenigsten von ihnen begehen aber letztlich Verbrechen.

Vor allem die weitere Sozialisation entscheidet darüber, ob solche Kinder später ihre sadistischen Wünsche nur in der Fantasie,
oder im ritualisierten Rahmen der sadomasochistischen Subkultur
ausleben, oder – schlimmstenfalls und weitaus am seltensten –
sadistische Quälereien und Morde begehen.

Das eine schließt das andere offenbar aus: Mit Gleichgesinnten
sadomasochistische Sexualität zu erleben, bindet und entschärft das
Zerstörungspotenzial, das in dieser psychischen Abweichung angelegt ist. Im *Diagnostisch-statistischen Handbuch* der amerikanischen
psychiatrischen Gesellschaft wird ausdrücklich festgehalten, dass
Sadomasochismus als erotische Andersartigkeit nicht unter »krank-

haften« Sadismus im klinischen Sinn fällt. Sadismus stellt also keineswegs *an sich* ein Verbrechensrisiko dar. Jemand, der in der Sado-Maso-Szene verkehrt, tut niemandem Böses. Diese Menschen akzeptieren ihre Besonderheit zumindest teilweise und integrieren sie in ihr Selbstbild. Zu Sexualtätern werden vielmehr jene anderen, die, nach Eberhard Schorsch, »die Deviation isoliert und als etwas Ich-Fremdes«[30] erleben.

Wie Sadismus entsteht

Bis heute hat keine andere Wissenschaft vom menschlichen Verhalten zur Entstehung von Sadismus so ausgereifte Theorien geliefert wie die Psychoanalyse. Gemäß ihrem Erklärungsmodell sind sadistische Sexualmörder Männer, die als Kleinkinder an der Entwicklung einer stabilen männlichen Identität gehindert wurden. Sie wurden beispielsweise von ihren Müttern aggressiv und abweisend behandelt, oder sie fühlten sich von einer besitzergreifenden Muttergestalt überfürsorglich »aufgefressen«. Im ersten Fall sehnt sich das Kind vergebens nach Geborgenheit in der symbiotischen Einheit mit der Mutter, im zweiten Fall wird die Symbiose zur Bedrohung. In beiden Fällen fehlt die sichere »Absprungbasis« in die Autonomie, und der frühkindliche Ablösungsprozess von der Mutter bleibt unvollständig. Das problematische Verhältnis zu ihr erzeugt Mutterhaß, der auf andere Frauen übertragen werden kann, außerdem Angst vor symbiotischer Verschmelzung (und daher Angst vor Selbstaufgabe in der erotischen Verschmelzung mit Partnerinnen), aber auch eine – freilich kindlich-regressive – Sehnsucht danach. Ein solcher Mann streckt gleichsam innerlich die Arme aus nach jenem archaischen Urzustand, der infantile Allmachtsgefühle und unentschärfte Zerstörungsenergie beinhaltet. Über den »Abgrund« in einem solchen Menschen ist keine richtige Membran gewachsen, die gewaltigen Kräfte dieses Abgrunds können nicht, gefiltert durch die Membran, in kreative und liebende Antriebsenergien umgewandelt werden.

Im Mythen, religiösen Vorstellungen und in der Kunst stehen Bilder wie *Der Mahlstrom, Der Höllenschlund, Skylla und Charybdis* oder Hieronymus Boschs sadomasochistisch ausgestaltete Hölle im Triptychon *Das Jüngste Gericht* für diesen Abgrund.

Damit die Betroffenen nicht als gesamte Personen von der Zerstörungsenergie des Abgrunds überschwemmt werden – was leicht zu Selbstmord führt – bildet sich bei den meisten von ihnen im Laufe des Heranwachsens ein komplizierter seelischer Mechanismus heraus. Dieser läuft auf *Sexualisierung* der destruktiven Antriebe hinaus. Sexualität verbindet sich für sie mit Überwältigen, Züchtigen, Beherrschen, Unterdrücken, Erniedrigen. Dem Abgrund wird der Bereich Sexualität zugewiesen, die unentschärfte Aggressivität wird in einer sadistischen Deviation *gebunden*. Das funktioniert wie gesagt passabel bei jenen, die – so Schorsch – »das subkulturelle Ausleben sadomasochistischer Triebwünsche« praktizieren, denn dadurch wird »das soziale Handeln von diesen Impulsen entlastet und befreit«[31].

Bei Sexualmördern kommt es hingegen nach Eberhard Schorschs Interpretation auf folgende Weise zur Katastrophe:

»Die durch die Deviation errichtete Abwehr scheint ständig vom Zusammenbruch bedroht zu sein. (...) Zusammenbruch bedeutet hier zweierlei: Einmal gelingt die thematische Abgrenzung der Konflikte in der Sexualität nicht mehr; dies zeigt sich darin, dass das deviante Thema die Persönlichkeit gleichsam überschwemmt und alle anderen Themen verdrängt« – das heißt: Die Fantasien sexueller Gewalt ufern zusehends aus, der Betreffende kann kaum mehr an etwas anderes denken, lebt mehr in diesen Fantasien als in der Wirklichkeit, und der Drang, sich ein Opfer zu suchen, wird immer unabweisbarer. »Zum anderen bedeutet Zusammenbruch das Einstürzen der Trennwand, mit deren Hilfe der Deviante so angespannt bemüht war, die imaginäre Welt der Deviation und die soziale Realität voneinander abzuschirmen. (...) Deshalb ist der gängige Ausdruck ›Lustmord‹ oder die juristische Formulierung einer ›Tötung zur Befriedigung des Geschlechtstriebs‹ irreführend; denn es geht nicht darum, sich Steigerung an sexueller Lust und Vergnügen zu verschaffen. (...) Die Tötungshandlung ist nicht das Ziel und der intendierte Höhepunkt der devianten Entwicklung, sondern Ausdruck für den Zusammenbruch der Abwehr.«[32]

Wie so mancher Serientäter, so erzählt auch Arthur Shawcross (im oben erwähnten Fernsehinterview) von sporadischen Versuchen, in den Minuten vor einem Mord das »Einstürzen der Trennwand« doch noch zu verhüten. In Watertown im Staat New York brachte er 1972 einen neunjährigen Jungen um, der auf einer Straße neben Bächen und sumpfigem Gelände seinen Weg kreuzte. Das Kind war auf dem Weg zu seinen Spielkameraden.

»Ich sagte zu dem Jungen: ›Geh nach Hause.‹ Er sagte: ›Nein, du kannst mich nicht zwingen heimzugehen, ich gehe hier weiter.‹ Nochmals: ›Du musst nach Hause gehen.‹ – ›Nein!‹, sagte der Bub, und beschimpfte mich. Da versetzte ich ihm einen Hieb an die Kehle – hierher ...«

Shawcross demonstriert dies an seinem eigenen Hals, und genießt ganz offensichtlich das Nachgefühl dieses und auch anderer Morde: In Rochester/NY brachte er elf Prostituierte um.

Er braucht nicht im Gedächtnis nach den Orten und Umständen zu suchen; alle Details hat er parat, geordnet, abrufbereit, als ließe er jede Woche diese Filme im Kopf ablaufen.

»... die Zweite wurde mit einem Holzklotz auf den Kopf geschlagen ... bei der Dritten war es Erwürgen ...«

Der schon ergraute Mann, der im Gefängnis dick geworden ist, erinnert an ein alterndes Reptil. Über seiner eigentlich männlichen, nicht unangenehmen Erscheinung liegt ein femininer Zug, der nicht recht passt; seine athletisch trainierten Unterarme kontrastieren mit Händen und vor allem den Fingern, die einer fülligen älteren Dame gehören könnten.

Der klaffende Abgrund im Selbst

Shawcross' tiefe Stimme war es, die mir zu der Assoziation des »Abgrunds«, des »Mahlstroms« verhalf. Im Reden über die Taten manifestiert sich in dieser Stimme das Magisch-Bedrohliche jener abgründigen Tiefe, die dennoch in einem Menschenkörper Platz hat. Innen herrscht klebrige Finsternis, in die keines Menschen Verstand eindringen kann, ebenso wenig der seine.

»Diese schwitzenden ›anderen‹ Gefühle kommen dann hoch. Etwas ist versteckt, tief in mir, und nur in bestimmten Momenten kommt es zum Vorschein ...«

Offenbar suchte er sich nicht aufgrund einer Wahnidee Prostituierte als Opfer aus, sondern um die Morde leichter vor sich selbst rechtfertigen zu können.

»Eine der Prostituierten, die ich kannte, sagte mir, welche Kolleginnen ihrer Vermutung nach Aids hätten. Ich bekam Angst. Welches Recht haben diese Mädchen … Ich meine, Prostituierte zu sein, ist eine Sache, aber eine andere Sache ist es zu wissen, dass man die Krankheit hat, und trotzdem weiter Sex mit verschiedenen Partnern zu haben. Das ist nicht richtig«,

versetzt er rasch, ohne laut zu werden, aber mit hässlicher Härte,

»also ging ich und nahm ihr das Leben.«

Was den ermordeten Jungen betrifft, so hat er sich die Sätze, die der Schuldabwehr dienen, nachträglich zurechtgelegt – vielleicht, um ohne Gewissenbisse sich bis an sein Lebensende auch dieser Tat zu erinnern.

»Ich habe seinen Tod verursacht, ich werde nicht darüber weinen. Das ist nur etwas, das an jenem Tag geschehen ist. Ich habe ihn nicht gesucht, um ihn zu zerstören«,

denn der Kleine habe ja, wie Shawcross behauptet, nicht nach Hause gehen wollen.

Morden und foltern zu können und dabei immun gegen Reue zu sein – das ist es, was uns an solchen Tätern besonders abstößt und uns doch heimlich fasziniert.

»Als ich diese Mädchen tötete, schob ich das nachher weg, als ob es nie passiert wäre, und lebte weiter, als ob es nie passiert wäre.«

Warum Serienkiller ohne Reue morden können

Am leichtesten fällt das Töten ohne Skrupel offenbar jenen Serienkillern, für die der Psychiater Otto Kernberg den Begriff des »malignen Narzissten« geprägt hat. Dies sind Verbrecher vom Schlag des österreichischen Prostituiertenmörders Jack Unterweger oder des kannibalistischen Killers und Psychiaters Hannibal Lecter in dem Film *Das Schweigen der Lämmer:* Spektakuläre Selbstinszenierer, manipulative, charmante emotionale Ausbeuter ihrer Umgebung. Gefühllos töten können sie, weil sie frühzeitig gelernt haben, Emotionen abzuspalten. »Narzissten waren in ihrer Kindheit Situationen ausgesetzt wie Vernachlässigung, Abwehr, körperlichem oder sexuellem Missbrauch, oder sie waren Zeuge von letzterem, wobei sie gelernt haben, dass das Unterdrücken und Abtöten von Gefühlen in der aktuellen Situation von lebensnotwendiger Bedeutung war«, erläutert Reinhard Haller, der Gerichtspsychiater im Fall Unterweger. »Die Grundstörung der narzisstischen Persönlichkeit ist die Verleugnung von Gefühlen. (...) So wie bei sich selbst gehen sie bei anderen davon aus, dass sie keine Gefühle haben. Daraus resultieren Gleichgültigkeit, Unverständnis, aber auch Rücksichtslosigkeit hinsichtlich der Gefühle anderer, wie z.B. Schmerz oder Todesangst. Da (maligne, A.d.V.) Narzissten als Kinder möglicherweise selbst solchen Gefühlen ausgesetzt waren und somit das Grauen erlebt haben, können sie gleichsam nur durch deren Unterdrückung und Abspaltung überleben.«

Zur Kompensation des Gefühls persönlicher Nichtigkeit und Wertlosigkeit, das solche Kinder empfinden, setzen manche von ihnen »Fantasien von Stärke, Überlegenheit und Macht« ein, die dann in der Pubertät, mit sexuellem Erleben verknüpft, zu sadistischen Gewaltfantasien werden können.

Der Kriminalpsychologe Thomas Müller, Europas bekanntester »Profiler«, daher Spezialist für Serienmorde, erklärt im Gespräch: »Bei jenen, die aus sexuellen Motiven der Machtausübung, der Kontrolle anderer Menschen Serientötungsdelikte begehen, ist die Tötungshandlung nur Mittel zum Zweck, um ein *riesiges schwarzes Loch* in sich aufzufüllen. Narzisstische Täter legen die Morde aber auch als eine Form der theatralischen Inszenierung an, weil sie wollen, dass man sie zur Kenntnis nimmt.«

Arthur Shawcross hingegen lebte sozial angepasst, fiel nicht besonders auf, hatte offenbar eine harmonische Paarbeziehung zu einer Frau, die er »seine Idealperson« nennt, und sie versichert vor der Kamera, nie zuvor habe ihr ein Mann so viel Liebe und Wertschätzung gezeigt. Da wie erwähnt die hassvolle Aggressivität bei

Sadisten oft auf ihre Devianz beschränkt bleibt, können manche von ihnen mit dem anderen, normal sozialisierten Teil ihres Ich sogar liebevolle Dauerbeziehungen eingehen, wie es etwa auch bei dem deutschen Serienkiller Frank Gust der Fall war; freilich mit der Einschränkung, dass die Sexualität in der Partnerschaft zwar biologisch »funktionieren« kann, diese Männer aber nur mäßig befriedigt, gemessen an der Macht ihrer sadistischen Wünsche. Für Sexualmörder ist leider der »Abgrund« die prallere, farbigere, intensivere Welt; ihr sonstiges Leben ist das blasse Daneben.

Nach dem elften Prostituiertenmord parkte Arthur Shawcross sein Auto genau auf jener Brücke, unter der er die Leiche deponiert hatte. Die Besatzung eines kreisenden Polizeihubschraubers machte er noch eigens auf sich aufmerksam, indem er unter ihren Augen in eine Pepsi Cola-Plastikflasche urinierte.

»Ich gab auf. Ich wollte, dass es aufhört.«

Die Todesstrafe hatte er im Staat New York nicht zu erwarten, sie wird dort nicht verhängt. Das Gefängnis kann er allerdings, bei einem Strafmaß von 250 Jahren, nie mehr verlassen. Brachte masochostisches Strafbedürfnis – also ein Teil seiner Persönlichkeitsstörung – ihn dazu, sich erwischen zu lassen? Oder ertrug das Über-Ich, das zu seinem gesunden Persönlichkeitsanteil gehört, die grauenhaften Taten seiner abgründigen Seite nicht mehr?

In normale Menschen, die zu Mördern werden, können wir uns viel leichter einfühlen als in die für uns hermetische Seelenwelt eines Serienkillers.

Sie sind die Ausnahme-Täter, um die es in diesem Buch eigentlich *nicht* vorrangig geht.

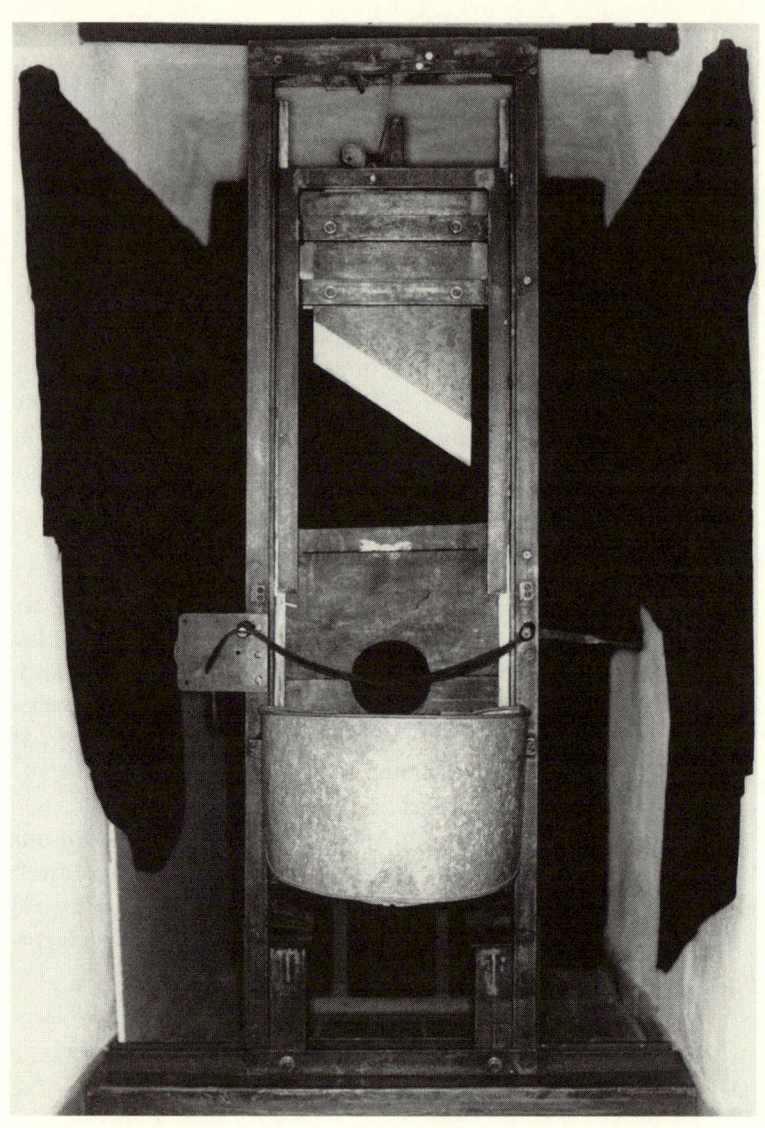

»Gerät F«

Hinrichtung – Vier Porträts

Zwei Henker, ein Staatsanwalt und ein Zeuge einer Exekution

Neben Krieg und Völkermord ist die Todesstrafe einer der am besten dokumentierten, am intensivsten beforschten und debattierten Aspekte des Tötens.

Wir alle kennen Gesichter von Menschen, die durch ihr politisches Handeln Hinrichtungen mit zu verantworten haben: George W. Bush unterzeichnete als Gouverneur von Texas Dutzende Todesurteile. »Rambo« Arnold Schwarzenegger zeigt in seiner Eigenschaft als Gouverneur von Kalifornien selbst dann gnadenlos harte Muskeln, wenn ihn Gnadenappelle zum Tode Verurteilter erreichen. Im Fall des Vierfachmörders Kevin Cooper, der nachweislich bereits Jahre vor seinen Taten durch einen Unfall einen Gehirnschaden erlitten hatte, gab dieser »große Sohn der Steiermark« grünes Licht für die Exekution. Das Gnadengesuch des ehemaligen Bandenchefs Stanley »Tookie« Williams lehnte er ebenso ab, obwohl sich Dutzende Prominente, wie Joan Baez und Bianca Jagger, der Hollywood-Schauspieler Mike Farrell und der Bürgerrechtler Jesse Jackson für den Todeskandidaten einsetzten und an einer Großdemonstration vor den Gefängnistoren teilnahmen, um »Arnie« umzustimmen. Tookie, dem vier Morde zur Last gelegt werden (die er anfangs gestand und später bestritt), hatte in der Haft eine Serie von Kinderbüchern gegen jugendliche Gewaltkriminalität verfasst. Nach Tookies Exekution pladierte immerhin eine Mehrheit im Grazer Gemeinderat dafür, das damalige Arnold Schwarzenegger-Stadion umzubenennen; der »Terminator« kam dem Beschluss der Stadtväter zuvor, indem er seinerseits Grazer Institutionen hinfort den Gebrauch seines Namens verbot. So oder so – die Sportarena heißt nun wieder »Stadion Graz-Liebenau«. Die Ehrenbürgerschaft seines steirischen Geburtsortes Thal darf der Ex-Hollywoodstar aber behalten, und das, obwohl er zum Zeitpunkt der Drucklegung dieses Buches einem weiteren Todeskandidaten die Begnadigung verweigert hatte: Ein schwer herzkranker Fünfundsiebzigjähriger wurde ebenfalls hingerichtet.

Ein Staatsamt adelt wie eh und je Personen, die hinrichten oder gar foltern und massakrieren lassen. Die Doppelmoral lebt – es lebe die Doppelmoral.

Mehr an Polemik soll hier nicht ausgebreitet werden – der humanistische Impetus der vielen engagierten Todesstrafegegner, ihre pragmatischen und ethischen Einsprüche, sind den Leserinnen und Lesern ohnehin geläufig. Sie lauten:

Keine völkerrechtliche Konvention gestattet Hinrichtungen; laut statistischen Vergleichen zwischen den achtunddreißig US-Bundesstaaten mit Todesstrafe und den zwölf Staaten, in denen sie ausgesetzt ist (Liste der Staaten siehe Anhang[1]), zeitigt sie keinerlei abschreckende Wirkung; das Risiko, Unschuldige hinzurichten, lässt sich niemals völlig ausschalten, da kein Justizsystem der Welt gegen Irrtümer gefeit ist; und einem Menschen den Termin seines Todes vorzugeben, zählt zu den grausamsten Formen psychischer Folter.

Todesstrafebefürworter hingegen argumentieren häufig mit einem schwer widerlegbaren, weil weltanschaulich-subjektiven Gerechtigkeitsbegriff: Auf besonders grausame, menschenverachtende Verbrechen sei die Hinrichtung die einzig angemessene Antwort.

Sinnlos, gegen diese Ansicht das Fünfte Gebot ins Feld zu führen: Denn die Formel »Du sollst nicht töten« beruht, wie schon dargestellt, auf einer ungenauen Übersetzung; der eigentliche Sinn des Satzes, nämlich »Morde nicht«, spricht ja gerade *nicht* gegen die Todesstrafe, da »Mord« auch unter den alttestamentarischen Israeliten nur gesetzlich *verbotene* Tötungsakte bezeichnete.

Kann Töten also »gerechtes« Handeln sein, wenn es der Sühne dient? Mit anderen Worten: Heiligt in diesem Fall der Zweck die Mittel?

Die Mittel sind nicht die Giftspritze, der Strang, die Guillotine, sondern die Mittel sind die Menschen, welche diese Instrumente bedienen, und jene, die an der vorgelagerten Entscheidungs- und Befehlskette mitwirken.

Töten Henker im Unterschied zu Mördern aus »lauteren« Motiven? Was für Menschen sind es, die sich als »Mittel« zur Verfügung stellen, und wie betrachten sie ihr Tun?

Mit dem US-amerikanischen Staatsanwalt Robert Horan, der in einigen seiner vielen Mordprozesse erfolgreich für die Hinrichtung plädierte, führte ich selbst ein langes Gespräch. Ebenso mit dem Rechtsanwalt und aktiven Todesstrafegegner Brian Roberts, der der Exekution eines Klienten beiwohnte – seine Schilderung konterkariert auf erschütternde Weise Horans Standpunkt.

Über die unmittelbar Ausführenden der Todesstrafe, die »Männer an den Hebeln«, gibt keine Quelle der letzten Jahrzehnte besser Auskunft als der deutsche Kinofilm *Henker – der Tod hat ein Gesicht*[2] von Jens Becker und Gunnar Dedio. Die letzten auffindbaren Henker, die auf europäischem Boden tätig waren, schildern darin ihr Handwerk und ihren Werdegang (die meisten von ihnen sind inzwischen verstorben, aus Altersgründen nicht mehr ansprechbar oder nicht mehr gesprächsbereit, in einigen Fällen mussten die Filmemacher auf Archivmaterial zurückgreifen). Die folgenden Beobachtungen beziehen sich auf diesen exzellenten Dokumentarfilm, wobei die teils im Film vorkommenden Aussagen der Betreffenden nach dem ausführlicheren Begleitbuch *Die letzten Henker*[3] zitiert werden.

Wenn das Fallbeil halswärts rast

Das Kamera-Auge schwebt den rehbraunen, vielfach angeschrammten Holzpfosten entlang, streift einen Hebel und ein Seil, nimmt den Weg über einen massiven kupfernen Block, und hält inne im Anblick der überaus steilen Klinge.

Das Fallbeil ist kein Filmrequisit, es hat noch in den späten 1950er Jahre Hunderte lebende, von Kaskaden letzter Gedanken und Gefühle überschwemmte Köpfe von ihren Leibern getrennt. Ein Blutstrahl schießt meterweit heraus, der liegende Körper fällt von der »Kippe« in einen voluminösen rechteckigen Korb ähnlich einem Wäschekorb, und der Henker legt den Kopf sorglich dazu.

Fernand Meyssonnier hat diesen Vorgang an die zweihundert Mal durchgeführt; zum letzten Mal etwa vierzig Jahre vor der Entstehung des Films. Der untersetzte Mann mit der imposanten Schulter- und Rückenpartie, dem langen kräftigen Kinn, den halbkreisförmigen, stark hochgewölbten Augenbrauen und den kurzen, dicken, derben Fingern war wie sein Vater Henker im französisch besetzten Algerien; die meisten der von ihm Exekutierten hatten der Nationalen Befreiungsfront Algeriens angehört. Warum wählte er – ohne jeden Zwang – diese Profession? Der fetten Prämien und Privilegien wegen, einerseits.

»So brauchten wir die Gaststätte (seines Vaters, A. d. V) erst um drei Uhr nachts zu schließen. (...) Niemals behelligte uns jemand wegen einer Konzession oder wegen Steuern. (...) Und nicht zuletzt besaßen sowohl mein Vater als auch ich völlig problemlos einen Waffenschein. Die Privilegien waren ein wenig wie im Mittelalter. Es wäre somit gelogen, wenn ich nicht zugeben würde, dass ich auch um dieser Vorteile willen Henker geworden bin.«

Doch die Würfel waren für Meyssonnier offenbar schon lange gefallen, bevor man ihn überhaupt fragte, ob er das Amt übernehmen wolle: Mit knapp siebzehn Jahren erlebte er seine »Initiation«, indem er zusah, wie sein Vater einen Verurteilten guillotinierte.

»Es war dunkel, eine beängstigende Szenerie. (...) Mich durchschüttelte eine unbeschreibliche Angst«, – Meyssonnier zeigt gestikulierend, wie es ihm die Luft abschnürte, während das Herz hämmerte – »aber gleichzeitig beeindruckte es mich, solche Gewalt zu sehen. (…) Das erste Mal, das vergisst man nicht, das hat mich tief geprägt.«

Mit beginnendem Rückzug der französischen Kolonialmacht 1961 verlässt Fernand Meyssonnier sein Geburtsland, emigriert nach Tahiti und betreibt dort eine Schädlingsbekämpfungsfirma (!), indes sein Vater, der in Algier bleibt, inhaftiert und gefoltert wird und kurz darauf verstirbt. 1980 übersiedelt Meyssonnier nach Fontaine de Vaucluse in Südfrankreich. Seine »Werkbank«, die Guillotine, hat ihn an den Alterssitz begleitet; für das deutsche Filmteam holt er sie aus dem Geräteschuppen, baut sie zusammen und führt engagiert und mit Verve sein Handwerk vor.

»Er fällt da rauf, die zwei Helfer schieben ihn. Wenn der Delinquent hier raufffällt, neigt er dazu, den Kopf einzuziehen. Ich ziehe an seinem Kopf, aber ich muss aufpassen, dass ich die Finger von der Klinge fern halte – sonst schneidet sie sie ab. Es gab schon solche Unfälle. Also, ich halte ihn hier hinter den Ohren und ziehe … Ich sage: ›Los‹! Zwei Sekunden, und mein Vater löst aus … Ich nehme den Kopf und lege ihn in den Korb. Wenn es zwei, drei Verurteilte sind, hake ich das Seil ein und ziehe die Klinge hoch. Sobald die Klinge oben ist, bringen die Helfer den nächsten. Manchmal sind es bis zu fünf Verurteilte. Und man weiß nicht mehr: Ist das nun der Kopf, der zu *diesem* Körper gehörte, oder nicht? Das ist das Schlimmste. Zuerst hat mich das fürchterlich beeindruckt. Später wird es zur Gewohnheit. Mein Vater fand eine Lösung: Statt des Korbes nahmen wir Särge. So trennten wir: Ein Sarg, ein Verurteilter.«

Meyssonnier spricht temperamentvoll, etwas rau, aber nicht ohne Charme, in raschen, durch Zäsuren getrennten kleinen Wellen von je ein paar Worten.

»Ich weiß, dass andere, die mit Hinrichtungen zu tun hatten, es vermieden, den Verurteilten in die Augen zu blicken. Bei mir war das anders, ich schaute ihnen stets in die Augen. Schon weil ich vor dem Todeskandidaten Angst hatte. Man wusste ja nie, was er wenige Augenblicke vor seinem Tod dachte, vorhatte und wie er reagieren würde. Während ich ihm die Fußgelenke fesselte, hätte er mich etwa in den Nacken beißen können. (…) Ich fixierte also den Verurteilten und ließ keinen Blick von ihm. Freunde, die einer Hinrichtung beiwohnten, sagten mir danach, ich hätte sie nicht einmal bemerkt. Ich konzentrierte mich völlig auf mein Gegenüber, sah ihm in die Augen, die so etwas wie ein Spiegel der Seele sind. Ich versuchte zu verstehen, was er mir vielleicht sagen wollte.«

Unter all den Menschen, denen der Akt des Tötens nicht fremd ist, verfügen die Scharfrichter vielleicht über die genaueste, beinahe lückenlose Wahrnehmung der Emotionen, wie sie ein Tötender empfindet. Weil Henker im Rahmen eines kontrollierten Procedere töten, dessen Zeitablauf sie beherrschen und überblicken, fallen sie während der entscheidenden Minuten, anders als Mörder oder Soldaten, kaum der Gedankenblindheit des reinen Reflexes anheim. Nach Jahren oder Jahrzehnten weiß der Henker durch und durch, wie es sich anfühlt, den Fuß in das Territorium der Annullierung von Existenz zu setzen.

»Ein guter Henker ist auch derjenige, der seine Aufgabe schnell erledigt. (…) Respekt gegenüber einem Todeskandidaten – das ist das Wichtigste für einen Henker. Mutig und tapfer kann meines Erachtens nur der Verurteilte sein. Wenn er sich bei seiner Hinrichtung würdevoll und beherrscht verhält, dann beeilten auch wir uns, damit alles so schnell wie möglich vorüber war.«

Grenzenlos bitteres Verstehen bei der Lektüre dieser Worte: Meyssonnier spricht wie ein Geburtshelfer »in die andere Richtung«. Eine Hebamme des gewaltsamen Todes.

»Einmal, 1957, passierte etwas sehr Merkwürdiges, an das ich mich noch genau erinnern kann. Ich blickte dem Verurteilten in die Augen und spürte förmlich, wie er sich wahrscheinlich in diesem Augenblick die gleichen Fragen stellte wie ich: Gibt es ein anderes Leben nach diesem Leben? Gibt es einen Gott oder nicht? Dieser Typ sah mich an, und es war wie eine Gedankenübertragung, als er mir dann sagte: ›Nachher werde ich mit Gott sein.‹ Das war wirklich unglaublich. Man will leben und besitzt nur dieses eine Leben. Diese Fragen, die man sich stellt, die auch in meiner Lieblingsoper *Faust* auftauchen ... Und der Verurteilte hat es dann ein paar Sekunden später erfahren.«

Meyssonnier äußert dies ohne den geringsten Zynismus.

Könnte ein Menschen opfernder Priester einer verflossenen Kultur in ähnliche Beziehung zu seinen Opfern getreten sein, die ja auch nicht selten Gefangene, meist aus Kriegen mit anderen Völkern, waren?

Auch im Hinblick auf ihre gesellschaftliche Rolle lässt sich die Todesstrafe als moderne Variante der archaischen Menschenopfer-Praxis interpretieren, wie man noch sehen wird.

Fernand Meyssonnier wirkt nicht wie ein fein gewobener Mensch. Ohne eine gewisse lederne Härte und Dickhäutigkeit hätte er wohl nicht aus freien Stücken diesen Beruf ergriffen. Sein Reflexionsniveau, wenn es um Fragen von Leben und Tod geht, steht in einem seltsamen Missverhältnis zu dieser etwas derben Persönlichkeit. Dieser Mann hätte seinen »philosophischen Muskel« nicht als ein Arzt oder Pfarrer ausbilden können, denn Arzt oder Pfarrer wäre er niemals geworden. Nur weil die französische Kolonialgesellschaft ihm die Rolle des Henkers anbot, stieß er an eine Grenze des Erfahrbaren vor. Die Grenzüberschreitung des Tötens führt aber anscheinend nicht in einen metaphysischen Raum, sondern – in gar keinen Raum. Wer sich in hundertfacher Wiederholung davon überzeugt hat, dass er aus einem Leben ein Nichts machen kann, dann wird er ein Etwas hinter dem Leben kaum mehr für wahrscheinlich halten. Gegen Ende des Films zieht es Fernand Meyssonnier dann doch vor, nicht an ein Jenseits zu glauben.

»Es sind die Menschen, die Gott gemacht haben, und nicht Gott, der die Menschen gemacht hat. Es sind die Menschen, die ihn erfunden haben. Sie haben Angst zu sterben. Aber ich glaube nicht an ihn.«

Ein ungarischer Kollege Meyssonniers, György Pradlik, der bis 1988 an Hinrichtungen durch den Strang beteiligt war, kleidet seine desillusionierte Haltung in ziemlich ähnliche Worte.

»Niemand hat Gott je getroffen. Auch Gott hat niemanden getroffen. (...) Ich denke, Gott existiert nur in unserem Bewusstsein. (...) Auch die

Bibel sagt: Asche zu Asche und Staub zu Staub. Aber Staub ist kein Lebewesen. Staub ist ohne Leben.«

Bei diesen Worten nimmt seine Stimme die hoffnungslos fahle Farbe des Nihilismus an.

Fernand Meyssonnier und György Pradlik sind jeweils seit Jahrzehnten verheiratet. Beide sprechen von einer schönen Kindheit und einer überwiegend erfreulichen Beziehung zu ihren Eltern, beide haben Töchter, beide lieben Tiere aufs innigste.

Der Henker von Nürnberg:
Sadist für eine »gerechte Sache«

Die Nürnberger Prozesse, die im Oktober 1946 mit der Hinrichtung von zwölf prominenten Tätern des nationalsozialistischen Regimes endeten, gelten als Meilenstein des Völkerstrafrechts. Denn die Einrichtung des Militärtribunals von Nürnberg signalisierte, dass in Hinkunft Kriegsverbrecher nicht mehr so leicht das Weite suchen beziehungsweise im eigenen Land ungeschoren bleiben könnten, sondern mit der grenzüberschreitenden Verfolgung durch eine starke übernationale Instanz zu rechnen hätten. In Nürnberg wurden Begriffe wie »Verbrechen gegen die Menschlichkeit« und »Völkermord« erst geprägt, beziehungsweise zu weltweit bekannten Rechtsstandards erhoben. Die Tatsache, dass bei einer Hand voll führender Kriegsverbrecher die Todesstrafe zur Anwendung kam, wird bis heute in der demokratischen Öffentlichkeit mehr oder weniger stillschweigend akzeptiert; diesen unübersehbaren »Schönheitsfehler« der Nürnberger Prozesse schreibt man in der Regel der damaligen weltpolitischen Ausnahmesituation zu, sowie der besonderen Monstrosität der Untaten des Hitlerregimes.

Der Film *Henker – der Tod hat ein Gesicht* wartet mit einer unbequemen Überraschung auf: Ausgerechnet einer der beiden Exekutoren der Nazi-Kriegsverbrecher erweist sich als musterhafter Sadist ohne Scham und Gewissensbisse. Wenn der US-Militärpolizist Joseph Malta zum Besten gibt, wie er Ribbentrop, Jodl, Keitel, Kaltenbrunner und all die anderen henkte, dann fällt ein Schatten auf die sonst unangefochtene Autorität des Nürnberger Tribunals.

Der inzwischen verstorbene Vollstrecker der Urteile präsentierte sich vitalitätsstrotzend und sinnenfroh vor der Kamera. Joseph Maltas überaus anschauliche Plaudereien – die er mit demonstrierenden Gesten untermalt – bedürfen keines weiteren Kommentars.

»Ich brauchte kein Seil. Ich hätte es mit meinen Händen tun können. (...) Für mich war das einfach nur ein Job, für dessen Erledigung lediglich eine Portion Mut nötig ist. (...) Albträume? Die quälten mich niemals, auch heute nicht. Ich hatte Spaß an dem, was ich tat, ich habe meinen Job genossen.«

Als die Nazi-Anführer im Todestrakt des Gefängnisses von Nürnberg-Landsberg Monate lang auf ihre Hinrichtung warteten, weil die Urteile in Washington noch überprüft werden mussten, hatte Joseph Malta jeden Morgen durch die Luken der Zellen die Gefangenen auf ihren Gesundheitszustand hin zu kontrollieren.

»Ich sagte: ›Guten Morgen! Ihr wisst, eure Zeit kommt bald!‹ – ›Das Problem ist, dass ihr zu viel Zeit verschwendet‹, sagte Göring. Ich sagte: ›Du hast Glück! Wenn ich hier etwas zu sagen hätte, ich würde dich nicht erhängen. Denn hängen ist eine Ehre.‹ Ich würde morgens hingehen und seinen Arm nehmen und ein kleines Stück aus seinem Handgelenk schneiden und ihn wieder hineinwerfen«, – Malta simuliert den Vorgang an seinem eigenen Handgelenk – »ihn leiden lassen. Zum Nächsten gehen, ihm einen tiefen Schnitt ins Genick verpassen«, – er führt die Finger mit einer heftigen Bewegung an seinem eigenen Nacken entlang – »ihn wieder zurückwerfen in die Todeszelle. Damit sie wissen, was zum Teufel es heißt, zu leiden! Aber wir mussten es eben nach den Regeln machen.«

Mehrmals klopft Malta während der Dreharbeiten solche Sprüche: Ein Stück Haut aus der Hand schneiden, ein Ohr, einen Finger abschneiden – offensichtlich liebt er es, sich mittels schockierender Ansagen groß in Szene zu setzen. Ganz entspannt, im Sitzen, hantiert Joseph Malta mit einem prächtigen Henkersknoten und erläutert anhand eines spielzeugähnlichen Modellgalgens, wie die Exekution der NS-Kriegsverbrecher in einer Nachtschicht auf zwei Schafotten in der Turnhalle des Gefängnisses abgewickelt wurde.

»Wenn jemand viel Gewicht verloren hatte, – man sah es nicht, aber sie hatten viel Gewicht verloren – als wir sie fallen ließen, da brach das Genick nicht. Also springe ich auf ihn drauf, mit der rechten Hand greife ich mir sein linkes Ohr, und dann hört man den Knochen innen ›Bump‹ machen. Ja, das war's für ihn.«

Mit Joseph Maltas Worten konfrontiert, mussten sich die Filmemacher fragen, »welche Entwicklung er genommen hätte, wenn er nicht als amerikanischer Soldat nach Deutschland gekommen wäre, sondern als deutscher Soldat nach Polen«.

Am anderen Ende des Spektrums von Persönlichkeiten in dem Film findet sich jener Offizier, der das Ehepaar Ceausescu erschoss. Ionel Boeru, ein augenscheinlich sympathischer, sensibler Mann, wurde zur Leitung des Exekutionskommandos vom Fleck weg »eingeteilt«. Durch eine Weigerung hätte er möglicherweise das eigene Leben riskiert; er wehrte sich aber auch nicht gegen den Befehl, da die Tötung des Diktatorenpaars die Chance auf Beendigung des Bürgerkriegs zu bieten schien, was sich ja dann auch bewahrheitete.

Boeru ist ein Gegner der Todesstrafe und möchte nie wieder Menschen hinrichten. Anders als bei Joseph Malta ist es in diesem Fall nicht die filmische Begegnung mit seiner Person, die nahe legt, die eigene intuitive Zustimmung zum »Tyrannenmord« infrage zu stellen; vielmehr weckt eine kleine Sequenz mit den Ceauşescus selbst Zweifel daran, ob es Menschen gibt – und seien es die schlimmsten Verbrecher – denen man das Recht auf Leben absprechen darf. Prozess und Hinrichtung am 25. Dezember 1989 wurden bekanntlich gefilmt; in *Henker – der Tod hat ein Gesicht* findet man zentrale Momente dieses Archivmaterials eingearbeitet.

Als Soldaten dem betagten »Conducator« und seiner Frau die Hände auf dem Rücken fesseln, um die beiden zur Erschießung auf den Hof der Kaserne von Târgovişte zu führen, beginnt Elena Ceauşescu mit ihrer dünnen alten Stimme zu zetern. Die Laute erinnern an die eines rattenhaften Tiers, das in Todesangst protestiert und gleichzeitig die Sinnlosigkeit seiner Abwehr begreift; der Tonfall geht durch und durch, man kann sich eines irritierenden Gemisches aus Ekel und Mitleid nicht erwehren.

Moderne »Menschenopfer«

Auch unter europäischen Intellektuellen, die grundsätzlich die Todesstrafe empört zurückweisen, überwog das diskret zustimmende Nicken, als die Sensationsmeldung von Ceausescus Hinrichtung einlangte (der Autorin ging es nicht anders). Und wollte man Adolf Eichmanns Hinrichtung »inhuman« nennen – weil die Todesstrafe prinzipiell inhuman sei –, dann würde man sich womöglich dem Verdacht rechtsextremen Sympathisantentums aussetzen. Warum gestatten sich Todesstrafegegner diese offensichtlichen Lücken in ihrer Werthaltung?

»Die Todesstrafe verletzt die Menschenwürde«: Erlaubt nicht gerade *dieser* ethische Imperativ – im Gegensatz zu den meisten anderen Regeln – eben *keine* Ausnahmen?

Und wenn doch – wenn wir zubilligten, es gäbe Verbrechen, die die Auslöschung des Täters erforderten, weil anders die Würde der erniedrigten Opfer nicht wiederhergestellt werden könnte – wo ziehen wir dann die Grenze? Rufen bereits die Morde eines sadistischen Serienkillers nach der Todesstrafe, oder erst kleinere Massaker, oder nur große Massaker? Bemessen wir die Kriterien nach der Zahl der Geschädigten oder nach dem Brutalitätsgehalt der Taten?

Man sieht: Die Duldung der Todesstrafe in Sonderfällen – bei ihrer grundsätzlichen Verurteilung – erscheint weder ethisch noch logisch haltbar.

Wenn wir dennoch der Inkonsequenz des Bewertens »aus dem Bauch« bei diesem Thema so bereitwillig nachgeben, dann nicht einfach mangels gedanklicher Genauigkeit – sondern weil diese Inkonsequenz vielleicht System hat; stellen wir uns hier gleichsam absichtlich dumm?

Bei genauer Selbstbeobachtung wird man womöglich feststellen: Ein entspannter Moment der Genugtuung, der verräterischen Befriedigung begleitet den Gedanken, dass es um Ceauşescu oder Eichmann ja wohl »nicht schade sei«. Weil wir solche »Superstars im Negativen« nicht realistisch, sondern als Verkörperung des absolut Bösen wahrnehmen, fühlen wir uns legitimiert, unsere eigenen zerstörerischen, sadistischen Anteile in der Fantasie gegen solche Personen zu richten. Hingerichtete Massenmöder gehören mit zu den Symbolfiguren, die (nach psychoanalytischer Auffassung) kollektive Tötungsgelüste kanalisieren. Sie erfüllen die Funktion von Menschenopfern, denen eine ungleich breitere Zustimmung sicher ist als den Opferungen am Altar der öffentlichen Wohlanständigkeit in den US-Staaten mit Todesstrafe.

Der Staatsanwalt, der töten lässt

Auf dem Weg zum Gerichtsgebäude an der Peripherie von Richmond/Virginia verfahre ich mich heil- und hoffnungslos und erreiche das Ziel um fast eine Stunde zu spät, in der Befürchtung, Staatsanwalt Robert Horan habe womöglich längst das Haus verlassen. Er aber erwartet mich hinter dem Schreibtisch seines braun getäfelten Büros ohne einen Schatten von Ungeduld oder Verstimmung, lächelnd, wie man einen Gast empfängt, mit dem man nach Dienstschluss Cognac trinkt und Zigarren raucht.

Hier sitzt kein geifernder Fanatiker für Recht und Gesetz, keine grobschlächtige Bulldogge in Anzug und Krawatte, auch kein scheinheiliger Moralprediger; kurz, keines der im Kopf entworfenen Klischees für einen Staatsanwalt, der Hinrichtungen durchsetzt, passt auf Robert Horan. Im Gespräch selbst empört mich der Mann nicht, er ist mir nur unendlich fremd, war es schon am Telefon aufgrund der stiernackigen Unerschütterlichkeit seines Tonfalls, der engen Amplitude seiner tiefen Stimme. Wie eine Melodie auf einer einzigen Saite schreiten die Sätze voran.

Der etwas rotgesichtige Herr mit den auffallend zugespitzten Fingern ist ein Genießer. Es bereitet ihm Vergnügen, in der Masse der gewöhnlichen Delinquenten die Ausnahmeverbrecher, die Todeskandidaten ins Visier zu nehmen und zu »erledigen«.

Was die Zahl der zum Tode Verurteilten anbelangt, so rangiert Virginia unter den US-Staaten im untersten Drittel; der Prozentsatz der *Vollstreckungen* an den bisher verhängten Todesurteilen ist aber USA-weit der höchste: mit 94 Exekutionen (Stand Herbst 2005) seit der Wiedereinführung der Todesstrafe 1976 liegt Virginia auch in absoluten Zahlen zwar immer noch weit hinter Texas (349), aber vor allen anderen Bundesstaaten. (In Kalifornien gibt es 648 Death-Row-Insassen, aber bis Anfang 2006 nur 13 Vollstreckungen).

Das bedeutet, in Virginia macht die Justiz »Nägel mit Köpfen«, also Todesurteile, auf die tatsächlich in absehbarer Zeit der Tod folgt. Dafür werde die letzte aller Strafen keineswegs inflationär, sondern, wie Horan versichert, mit Bedacht und Sorgfalt nur im Ausnahmefall, nur über *absolut böse* Mörder verhängt.

»In meiner mehr als 35-jährigen Laufbahn, unter hunderten Mordpro-
zessen, ist die Todesstrafe vielleicht ein Dutzend Mal überhaupt ins
Spiel gekommen. In Virginia sind laut Gesetz nur ganz bestimmte
Morde überhaupt Fälle für die Todesstrafe: Mord im Zuge einer Verge-
waltigung oder eines bewaffneten Raubüberfalls, Auftragsmord, Ermordung eines Gefängniswärters durch einen Gefangenen, Mord an einem
Polizisten im Dienst und mehrfacher Mord. Allerdings muss man dann
nicht nur den Mord beweisen, sondern auch, dass der Mord ganz
besonders abscheulich war, ganz einfach jenseits des gewöhnlichen
Mordes, etwa wenn er mit schwerer Misshandlung oder Folter verbunden war. Oder der Angeklagte hat schon gezeigt, dass er auch in
Zukunft gefährlich sein wird. Diese Fälle sind wirklich die schlimmsten
der schlimmsten.

Ein Mann, der seine Ehefrau aus Eifersucht tötet, oder ein Spieler,
der mit einem anderen Spieler in Streit gerät und diesen erschießt –
dafür wird man hier in Virginia nicht hingerichtet.

Wenn man *zwölf* Geschworene dazu bringen will, ›Tod‹ zu sagen,
dann braucht man schon ein wüstes Verbrechen! Ein normaler Mord
wird nicht reichen.«

Woher nimmt Horan die Überzeugung, zwischen »wüsten« Verbrechen und »normalen« Morden eine klare Grenze ziehen zu können?

Der Staatsanwalt holt weit aus, nimmt Beispiele zu Hilfe, um mir
klarzumachen, welche Sorte Mensch es sei, die zu eliminieren die
Justiz das Recht habe.

»Es ist eine ›andere Art von Tier‹. Sie befinden sich jenseits des Gemüts-
zustands eines normalen Mörders ... Viele Mörder sind ja keine brutalen Menschen. Sie töten aus irgendeinem emotionalen Beweggrund,
den sie in einer bestimmten Situation für so wichtig halten – das ist
schlimm genug. Aber die Kapitalverbrecher erreichen ein Niveau der
Grausamkeit, das weit über das Töten an sich hinausgeht, das ganz einfach *anders* ist.

Sie haben, was ich ›fundamentale Bösartigkeit‹ nenne. Die Fähigkeit, anderen Schmerz zuzufügen, physischen oder emotionalen
Schmerz. Es gibt die bösartigen Leute, die das wollen; weil sie eben einfach *gemein* sind.

Meistens ist ein solcher Angeklagter ein chronischer Krimineller mit einem langen Vorstrafenregister. In den frühen neunziger Jahren war ich der Ankläger gegen einen Mann, der eine ganze Serie bewaffneter Raubüberfälle begangen hatte. In einem anderen Bundesstaat versuchte er, einen Taxifahrer zu berauben. Der Fahrer gab ihm 80 oder 90 Dollar, mehr hatte er nicht. Aus Wut schoss ihm der Täter in den Kopf. Die Kugel wanderte im Schädel, verletzte das Gehirn, aber der Taxifahrer überlebte und trat als Zeuge in meinem Prozess gegen diesen Mann auf. Da ging es um einen Ladenbesitzer, den er nur drei Tage nach dem Anschlag auf den Taxifahrer tötete. Der Ladeninhaber konnte den Safe nicht aufmachen, weil es ein Safe mit Timecode war, der sich nur zu bestimmten Stunden öffnen ließ. Der Mann kniete vor ihm und bat um sein Leben, aber der Mörder schoss. Er ist eben ein brutaler Mensch – oder besser gesagt, war, denn er ist schon exekutiert – und sein Leben bestand daraus, andere zu schikanieren.

Wir alle können uns aus der Grundschulzeit an Kinder erinnern, die andere herumstoßen und prügeln, die chronisch gemein zu Mitschülern sind. Manche von ihnen beruhigen sich, bevor sie erwachsen werden, andere nicht. Die sehen wir dann manchmal bei den ›capital murder‹-Prozessen wieder.«

Robert Horan meint Menschen, bei denen »Aggressivität Teil eines umfassenden antisozialen Syndroms« und ein »stabiles Personenmerkmal«[4] ist. Von der modernen Aggressionsforschung wird dieses Phänomen aber differenzierter betrachtet, als unser Staatsanwalt dies versucht. Es gibt nicht *die* Aggressivität notorischer Gewalttäter, sondern verschiedene Formen – und Mischformen – von Aggressionsneigung. Wenn man Noltings Kategorisierung folgen will, so reagieren beispielsweise *emotional* aggressive Menschen völlig überzogen auf Kritik ihrer Umwelt und provozierende Anlässe (oder was sie dafür halten): »Lächerlich kleine Gründe reichen aus, um eventuell vorhandene Resthemmungen außer Kraft zu setzen: Der andere ›hat hier nichts zu suchen‹ oder hat ›blöd geguckt‹.«[5] Dagegen haben *instrumentell* aggressive Personen schon in der Jugend entdeckt, dass sie durch aggressives Verhalten ihre Ziele am bequemsten durchsetzen können. »Auch die Kombination beider Aggressivitäten kommt häufig vor. Ein Mensch kann mithin die Welt als feindlich und voller Provokationen erleben und zugleich aggressive Machtausübung als den besten Weg zum eigenen Erfolg ansehen.«[6]

Erwiesen ist, dass gerade chronische Gewalttäter nicht selten durch Geburtsschäden oder genetische Faktoren zu hoher Aggressivität disponiert sind, und/oder als Kinder »mangelnde Akzeptanz und Wärme, aggressives Modellverhalten« (der Eltern), oder auch »inkonsistente, wechselhafte Erziehung«[7] erlebt haben (die Risikofaktoren für spätere Gewaltkriminalität wurden ja bereits ausführlich dargestellt).

Diese Täter, die zweifellos anderen ohne Erbarmen schwerstes Leid zugefügt haben, waren auch einmal Kleinkinder, die meist selbst zu leiden hatten. Diese Überlegung soll nicht ihre Brutalität kleinreden, holt sie aber auf den Boden des Menschentums zurück, aus dem sie Staatsanwalt Horan exkommunizieren will, indem er sie zu lebensunwerten »Mängelexemplaren« erklärt.

»Wenn ich die Geschworenen bitte, jemanden mit dem Tod zu bestrafen, dann muss ich die Gewissheit haben, dass dieser Fall anders ist als durchschnittliche Mordfälle. Wenn sie tief in ihrem Inneren sehr nette Leute wären, dann wäre es arg, wenn ich dort stünde und die Todesstrafe forderte. Ich muss also überzeugt sein, dass ich sehr viel über sie weiß.«

Dazu ist anzumerken, dass ein Staatsanwalt mit Verbrechern, denen die Hinrichtung droht, kaum je persönlich in Dialog treten kann, weil die Anwälte solchen Angeklagten fast durchwegs davon abraten, in den Zeugenstand zu treten (dies erzählte mir Robert Horan selbst). Das heißt, er hat zwar das gesamte Material des Ermittlungsverfahrens inklusive psychiatrischer Gutachten zur Verfügung, um sich von dem Betreffenden ein Bild zu machen; mit ihm sprechen kann er aber in der Regel nicht.

Dennoch – Horan setzt sich auf seine Art und im Rahmen seiner Möglichkeiten intensiv mit den Todeskandidaten auseinander. Hat er niemals – trotz allem – einen Anflug von Mitleid empfunden, wenn diese seine »Bekannten« ihrem Ende entgegengingen?

»Nein, sie haben mir nie leid getan. Es ist ein *totaler Unterschied* zwischen dem Töten eines Menschen als Ergebnis eines gesetzlichen Prozesses und dem Töten ohne einen solchen Prozess!

Der oberste Gerichtshof der USA sagte vor vielen Jahren: ›Die Todesstrafe ist dann angemessen, wenn sie eine berechtigte moralische Antwort auf die Tat ist.‹ Und ich glaube sehr stark an das amerikanische Rechtssystem. Mein Job ist, zu entscheiden, ob die Fakten eines besonderen Falles zu den gesetzlichen Voraussetzungen passen, und dann meine Überzeugung vor Gericht zu vertreten. Wirklich, ich glaube an unser System.«

Die irrtümliche Hinrichtung Unschuldiger schließt er zumindest für Virginia im Brustton der Überzeugung aus; und selbst mittellose Täter, die sich keinen eigenen Anwalt leisten können, hätten in diesem Bundesstaat keine Benachteiligung im Prozess zu befürchten, da die Justiz sogar überprüfen lasse, ob die Pflichtverteidiger bestmögliche Arbeit geleistet hätten. Anschließend sprechen wir über die Tötungsmethoden – in Virginia wird mittels Giftspritze hingerichtet – und schließlich frage ich, ob Robert Horan jemals der Exekution eines »seiner« Verurteilten beigewohnt habe.

»Nein.«

Warum?

»Ich bin niemals eingeladen worden« – (lacht). »Hätte man mich eingeladen, wäre ich gekommen. Es ist eine andere Regierungsabteilung, die die Zeugen für die Hinrichtung auswählt. In Virginia wurden die Staatsanwälte bisher nie eingeladen – das ist bei uns nicht so vorgesehen. Aber in der Tat wäre ich glücklich, hinzugehen und ›den Todesstoß auszuführen‹, wenn mich jemand darum bitten würde. Ich bin gefühlsmäßig so stark in die Fälle involviert – da hätte ich keinerlei Vorbehalte, es zu tun. Ich war nur eben einfach nie eingeladen. Wenn sie mich einladen, werde ich gehen …«

Genau so hatte ich ihn intuitiv von der ersten Sekunde an eingeschätzt: Als jemanden, der durchaus gern Menschen vom Leben zum Tod befördert, diese Neigung aber nur in einem – seiner Auffassung nach – moralisch hundertprozentig abgesicherten Rahmen umsetzt. Der Preis dafür ist, dass er es nicht eigenhändig tun darf. Doch anders als die eigentlichen Exekutoren, deren Identität absoluter Geheimhaltung unterliegt (nicht einmal der Staatsanwalt kennt ihre Namen), kann Horan die Macht über Leben und Tod auf der Bühne der Öffentlichkeit ausüben.

Ein gewisses Phlegma der Fantasie, das sich in der Geradlinigkeit seiner Stimme verrät, erleichtert ihm den absoluten Glauben an die Rechtmäßigkeit seines Handelns.

Diese Unflexibilität des Gewissens verbindet ihn mit Männern wie Fernand Meyssonnier oder György Pradlik. Nur dass diese beiden Henker, weil sie die Tabu-Handlung so oftmals persönlich ausführten, die Zweifel und Ängste in sich nicht restlos niederzuhalten vermögen: Meyssonnier beispielsweise redet sich ein, die von ihm hingerichteten algerischen Revolutionäre seien in Wirklichkeit keine politischen Gefangenen gewesen, sondern allesamt Kriminelle, die geraubt, vergewaltigt und Kindern die Kehle durchgeschnitten hätten; gleichzeitig wird er die Angst nicht ganz los, einer der Hingerichteten könnte sich später als Opfer eines Justizirrtums erweisen.

Der Staatsanwalt hingegen, der von der Erfahrung des Hinrichtens selbst unberührt blieb, ahnt offenbar nicht einmal, wie sich solche Skrupel anfühlen. In den Jahren nach unserem Gespräch war Horan unter anderem öffentlicher Ankläger gegen John Malvo, den jüngeren der beiden »Sniper von Washington«. Horan schaffte es aber in diesem Fall nicht, von den Geschworenen die Verhängung der Todesstrafe zu erreichen, wohl, weil Malvo zur Tatzeit erst 17 war.

In Horans Bundesstaat Virginia wurde Ende 2005 ein DNA-Test angeordnet, der zum postumen Freispruch eines 1992 hingerichteten Mannes führen könnte. Ob also die Justiz in Virginia tatsächlich so unfehlbar urteilt, wie unser Staatsanwalt mein, wird sich zeigen.

Kann ein Mensch durch eigenes Morden »sein Leben verwirken«, es gleichsam verspielen, sodass dieses Recht verfällt wie ein Wertpapier? In der Erklärung der Menschenrechte, die auch in den USA als eine der Grundlagen des westlichen Ethik-Kanons fungiert, ist eine solche Ausnahmebestimmung vom »Recht auf Leben« nicht vorgesehen.

Der Wiener Rechtsphilosoph Gerhard Luf setzt bei seiner Kritik der Todesstrafe den exegetischen Schraubenschlüssel am Wort selbst an, indem er fragt, ob hier nicht »Strafe« mit »Vergeltung« verwechselt wird. Er meint:

»Es gibt einen berühmten Hegel-Ausspruch, der lautet: ›In der Strafe ehrt man den Verbrecher als vernünftiges Wesen‹. Diesen Spruch finde ich sehr gut, weil er voraussetzt, dass man auch den schlimmsten Verbrecher als Menschen insoweit ansprechen sollte, als man ihn als verantwortliches Wesen anerkennt. Und wenn ich jemanden als verantwortliches Wesen anerkenne und in der Strafe ihn auffordere, sich zu sich selbst zu verhalten, dann ist jede Form von Strafe, die ihm sozusagen diese Chance nicht bietet, ein Widerspruch in sich selbst.

Durch die Todesstrafe degradiert man den Verbrecher zum Nicht-mehr-Menschen. Man kann sich schwerst versündigen, man kann furchtbar sein, aber auch der furchtbarste Mensch ist zunächst einmal als Mensch zu sehen und nicht zum Ding zu machen.«

Texecution – Zusehen, wenn das Gift kommt

Brian Roberts ist ein angesehener afroamerikanischer Strafverteidiger mit Sitz in Washington, D.C., und ein bekannter Aktivist gegen die Todesstrafe, der in Organisationen wie der *National Coalition to Abolish the Death Penalty*[8] Schlüsselfunktionen ehrenamtlich ausübt. Als Jurastudent wurde er zum Vorsitzenden der *National Black Law Students Association* gewählt, als Anwalt hat er sich vor allem auf die Vertretung von Todeskandidaten in ihren Berufungsverfahren spezialisiert.

Vor wenigen Jahren musste Brian Roberts erleben, dass seine ethischen Grundsätze auf eine harte Probe gestellt wurden. Sein achtzehnjähriger Ziehsohn Mark kam am 1. Weihnachtsfeiertag 2001 von einer Weihnachtsparty nicht nach Hause. Tags darauf fuhr Roberts auf die Polizeistation, um den erschossenen Jungen zu identifizieren.

»Ein paar Tage vor seinem Tod hatten wir über die Ziele in seinem Leben gesprochen. Ein Ziel, das er auf ein Blatt Papier schrieb, war, sich von üblen Menschen fern zu halten. Ein paar Tage nach dem Mord erinnerte ich mich an den Zettel und las ihn nochmals. Da wünschte ich, er hätte wenigstens dieses spezielle Ziel befolgt und wäre nicht mit dem jungen Mann unterwegs gewesen, den die Polizei und ich für den Täter halten.

Der Mord an Mark zwang mich tatsächlich, meine Einstellung zur Todesstrafe infrage zu stellen. Da ist diese schreckliche Wut und Frustration, nachdem so etwas passiert ist.

Aber trotzdem kam es nie so weit, dass ich erklärt hätte, wir müssten den Menschen hinrichten, der meinen Sohn auf dem Gewissen hat.«

Denn Brian Roberts kennt die Realität der Todesstrafe aus eigener Anschauung. Auf Wunsch eines seiner Klienten wohnte er als Zeuge dessen Hinrichtung bei. Es handelte sich um einen Texaner ebenfalls afroamerikanischer Herkunft, der zwei Raubmorde begangen hatte.

Den Mörder – er hieß Brian Roberson – und seinen letzten Anwalt verband mehr als nur die Hautfarbe und die verblüffende Namensähnlichkeit.

»Als wir uns zum ersten Mal begegneten, stellte ich mich vor mit ›Brian Roberts‹, aber er sagte: ›Nein, RoberSON!‹ Darüber haben wir dann noch jahrelang gelacht. Wir waren sehr vertraut miteinander geworden. Ich schickte ihm Bücher, und wir unterhielten uns über politische Fragen, betreffend die Afrikaner in den USA und in der übrigen Welt.

Er war drogenabhängig gewesen, und das hatte ihn zu so schlimmen Entscheidungen getrieben. Aber im Gefängnis hatte er einiges in den Griff bekommen. Man muss wissen, in seiner Jugend war sein Vater ermordet worden.«

Schwer zu ertragen, wie Brian Roberts die Nacht der Hinrichtung schildert. Durch den Schmerz in seiner Stimme erwacht die Situation voll und ganz zum Leben; den Gefühlen des Erzählers lauschend wird man zum Zeugen und sieht das Geschehen wie durch Roberts' Augen vor sich abrollen.

»In Texas finden die Hinrichtungen um sechs Uhr früh statt. Von drei Uhr bis drei Uhr dreißig kann man entweder mit einem Priester oder mit seinem Anwalt sprechen. Brian entschied sich für mich. Ich sah ihn also zwischen drei Uhr und drei Uhr dreißig. Zum ersten Mal sah ich ihn zusammenbrechen und weinen. Er war bis dahin in der Woche vor der Hinrichtung unglaublich stark gewesen.

Und dann um sechs Uhr ist man in einem Raum, der ungefähr die Größe eines sehr großen Kleiderschrankes hat. Es gibt zwei Seiten. Auf der einen Seite sitzen der Staatsanwalt, ein paar Journalisten und die Angehörigen des Opfers. Auf der anderen Seite befinden sich die Verwandten des Verurteilten, ein paar Gefängnisbeamte und weitere Journalisten. Die Familie des Verurteilten hat nicht einmal einen privaten Moment, weil alle in dem winzigen Raum zusammengepfercht sind. Leider kann ich die genauen Maße nicht sagen, auf jeden Fall ist es ein sehr kleiner Raum.

Dann ziehen sie den Vorhang auf, und man sieht ihn angegurtet auf der Bahre liegen. Sie haben ihm schon vorher die Nadeln für das Gift in die Venen gestochen. Sie fordern ihn auf, letzte Worte zu sprechen. Brian sagte, wie sehr er mich und seine Familie geliebt hatte. Es waren auch einige Brieffreunde anwesend, einer aus England und einer aus der Schweiz. Dann kommt das Gift – und am Zittern seines Körpers und dem Zucken konnte ich sehen … nun, die Justiz behauptet, die Exekution wäre schmerzlos, aber ich habe den Schmerz und die Qual auf seinem Gesicht gesehen, und ich glaube nicht einen Augenblick, dass das schmerzlos war.«

Zahlreiche Gespräche mit Angehörigen und Freunden Hingerichteter wie auch mit »neutralen« Zeugen dokumentieren, dass die Anwesenheit bei einer Exekution eine massive Traumatisierung bewirken kann, die nicht selten eine posttraumatische Belastungsstörung nach sich zieht.

Mehrfach wurden schon Angehörige von Mordopfern, die der Tötung des Mörders beiwohnten, um ihr verständliches Rachebedürfnis zu stillen, zu ihren Erfahrungen befragt.

Fast alle gaben später zu, dass ihnen dieses Erlebnis höchstens kurzfristig, nicht aber auf lange Sicht die erhoffte Genugtuung geschenkt habe. Denn durch ihre bejahende, moralisch unterstützende Rolle als Augenzeugen auf Seiten der Henker machten sie sich zu Komplizen der Tötung eines Menschen.

Für nicht weniger wichtig hält der Psychiater Patrick Frottier folgenden Effekt:»Im Nachhinein wird solchen Angehörigen bewusst, dass sie sich ein Stück weit mit dem Täter identifizieren mussten, weil sie ihn plötzlich als Opfer wahrgenommen haben.« Denn ein Wehrloser auf einer Bahre, dessen Miene Todesangst ausdrückt, vermag sogar bei jenen Menschen, denen er Furchtbares angetan hat, Mitleid zu wecken. Unvorbereitet in einen derartigen Gewissenskonflikt zu stürzen, kann eine psychische Krise auslösen.

Weit schlimmer werden aber die Hinterbliebenen des Täters im wahrsten Sinn des Wortes in Mitleidenschaft gezogen; Karen Schneider, die Medienchefin von Amnesty International USA, die wie erwähnt ihren Vater durch Mord verloren hat, sieht diesen Umstand in der Todesstrafe-Debatte viel zu wenig berücksichtigt. »Wenn der Staat einen Verbrecher hinrichtet, dann begeht er eine Brutalität gegenüber seiner Familie, die doch nichts Böses getan hat. So schafft man noch mehr Opfer wie mich, die für den Rest ihres Lebens leiden werden. Der Staat ist schuld an der Tragödie dieser Menschen.«

Einschüsse

Vom Töten im Krieg

Die Todesschützen unter uns

Oft, sehr oft, begegnen uns Soldaten, ohne dass wir sie als solche erkennen (und Soldaten gibt es vielleicht auch unter den Lesern dieses Buches). Die meisten männlichen Europäer der Generation über achtzig nahmen am Zweiten Weltkrieg teil; viele der Zuwanderer aus Ex-Jugoslawischen Ländern leben mit beinahe frischen Kriegserinnerungen; auch unter ausländischen Mitbürgern aus anderen Krisengebieten, speziell unter Flüchtlingen, findet sich ein signifikanter Prozentsatz an Veteranen.

Alles Männer, die andere Männer (bisweilen – wie durch Bomben – auch Frauen und Kinder) tödlich trafen. Ihre Gesichter stechen nicht von der Masse ab; und selbst wenn sie ihre Identität als Ex-Kämpfer offenbaren, müssen sie in der Regel keine Stigmatisierung befürchten.

Töten im Krieg – jenes Töten, das die mit Abstand meisten Opfer fordert – sanktionieren wir also *nicht* durch sozialen Ausschluss der Tötenden. Nur eine winzige Minderheit aller, die Tötungsakte vollziehen, bestrafen wir in Gefängnissen. Mörder sind die isoliertesten aller Außenseiter, Frontsoldaten begegnen uns täglich als Großväter, Nachbarn, Bekannte, Mit-Passanten. Viele von uns verkehren mit Leuten, die »es« ausprobiert haben.

Weil aber zumindest in Europa derzeit das Militär im öffentlichen Leben wenig in Erscheinung tritt, nehmen wir diese latente Präsenz von Tötungserfahrung kaum wahr. Das mutmaßliche »Wesen« feuernder Soldaten wird, kaum anders als das der Mörder, an einigen wenigen Klischees festgemacht. Hier der gutmütige Opa, der gern von seinen Fronterlebnissen schwadroniert, dort die Vorstellung des völlig überforderten, kopflos auf Zivilisten schießenden GI im Irak oder des zähen, vor nichts zurückschreckenden Kämpfers irgendeiner »Dritte Welt«-Armee. Zwischen den beiden Extremen der Beurteilung – »Soldaten sind Opfer machtgieriger politischer Führer« oder aber »Soldaten sind Mörder« – wird das Töten im

Krieg oft auf ein paar Stereotypen reduziert, obwohl keine andere Gewalthandlung auf so komplexen psychologischen Voraussetzungen beruht, und so viele unterschiedliche Menschen involviert.

Frontkämpfer ist nicht gleich Frontkämpfer

Ein Soldat an der Front, und noch der überzeugteste Berufssoldat, folgt nur zu einem geringen Teil seinen eigenen Antrieben. Vielmehr ist er an ein verwickeltes, riesiges Netzwerk von Kräften angeschlossen: Wer im Krieg tötet, repräsentiert die politische Willensbildung von Millionen, *und* er funktioniert als Partikel der hierarchisch streng organisierten Gruppe Armee, deren Gruppendynamik ein ganz neues Verhalten bei ihm auslöst.

Wenn wir nun fragen: Warum sind im Krieg Menschen in der Lage, einander das Leben zu nehmen, die sich im zivilen Leben niemals zu Derartigem entschließen würden? Und wie ergeht es ihnen psychisch dabei? – dann werden die Antworten alles andere als eindeutig ausfallen. Die Rolle des tötenden Soldaten steckt voll ungeahnter Widersprüche und Paradoxien und kann je nach Charakter – und je nach Krieg! – denkbar unterschiedlich gespielt werden. Insbesondere in einer Armee aus Wehrpflichtigen findet sich ein repräsentativer Querschnitt der (männlichen) Bevölkerung, also die maximale Bandbreite unterschiedlich reagierender Persönlichkeiten.

Hinzu kommt, dass Jahrtausende an kultureller Mythenbildung, kollektiven Sprachregelungen, machtpolitischer Propaganda (und ihrer subversiven Gegensprache) an dem Thema Krieg und Krieger haften.

Fünf der Faktoren, die massenhaftes Töten in modernen militärischen Konfrontationen überhaupt ermöglichen, werden zur Erklärung dieses Phänomens am häufigsten herangezogen.

Erstens: Der Befehlsdruck, und die Tatsache, dass staatliche und militärische Autoritäten die Verantwortung für die Tötungshandlungen übernehmen – daher auch der Terminus »autorisiertes Töten«.

Zweitens der Umstand, dass, sobald zwei Heere aufeinander treffen, tatsächlich und objektiv für die Soldaten beider Seiten die Notwendigkeit zur Verteidigung des eigenen Lebens eintritt.

Drittens: Die immer raffiniertere Waffentechnologie, die ein »anonymisiertes Töten« unsichtbar bleibender Opfer aus hoher physischer und psychologischer Distanz ermöglicht.

Viertens die massive seelische Beeinflussung (um nicht zu sagen Manipulation) zukünftiger Kämpfer in der Trainingsphase, nebst Konditionierung zum bloß reflex-gesteuerten Abfeuern der Waffe.

Und fünftens: Die intensive Gruppenbindung, die unter Kampfsoldaten unweigerlich entsteht und der »Diffusion« individueller Verantwortung förderlich ist.

Diese (und noch andere) Kräfte vermögen friedliche Zivilisten zu Tötungshandlungen zu bewegen – aber sie machen aus ihnen nicht automatisch völlig ent-individualisierte, folgsame Killermaschinen, die allesamt ohne Vorbehalte und Gewissensbisse töten und danach problemlos in den zivilen Alltag zurückkehren können! Das »Umschalten« vom Zivilisten zum Soldaten, dieser massive Verhaltenswandel eines Menschen, verläuft nur in Ausnahmefällen derart friktionsfrei.

Ein Wehrpflichtiger im Jugoslawienkrieg

Dragan – seinen Nachnamen nennt er lieber nicht – sitzt mir in der kleinen Küche einer Wiener Altbauwohnung gegenüber, und ungeachtet des kühlen Wetters tritt ihm während des Erzählens Schweiß auf die Stirn. Nur, weil ihn eine gemeinsame Bekannte darum bat, war der große, stattliche, gutmütige Vater einer eben geborenen Tochter bereit, sich dem Stress dieses Gesprächs auszusetzen.

»Ich war nicht bei den Paramilitärs, sondern bin 1992 ganz normal in die Jugoslawische Bundesarmee eingerückt, um meinen Wehrdienst zu absolvieren; dann brach aber der Krieg aus, und ich wurde gleich ganz vorn an die Front geschickt. Ich war sehr geschockt, weil ich damals achtzehn Jahre alt war, und ich habe in einem ganz normalen Land gelebt, und auf einmal hat es geheißen: Das sind Feinde, und das muss jetzt sein, dass einer auf den anderen schießt. Früher hatte ich so etwas im Film gesehen und in Büchern gelesen, aber ich hatte nicht geglaubt, dass ich es einmal selbst spüren werde.

Nicht nur ich, wir alle waren geschockt. Aber dadurch, dass in Jugoslawien die Leute dazu erzogen waren, sich immer dem zu fügen, was angeordnet wird, haben wir uns darauf eingestellt, dass das sein muss, und haben durchgeführt, was uns befohlen wurde.«

Diese – in Diktaturen übliche – langjährig antrainierte Gehorsamsbereitschaft der Bürger war eine der Voraussetzungen, die es Milosevic, Tudjman und Co. erlaubten, binnen kurzem »mangels Tatsachen einen Krieg zu beginnen«[1]. Ohne massive Propaganda-Offensiven hätten es die Anführer aller Seiten dennoch kaum geschafft, ihre Völker zu einem derart eskalierenden Mit- und Ineinander von Invasionen, Vertreibungen und Massakern zu mobilisieren.

Die Langzeitwirkung der Propaganda

»Es wurde damals so gesehen, dass Jugoslawien noch ganz ist und man das Zerteilen des Landes nicht zulassen darf. Deshalb waren alle der Ansicht, man muss wirklich dafür kämpfen, dass das erhalten bleibt. Weil uns gesagt wurde, der Wunsch ist da, dass man das Ganze mit Verhandlungen löst, wollte ich nicht davonlaufen, sondern meine Aufgabe erfüllen, wie man das von mir erwartet hat. Wir Jugendlichen dachten damals noch, wir könnten das Ganze abdämpfen, wie man ein Feuer löscht, und dann wäre Ruhe.«

Dragan gebärdet sich keineswegs fanatisch und hängt nicht der Großserbien-Ideologie an, schreibt aber bis heute die alleinige Schuld am Beginn des Balkankonflikts der kroatischen Seite zu. Dass nicht nur die Unabhängigkeitserklärung im Zeichen des aggressiven Tudjman-Nationalismus, sondern auch die nachfolgende Reaktion der Milošević-Regimes ihren Teil zum Übel beigetragen haben könnte, will er nicht sehen.

»Zumindest meine Einheit hat nie zuerst geschossen. Wir haben uns nur verteidigt. Nur, weil wir angegriffen worden sind, haben wir zurückgefeuert.

Als aber die ersten Kugeln von der kroatischen Linie aus genau in meine Richtung geflogen sind, habe ich zum ersten Mal so etwas wie Hass empfunden.«

Dieser simple Satz offenbart eine wichtige emotionale Komponente des Kriegs, die von Außenstehenden selten in Rechnung gezogen wird, wenngleich sie auf der Hand liegt: Eine unmissverständlich auf die eigene Person zielende Attacke durch einen gegnerischen Soldaten kann – im Unterschied etwa zum »unspezifischen« Tötungsversuch durch eine Bombe – als persönliche Gemeinheit ausgelegt werden.

Das Trauma, Feind zu sein

Vom »Wind des Hasses« berührt zu werden löst bei Veteranen tendenziell häufiger traumatische Symptome aus als selbst die Todesangst – zu diesem Schluss kommt der US-Militärpsychologe Dave Grossmann aufgrund jahrelanger Forschungen. »Wir wünschen uns doch alle sehnlichst, gemocht und geliebt werden. Absichtliche, unverhohlene *menschliche* Feindschaft und Aggression stellt – mehr als irgendetwas anderes im Leben – einen Angriff auf unser Selbstbild, unser Gefühl für die Welt als Sinn-erfüllter und verständlicher

Ort, und letztlich unsere geistige und physische Gesundheit dar. Dem Soldaten im Kampf geht es nicht anders.«[2]

Im zivilen Leben scheuen die meisten Menschen vor der offenen Konfrontation mit einem Aggressor – zum Beispiel jemandem, der sie mobbt – zurück; direkt Kontra zu geben, kostet große Überwindung. Lieber weint man sich bei Dritten aus, um der Kränkung, der Ich-Schwächung, Herr zu werden. Dieses Verhalten ist nicht unbedingt ein Zeichen von Feigheit; zum Teil entspringt es der Angst vor dem Vernichtungspotenzial der eigenen Wut, würde man sie herauslassen. Das Ausweichen erfüllt in solchen Fällen eine wesentliche Schutzfunktion: Sucht man den Zusammenprall mit dem Quäler und Verfolger, so könnte man im äußersten Fall sogar zum Mörder werden, wie wir in einigen Fällen beschrieben haben.

An einer Kriegsfront jedoch führt das attackierte Individuum eine tödliche Waffe stets legitim mit sich und hat nicht nur das Recht, sondern sogar die Pflicht, zurückzuschießen. Doch die beschriebene intuitive Hemmschwelle, die uns zögern lässt, äußerste Gewalt mit Gleichem zu beantworten, diese Hemmung löst sich auch in der Gefechtsstellung nicht in Luft auf.

Viele Soldaten können nicht töten

Ein anderer, weit älterer Veteran des Jugoslawienkriegs, ehemals Professor an einer Militärakademie, berichtete mir aus eigener Anschauung:

»Nicht alle Soldaten können töten. Aber manche haben es in sich, töten zu können. In der jugoslawischen Bundesarmee gab es etliche verurteilte Mörder, die aus dem Gefängnis entlassen wurden. Sie hatten die Wahl, in Haft zu bleiben oder an den vordersten Linien zu kämpfen. Von überall her wurden diese Leute gebracht. Aber in der zweiten Linie gab es schon Leute, die nicht töten konnten.«

Im Zweiten Weltkrieg sollen maximal 25 Prozent der Frontsoldaten die Waffen tatsächlich auf ihre Gegner abgefeuert haben! Nur, wenn ihre Befehlshaber sie aus unmittelbarer Nähe überwachten und verbal »peitschten« wie der Kutscher das Pferd, stieg die Feuerrate massiv an.

Diese häufig zitierten Zahlen ermittelte der General und offizielle Armeehistoriker S. L. A. Marshall mit Unterstützung eines Mitarbeiterteams gegen Ende des Zweiten Weltkriegs, und zwar durch Auswertung von Interviews mit Aberhunderten amerikanischer Infanteristen an Kriegsschauplätzen in Europa und dem Pazifik, jeweils unmittelbar nach Gefechten.

Zwar dürften Marshalls Angaben nicht ganz korrekt sein, was die Größe der statistischen Probe anbelangt – die von ihm genannten vierhundert befragten Kompanien wären in der zu Gebote stehenden Zeit wohl rein logistisch nicht zu bewältigen gewesen –, aber grundsätzlich gelten die Ergebnisse seiner Recherche unter Militärexperten bis heute als plausibel. Bei der damaligen US-Armeeführung löste ihre Veröffentlichung 1947 ein mittleres Erdbeben aus, das zu einer Radikal-Reform des Trainingsprogramms führte. Infolge des effizienteren »Drills zum Töten« ließ sich im Koreakrieg bereits eine Feuerrate von 55 Prozent erzielen, die dann im Vietnamkrieg auf 90 bis 95 Prozent stieg! Welche Ausbildungsmethoden hinter solchen »Erfolgen« stehen, soll weiter unten skizziert werden.

Rachebedürfnis, wenn Kameraden fallen

Dragan erzählt sachlich, aber die Stimme kratzt.

»Ich bin ein sensibler Mensch – aber im Gefecht hat man absolut keine Zeit zu überlegen, was passieren kann und wie das alles zustande kommt. Aber später, wenn man Zeit hat, nachzudenken, ist das alles sehr schlimm – vor allem, wenn man einen Kameraden wegräumt, der getroffen worden ist und der dir regelrecht unter den Händen wegstirbt. In *dem* Augenblick empfindet man Rachegefühle. Wenn die Köpfe wieder abkühlen, denkt man anders darüber, aber im Moment selbst ist man auf Rache eingestellt.«

Sobald ein Frontsoldat erst den Tod von Männern seiner Einheit mitansieht, kommt das Rachemotiv als Kampf-Motor ins Spiel. Und nirgends sonst rufen die Opfer so sehr nach Rache wie in einem bürgerkriegsartigen Konflikt: Es wird als besonders infam empfunden, dass es Inländer sind, Nachbarn im weiteren Sinn, die nun ihren Landsleuten nach dem Leben trachten.

Und, schlimmer noch: Wie die meisten »Kriege unter Verwandten« erneuerte der Jugoslawienkrieg eine Jahrhunderte alte »Familienfehde«.

»Alte Rechnungen« im Jugoslawienkrieg

Ein weiterer von mir befragter Kriegsteilnehmer, der 1995 aus der serbischen Region Krajina in Kroatien vertrieben wurde, lenkt das Augenmerk auf jene historischen Traumata, die am besten erklären, wieso Frieden und relativer Wohlstand in Ex-Jugoslawien scheinbar unvermittelt in das »große Schlachten« umschlagen konnten.

»Die Angst war offensichtlich, diese Angst, gefangen genommen und gefoltert zu werden, denn während des Zweiten Weltkriegs gab es in meiner Gegend sehr viele Massaker. Mein Onkel väterlicherseits wurde verhaftet, und man schlitzte ihm die Kehle auf. Ein großer Teil der Dorfbevölkerung wurde im KZ Jasenovac ermordet.

Man kann sagen, es war nur eine Unterbrechung von fünfzig Jahren – der letzte Krieg war nur die Fortsetzung der Zweiten Weltkriegs. Es ging um Rache.«

Gleich nach der Eroberung eines zuvor von kroatischen Truppen besetzten Gebietes finden Dragan und seine Kameraden in einem Haus blutige Folterwerkzeuge und ausgerissene Fingernägel (dass auch in Kroatien während des Kriegs und vereinzelt noch danach gefoltert wurde, ist von vielen Seiten bezeugt). Aber selbst diese furchtbare Entdeckung verhilft Dragan nicht dazu, die Soldaten der Gegenseite blockhaft als »Unmenschen« klassifizieren zu können, die man ohne Gewissensbisse töten dürfe.

Als Mitglied einer Spezial-Interventionstruppe bedient er die meiste Zeit Panzergeschütze, feuert also auf Gegner, die sich außer Sichtweite befinden.

»Man möchte in diesem Moment nicht wissen, was auf der anderen Seite ist. Aber später fängt man an, schlaflose Nächte und Albträume zu haben, weil das Unterbewusstsein arbeitet. Und man grübelt: Wie viele Leute haben ich denn auf meinem Gewissen? Und *wen* habe ich getötet?

Man denkt an die Leute und fantasiert über das Ganze und fühlt sich sehr mies. Ich habe dann psychologische Betreuung gebraucht. Es ist ganz normal, dass man Schuldgefühle hat.«

Vom Töten auf Distanz

Dragans Reaktion beweist, dass selbst das Töten aus sehr großer Distanz nicht jeden Soldaten kalt lässt, ungeachtet dessen, dass er die Folgen seiner Treffer nicht zu Gesicht bekommt.

Trotzdem kann die Bedeutung der Fernwaffen für das Töten in den Kriegen des 20. und 21. Jahrhunderts gar nicht hoch genug eingeschätzt werden.

Die meisten Analysen zum modernen Massenkrieg berufen sich primär auf historische und soziologische Gründe, um zu erklären, warum im 20. Jahrhundert zwei Mal in so kurzem Abstand so viele Völker der Welt übereinander herfielen und einander millionenfach umbrachten. Das Wort vom »Rückfall in die Barbarei« unterstellt, dass eine moralische Krise, eine Brutalisierung der Menschen des technologischen Zeitalters, die Hauptursache dafür gewesen sei. Demgegenüber wird die Rolle der *Waffen* bei dieser »Multiplikation des Tötens« oft vernachlässigt. Wohl kaum bestanden die Heere der Moderne aus mordlüsterneren Soldaten als jene der Vormoderne – das Töten wurde ihnen nur unendlich viel leichter gemacht. Hätten sie mit bloßen Händen oder mit Lanzen und Schwertern zu Werk gehen müssen, dann hätten die beiden Weltkriege nur einen Bruchteil der tatsächlichen Opfer gefordert; sowohl aus rein praktischen Gründen – weil diese Methoden nicht so viele Tote in so kurzer Zeit produzieren – als auch wegen der vielfach höheren Hemmschwelle gegenüber einem haptisch direkten Angriff auf einen Menschenkörper.

Aufgrund der Distanz kann sich beispielsweise der Pilot eines Bombenflugzeugs seine Opfer nicht richtig vorstellen, er nimmt sie als *weniger real* wahr. Rational weiß er, was seine Waffe anrichtet, aber die dazugehörigen *Emotionen* werden im Gehirn nicht ausgelöst, weil er das Blut und die Fleischfetzen, die verstümmelten Leichen und die brüllenden Verwundeten nicht sinnlich wahrnimmt.

J. Douglas Harvey, einer ehemaliger Pilot der U.S.Army, erklärte 1960 bei einem Besuch im wiederaufgebauten Berlin, das er zu

Kriegsende selbst bombardiert hatte: »Ich konnte mir das schreckliche Sterben, das meine Bomben verursachten, nicht vorstellen. Ich fühlte keine Schuld. Ich hatte nicht das Gefühl, es getan zu haben.«[3]

Und doch funktioniert eben bei *manchen* Bedienern des Fernwaffen-Arsenals, wie bei Dragan, diese »Denaturierung« des Tötens durch die Distanz nur unvollkommen. Auch Joanna Bourkes Quellen ergaben, dass – je nach Temperament – ein Teil der Artilleristen und Piloten die Wahrnehmungslücke zu füllen versuchte. »Die Technologie schaffte es nicht, die Toten völlig gesichtslos zu machen. Kombattanten benutzen ihre Fantasie, um die Wirkung ihrer Waffen auf andere Menschen zu ›sehen‹. Den Feind zu personalisieren, konnte von zentraler Bedeutung für das emotionale Wohlbefinden der Kämpfer sein, und einen Puffer gegen abstumpfende Brutalität bilden.«[4]

Die Last der Schuld

Wie die Interview-Reihen und klinischen Erfahrungen Dave Grossmanns oder des israelischen Militärpsychologen Ben Shalit nahe legen, scheint erstaunlicherweise nicht die Angst um das eigene Leben der Kampfstress-Faktor Nummer Eins zu sein, sondern – primär im Nahkampf – der Zwang, zu töten. Dies gilt weitaus nicht für *alle* Soldaten; aber zumindest die Skrupulöseren unter ihnen zahlen für das Durchbrechen der Tötungshemmung einen hohen Preis.

Männer wie Dragan können ihr Über-Ich für die Zeit des Kriegs bei den Befehlshabern höchstens zwischenlagern; spätestens in den Jahren danach erweist sich aber, dass die Schuld-Absolution durch Fremdverantwortung nicht jeden vor seinem Gewissen schützt.

»Die meisten Kombattanten klammerten sich an die rationale Erklärung, dass sie ja ›nur Befehlen gehorchten‹. Aber die Bedeutung dieser Rationalisierung sollte nicht überbewertet werden«, so Joanna Bourkes Einschätzung. »Zu einem großen Teil waren die Männer, die in den Konflikten des 20. Jahrhunderts kämpften, zuerst Zivilisten, und nur durch historisches Pech wurden sie zu Militärs. Diese Menschen bemühten sich leidenschaftlich um elaborierte Rechtfertigungs-Argumente für ihr Töten, und die meisten von ihnen waren eifrig bestrebt, moralische Verantwortung für ihre blutigen Taten zu übernehmen.«[5]

Insbesondere die Literatur zum Vietnamkrieg ist reich an Erzählungen von Veteranen, die über ihre Tötungserfahrungen für den Rest ihres Lebens nicht hinwegkamen. Steve Banko schildert in seinem Buch *Memories of War Dreams of Peace: Echoes of the Vietnam War* seinen ersten tödlichen Treffer. »Ich dachte: ›Das ist eine beschissene Art zu sterben‹, als ich leise den Auslöser drückte. Die Explosion der Ladung donnerte wie eine Kanone in meinem Ohr. (...) Ich sprang über die Klippe und lief, um den sterbenden Mann zu erreichen, unsicher, ob ich ihm helfen oder ihn erledigen sollte. Etwas zwang mich, sehen zu wollen, wie er aussah und wie er starb. Ich kniete neben ihm, als sein Leben in die staubige Erde sickerte. (...) Der stetige Blutstrom aus seine Wunde erzeugte einen sich weitenden Kreis von Dunkelheit unter ihm, und ich fühlte, dass mich meine Unschuld verließ, so wie ihn sein Leben verließ.«[6]

Paradoxerweise können es aber *gerade* die Schuldgefühle der Tötenden sein, die den Krieg mit am Laufen halten. Durch Reue versichern sich Kriegsdienstleistende der Intaktheit ihres Gewissens; Reue erlaubt es, die eigenen Kriegshandlungen in das persönliche Moralsystem zu integrieren.

Dragan weiß, dass es »normal ist, Gewissensbisse zu haben«, zugleich liegt ihm daran, seinen Kampfeinsatz als unvermeidlich und gerechtfertigt oder wenigstens als situationsbedingt verständlich zu werten: »Wir haben uns nur verteidigt«, und: »Es wurde damals so gesehen, dass man das Zerteilen des Landes nicht zulassen darf.«

Andererseits gibt Dragan an, auf alle Politiker jener Jahre, auch auf Milošević, »inzwischen einen Hass« zu haben. Damit stellt er indirekt in Frage, ob der Krieg wirklich hätte so laufen müssen. Die Schuld an etwaigen Fehlern auf politischer Ebene weist er aber ausschließlich den Autoritäten zu.

Fazit: Dragan übernimmt Verantwortung für die Taten selbst, nicht aber für deren Motive. Er fühlt sich schuldig – weil seine Hand Leid verursacht hat – *obwohl* er »nichts dafür kann«.

Genau diese Haltung erlaubt es Frontsoldaten, sich als integer bleibende Menschen zu definieren. Nicht zuletzt kraft dieses Bewusstseins bringen sie es fertig, weiter zu töten, statt die Waffen wegzulegen.

Eine Hinrichtung im Zweiten Weltkrieg

Konrad Schulmeister* war einer von Millionen durchschnittlichen Weltkriegsteilnehmern – durchschnittlich nicht an Intelligenz, Bildung und Sensibilität, sondern hinsichtlich seiner Haltung zum Fronteinsatz. Der Sohn einer großbürgerlichen Familie hatte sich nicht freiwillig rekrutieren lassen, ging nicht mit der nationalsozialistischen Ideologie konform, fügte sich aber, einmal einberufen, ohne große Widerstände in die Situation. Schulmeister geriet nicht in ein Bataillon, das an Massakern beteiligt war, und tötete keinen einzigen Soldaten der Gegnerseite aus unmittelbarer Nähe. Vermutlich hätte er seine Kriegserfahrungen verarbeitet wie viele andere auch – schlecht und recht, dabei nicht ohne Stolz auf seine militärische Bewährung – hätte es nicht das *eine* Ereignis gegeben, das seither in seine Existenz ragt wie ein Monument, das einen nie verschwindenden Schatten wirft.

Zu Kriegsbeginn 1939 ist der Österreicher Konrad Schulmeister sechzehneinhalb Jahre alt und besucht das Gymnasium.

»Die ganze Klasse wollte sich damals freiwillig melden. Wir sind zu einem Major gekommen, der im Ersten Weltkrieg gedient hatte – ein Deutscher –, der hat gesagt: ›Ihr kommt schon noch rechtzeitig dran, geht nach Hause, macht eure Matura.‹ Also, das war ein kluger und menschlich hochstehender Mann.«

Den letzten Satz spricht er voll Rührung und Ehrerbietung.

Versetzung in den Schützengraben

Im Oktober 1941, zu Beginn seines Universitätsstudiums, wird er schließlich eingezogen, zum Funker und zum Offiziersanwärter ausgebildet. Als der Gefreite Schulmeister jedoch an der russischen Front antritt, herrscht bei den »Intelligenzkompanien« der Funker ein Überfluss an Offiziersanwärtern; bei der Infanterie hingegen benötigt man »Nachschub«, um Gefallene zu ersetzen.

»Ein entscheidender Punkt für meine Versetzung zur Infanterie war auch die Charakterfrage. Hast du Mut, traust du dich, hältst du drei

Tage im Regen aus, ganz nass? Wenn auf dich geschossen wird, kannst du zurückschießen, decken?«

Vor dem Kriegsdienst hatte Konrad Schulmeister in einer oppositionell eingestellten Familie verkehrt und gab sich keiner Illusionen darüber hin, was ihn erwartete: »Dreck, Blut, Schweiß, Tränen.« Dennoch wäre es ihm nie eingefallen, zu desertieren, nicht nur, weil »Fahnenflucht« mit dem Tod bestraft werden konnte.

»Der Gruppenzusammenhalt und Gruppendruck war so groß, dass man das schon deshalb nicht gemacht hat. Alle anderen im Stich lassen, mit denen man zusammen ist, das ist fast unmöglich für einen – sagen wir ruhig – ehrgeizigen Menschen wie mich.

Ein Heer von Millionen ist ein geschlossener Körper. Und davon sind 95 % nicht gerade kadavergehorsam, aber in dem Ganzen drinnen. Und nur wenige treten heraus.«

In kaum einer anderen sozialen Situation ist ein Mensch so starken außer-individuellen Wirkkräften ausgesetzt wie in der militärischen Gruppe; der Einzelne agiert dort in vielerlei Hinsicht wie ausgetauscht – als ob in ihm ein anderes Programm abliefe.

Aufbau und psychologische Funktionsweise der Armee-Einheit sind ja planvoll darauf angelegt, eine der fundamentalsten Verhaltensänderungen überhaupt zu bewirken: Nämlich die Tötungshemmung *und* den Fluchtreflex auszuschalten.

In Russland lernt Konrad Schulmeister die Welt der Schützengräben kennen.

»Man haust in Erdlöchern. Jeder hat vor sich den Stacheldraht und ein Minenfeld, und dahinter sind Russen. Und wenn man den Kopf herausstreckt, macht es ›Bumm‹. Also Kopf weg.«

Seine Kampfausbildung lässt zu wünschen übrig; Schulmeister muss lernen, besser zu schießen, in Deckung zu gehen, sich einzugraben.

»Da haben wir einen Lehrgang besucht, von ungefähr nur einer Woche. So einen Energie-Schnellsiedekurs.

Und eines Tages wurden wir mittags zusammengerufen, dreißig

Mann eingeteilt von diesen nachzuschulenden Leuten, Gewehr um, und abmarschieren. Wir wussten nicht, worum es geht. Dann kamen wir auf einen Platz, und dort sagte uns der Leutnant, es kommt zu einer Hinrichtung.«

Im Exekutionskommando

Die jungen Männer nehmen in Hufeisenform Aufstellung – je zehn zu beiden Seiten, das eigentliche Exekutionskommando in der Mitte. Dabei werden diejenigen, die schießen müssen, nicht einzeln ausgewählt, sondern die Reihe der Dreißig wird einfach dreigeteilt; Schulmeister gerät also nur durch seinen Platz in der Reihe unter die zehn Schützen.

»Dann kam von der Seite eine Gruppe, das eine war sicher ein Militärrichter mit einem Assistenten, ein Pfarrer und ein hagerer schmaler großer Mensch, der keinen – wir sagten: Überschwung, also das ist dieser Militärgürtel, an dem alles hängt, trug – ohne Mütze wurde er dorthin geführt. Dann hat der Militärrichter ausführlich fünf Minuten lang das genaue Urteil, die genaue Begründung, die bisherigen zweimaligen Fahnenfluchtversuche mit der damaligen Strafe vorgelesen, mit den Worten: ›Wird zum Tode verurteilt.‹ Wir haben jeder eine Patrone erhalten von diesen zehn Leuten, die in diesem Hufeisen in der Mitte standen. Er stand vis-à-vis – eine Merkwürdigkeit war dabei: Als er dort hinkam, hat er sich die Schuhe, den Dreck, an einem Grasbüschel abgewischt. Ich weiß nicht, ob man ihm die Augen verbunden hat oder nicht, das habe ich vergessen.

Befehl: ›Legt an!‹ Auf eine Entfernung von da bis dort hinüber« – (zeigt eine Distanz von vielleicht fünfzehn Metern) – »kann man nicht danebenschießen, das ist eigentlich unmöglich, da steht das Gewehr irgendwie in die Luft, das sieht natürlich jeder. ›Legt an! – Feuer!‹, er ist umgefallen und war tot. Antreten, abmarschieren, aus.

Aber keiner von den Schützen hat gesagt: ›Dem Kerl geschieht es recht, der hat uns im Stich gelassen, vielleicht sind andere deswegen gefallen, weil plötzlich dort ein Loch war in der Verteidigungslinie‹, nein. Sondern alle waren nur von der – von dem ›menschlichen Erlebnis‹, in Anführungszeichen, aber doch mit aller Betonung gesagt – zutiefst erschüttert.

Die Schwere und Tiefe des Erlebnisses war wohl für alle gegeben, und für mich so, dass ich auch heute jedes einzelne Bild dieser Sache vor mir habe. Es war *das* Erlebnis.

Das erste, was man nachher denkt – ich gedacht habe: ›Weißt du noch, wo du genau hingezielt hast?‹ Mitten auf die Brust war das Übliche.

Und das zweite, was ich nie vergessen werde, ist, dass der Mensch sich die Schuhe abputzt, *dreißig Sekunden* bevor er erschossen wird. Welche Gedankenwelt hat er? Nicht mit schmutzigen Schuhen umzufallen dort, in dem etwas kotigen Gebiet, wo wir herumgegangen sind ...

Das nächste war natürlich: reden andere darüber oder nicht? Niemand von uns hat darüber geredet. Jeder hat das in sich verschlossen, das Erlebnis. Das wurde eingegraben.«

Konrad Schulmeister erzählt dies mit großer Bewegung und einer Unmittelbarkeit, die zeigt, dass jene Minuten des Jahres 1942 ihm über all die Jahrzehnte nahe geblieben sind – wie eine Zeitkapsel, die in den Blutkreislauf der jeweiligen Gegenwart eines Menschen eingeschlossen bleibt und daher nie an Präsenz verliert.

»Das geht so schnell, da hat man eigentlich null Chance, das überhaupt bis zum Ende durchzudenken. Ich war kein Mensch des blinden Gehorsams, ich habe durch etwas zu eigenständiges Denken manchmal Probleme gehabt mit Offizieren – aber so eine Situation ist etwas ganz anderes.

Und er wurde nicht so einfach hopp, bumm, an die Wand gestellt. Nein. Dieser Fall wurde ganz genau nach dem Militärstrafgesetzbuch gehandhabt. Auch amerikanische, englische Armeen gehen im Kriegsfall mit Deserteuren gnadenlos um – unter Umständen, dass sie eine Art Todeskommando bekommen, Minen räumen müssen. Das ist noch eine milde Strafe, weil er dann eine Chance hat davonzukommen, während er hier keine hatte. Aber an der Gerechtigkeit oder Ungerechtigkeit des Urteils war vom Standpunkt einer Militärstrafjustiz im Krieg nichts auszusetzen. ... Schrecklich, aber es ist so.

Und als Schütze war man selbst unter dem Druck des Befehls, es war klar, was man zu tun hat, es war klar, was gleich geschieht – und er steht dort, und die Struktur des Vorgangs ist so kantig, eindeutig, ohne verschwommene Dinge, tausend Mal natürlich erprobt und bekannt, sodass man nur einmal, das tausenderste Mal, derjenige ist, der zufälligerweise, ganz zufälligerweise …«

Das »Funktionieren« von Menschen nach Vorschriften und Anordnungen ist keineswegs in Bausch und Bogen abzulehnen. Hierarchien (und wären sie auch noch so flach), arbeitsteilige Kooperation gemäß Regeln und Ritualen, das Spiel von Forderung und Gehorsam, Einschluss und Ausschluss kennzeichnen alle menschlichen und tierischen Verbände. Keine Sozialisierung, kein Überleben von Gruppen scheint möglich, ohne dass Autoritäten respektiert werden. Die Kehrseite dieser Fähigkeit zur Einordnung in soziale Systeme liegt in ihrer enormen Missbrauchsanfälligkeit. Je komplexer und arbeitsteiliger eine Gesellschaft, je weniger der Einzelne den Überblick behält, desto leichter lässt sich die Bereitschaft zu sozialverträglichem Verhalten wie durch Schubumkehr auf die falschen Ziele lenken.

Die Frage der Mitschuld

Die widerspruchslos ausgeführte Hinrichtung des Deserteurs ist nur das Arbeiten eines winzigen Rädchens in einer riesigen Diktatur-Maschinerie. Der »Fehllauf des Gehorsams« begann auf jener übergeordneten Ebene, wo sich ganze Völker zum Krieg mobilisieren ließen, und wurde über zahllose Transmissionsriemen weitergegeben bis zu dem Exekutionskommando, in dessen Mitte Schulmeister sich befand. Man kann sich vorstellen, welche unwiderstehliche soziale Schubkraft ein Einzelner in einer solchen Situation verspürt. Schulmeisters Geschichte liefert ein höchst anschauliches Beispiel dafür, warum es den Menschen so schwer fällt, sich aus dieser »psychosozialen Hydraulik« auszuklinken.

»In jeder modernen Gesellschaft wird durch die Komplexität des Lebens und die daraus resultierende Bürokratisierung und Spezialisierung bei den Menschen, die die offizielle Politik umsetzen, das Gefühl für die persönliche Verantwortung geschwächt«[7], konstatiert der Historiker Christopher Browning.

Konrad Schulmeister weiß, dass ihn das Schicksal unter Hunderttausenden Infanteristen, denen dies hätte widerfahren können, zu einer solchen »Aufgabe« ausgelost hat und dass fast jeder andere an seiner Stelle sich ebenso wenig gesträubt hätte.

Das erlaubt es ihm, zwischen sein damaliges Handeln und sein Gewissen gleichsam eine Pufferzone zu legen.

»Es ist natürlich null individuelle Schuld in der ganzen Geschichte, das ist jedem klar. Aber die Frage ›Musste ich da dabei sein oder nicht?‹ – die bewegt einen ewig. Ich habe das getragen, also trage ich auch einfach die – in Anführungszeichen – ›Verantwortung‹, dabei gewesen zu sein.

Nur: Man ist unglücklich, betroffen und wird diese Betroffenheit nicht los und muss mit ihr einfach leben.«

Ein Söldner, dem das Töten wohlgefiel

Siegbert Geiringer* war jung, ahnungslos und erpicht auf große Abenteuer. Mit gleichaltrigen Freunden heuerte der kaum Neunzehnjährige vor einem halben Jahrhundert bei einer Freiwilligenarmee an, die jenseits des Mittelmeers in den Kampf zog.

»Zuerst wird in sehr langwierigen psychologischen Tests ermittelt, ob man überhaupt von der Möglichkeit behaftet ist, die Tötungshemmung auszuschalten – diese Tests sind über Wochen gegangen, und die Endqualifizierung hat erst nach drei bis vier Monaten stattgefunden. Erst wenn das positiv ist, wird man an Eliteeinheiten weitergereicht.«

Geiringer hat dutzendfach getötet, einige Male auch aus nächster Nähe, und litt niemals, nicht damals und nicht später, unter seinen Erinnerungen.

»Nachdem das also monatelang trainiert worden ist und man auch psychologisch darauf vorbereitet wurde, war das natürlich zu vergleichen mit einem sportlichen Wettbewerb. Und ich habe es als Glücksgefühl und Erfolgsgefühl empfunden, dass ich obsiegt habe, dass ich also nicht der war, der am Boden lag und zurückgeblieben ist.«

War es ein Gefühl von Euphorie?

»Unbedingt. Absolut. Ganz sicher.«

Von Stärke?

»Auch – selbstverständlich. Ja.«

Von Macht?

»Hat sicher etwas damit zu tun. Man hat im Hinterkopf gespeichert, dass man im Ernstfall fähig ist, sich mit allen Mitteln zur Wehr zu setzen, den Gegner auszuschalten. Das verleiht schon ein gewisses Macht- beziehungsweise Überlegenheitsgefühl.«

Der Augenblick der Macht

Je mehr Er-oder-Ich-Kämpfe ein Soldat dieses Typs zu seinen Gunsten entscheidet, je öfter ihm seine elitäre körperliche Fähigkeit als Krieger (vergleichbar der eines Spitzensportlers) zum letzten Sieg über den Gegner verhilft, desto triumphaler stellt sich offenbar das Empfinden eigener Unverletzbarkeit ein.

Mit leisem, aber genussvollen Lächeln spricht Siegbert Geiringer über den Triumph des Überlebens. Beinah, als hätte der »Überlebende« aus Elias Canettis *Masse und Macht* Gesicht und Stimme bekommen.

»Der Augenblick des Überlebens ist der Augenblick der Macht. Der Schrecken über den Anblick des Todes löst sich in Befriedigung auf, denn man ist nicht selbst der Tote. Dieser liegt, der Überlebende steht. (...) Dieser Augenblick der Konfrontation mit dem Getöteten erfüllt den Überlebenden mit einer ganz eigentümlichen Art von Kraft, die keiner anderen Art von Kraft zu vergleichen ist. Es gibt keinen Augenblick, der mehr nach seiner Wiederholung ruft.«[8]

Joanna Bourke zitiert den Schriftsteller Henry de Man, einen Veteranen des Ersten Weltkriegs, mit folgendem Geständnis:

»Ich hatte mich selbst für mehr oder weniger immun gegen diese Vergiftung gehalten. Aber eines Tages sicherte ich einen direkten Angriff gegen ein feindliches Lager. Ich sah Körper oder Körperteile in die Luft fliegen, hörte das verzweifelte Schreien der Verletzten und Flüchtenden. Ich musste mir gestehen, dass das einer der glücklichsten Momente meines Lebens war. Was waren die Befriedigungen der Wissenschaft, des gesellschaftlichen Einflusses oder der Liebe, verglichen mit diesem einen ekstatischen Moment?«[9]

Weder war Henry de Man, was man einen »aggressiven Soziopathen« nennt, noch erweckt Siegbert Geiringer im mindesten diesen Eindruck. Soziopathen können sich Regeln nicht unterordnen; aufgrund ihrer weitgehenden Empathie-Unfähigkeit entwickeln sie kein gruppen-kompatibles Sozialverhalten. Daher sind gerade sie für Militärkarrieren, insbesondere in Elite-Einheiten, völlig ungeeignet.

Das Entzücken danach

Wir müssen zur Kenntnis nehmen, dass jene Euphorie, jenes Hochgefühl eine verbreitete, normale erste Reaktion auf den eigenen Tötungsakt zu sein scheint. Nicht so sehr bei Affektmorden, wo die Entladung besinnungsloser Wut alle anderen Emotionen überdeckt, sehr wohl aber im Krieg, wo das Umbringen keinen krisenhaften persönlichen Hintergrund hat und nicht verhehlt werden muss; dort kann die »Euphorie danach« ziemlich unbehindert das Ego erfassen, da die offizielle Legitimität der Tat eine tragfähige innere Bühne dafür bietet.

Wenn Dave Grossman formuliert: »Töten ist ein intimes Ereignis von großer Intensität, bei dem der Zerstörungsakt psychologisch dem Zeugungsakt sehr nahe kommt«[10], dann ist das keine dumpf-mythologisierende Gewaltverherrlichung und keine romantische Spekulation, sondern eine These, auf deren Richtigkeit zahllose religiöse, mythische und philosophische Quellen, psychoanalytische Theorien (wie Freuds Dualität von Eros und Destrudo, schöpferischen und zerstörerischen Trieben) und eben Aussagen von Kriegsveteranen hindeuten.

»Die Verbindung zwischen Sex und Töten wird auf unangenehme Weise offenbar, wenn wir das Reich des Kriegs betreten«, führt Grossman weiter aus. Häufig berichten Soldaten, das »High« nach dem Todesschuss habe sich nicht unähnlich einem Orgasmus angefühlt.

Das Backlash der Reue

Die Genugtuung des Überlebens kann sofort oder sehr bald in ein zweites Stadium, ein Tief der Reue, der Scham und des Ekels, umschlagen (oder des Selbstekels, weil man *keine* Reue verspürt). Siegbert Geiringer gehört zu der Minderheit von »geborenen« Soldaten, die keine solchen Gewissensqualen kennen.

»Ich habe etliche Kameraden, die ähnliche oder noch viel extremere Situationen erlebt haben, die aber ganz normal in ihr ziviles Leben zurückgefunden haben«, wie Geiringer, der eine Softwarefirma betreibt. »Das ist eine Frage der Psyche, der eigenen inneren Veranlagung. Ich habe aber auch sehr viele Kameraden erlebt, die das nicht verarbeiten konnten, entweder dann sich selber gerichtet haben, oder sehr große psychische Probleme bekommen haben.«

Warum manche, obgleich nicht persönlichkeitsgestörte, Soldaten im Gegensatz zu den meisten ihrer Mitkämpfer gegen Schuldgefühle gefeit zu sein scheinen (so wie manche Menschen vergleichsweise unempfindlich gegen körperliche Schmerzen sind), darauf antwortet selbst ein so erfahrener forensischer Psychiater wie der Münchner Norbert Nedopil mit aller Vorsicht.

»Ereignisse, die für die Mehrheit mit Angst und Schrecken verbunden sind, werden von solchen Leuten anders verarbeitet – und das stellt sich im Gehirn auch oft anders dar, wie man durch moderne bildgebende Verfahren festgestellt hat. Man weiß noch nicht ganz genau, inwieweit diese Anders-Verarbeitung von dramatischen Ereignissen angeboren und inwieweit sie konditioniert ist.«

Der Jüngling Siegbert Geiringer verdingte sich aus Unternehmungslust und Lebenshunger als Söldner, es war nicht ausdrücklich sein Ziel, zu töten. Als er allmählich begriff, dass genau dies von ihm erwartet wurde, sei er »schon etwas geschockt« gewesen.

»Aber das wird sukzessive abgebaut – und zwar durch das psychologische Training, das einem dort widerfährt. Am Beginn wurde man auf null gebracht, da wusste man eigentlich nicht mehr, ist man ein Mensch oder sonst etwas; und dann, langsam, wurde das wieder aufgebaut, damit man seine vollkommene Selbstachtung wieder hatte.«

Break them to make them

Das Prinzip »You have to break them to make them«, wie es Stanley Kubrick in seinem Vietnamfilm *Full Metal Jacket* realitätsnah vorführt, gehört zum unverzichtbaren Standardrepertoire jeder Kampfausbildung. Dave Grossman nennt die neue Ära des Frontsoldatentrainings, die nach dem Zweiten Weltkrieg anbrach, die Ära »psychologischer Kriegsführung gegen die eigenen Truppen«[11]. Je moderner und effizienter die Armee, desto elaborierter der Psychoterror, mittels dessen die werdenden Kämpfer erniedrigt und in tiefe Konfusion gestürzt werden, damit ein veränderter »Ich-und-die-

Anderen«-Code, ein modifiziertes Verhaltens-Koordinatensystem, in ihren Köpfen implantiert werden kann.

»Man hat in keinster Weise Stimmrecht, man ist einfach eine Nummer, und dementsprechend wird man aufgerufen – nicht nach dem Namen, sondern nach der Nummer. Und es ist so, dass einfach jeder Befehl zu exekutieren ist, auszuführen ist. Reklamationen sind in diesem Teil der Ausbildung praktisch unmöglich. Man wird enormen körperlichen und seelischen Strapazen ausgesetzt. So wurde man zu jeder Tages- und Nachtzeit aufgeweckt und musste die blödesten oder verrücktesten Sachen machen, wo man nicht nachvollziehen konnte, warum das nötig war.«

Solche Methoden zielen klarerweise darauf ab, den Individuen jeden kritischen Eigenwillen gegenüber Befehlshabern und Befehlen auszutreiben; Soldaten sollen auf Zuruf ja auch automatisch die Order zum Töten erfüllen, ohne ihre Sinnhaftigkeit infrage zu stellen.

»Zum Beispiel musste man mit der ganzen Ausrüstung zum Appell antreten und dann durch irgendeinen Morast marschieren und fünf Minuten später das ganze Waffenarsenal, das man mitgeschleppt hatte, und die Kleidung zu einer Inspektion bringen – wobei man genau wusste, in fünf Minuten *kann* das nicht gesäubert werden, aber wenn es nicht gereinigt war, dann hat man eine Strafe bekommen.

Und es gab einen sehr engen Stundenplan, mit Kampfsport, und der Tenor war eben die Ausschaltung des Gegners, mit Waffe und ohne Waffe, von der Früh bis zum Abend.

Wobei man rückblickend sagen muss, dass die Ausbildung absolut fair und korrekt war, nur eben extrem hart, um die Überlebenstüchtigkeit so hoch wie möglich zu halten.«

Gleichzeitig wurde die Anforderung, selbst zu töten, a priori mit einem ethisch korrekten »Tatmotiv«, einem emotional unwiderstehlichen Rechtfertigungsargument, ausgestattet.

»Da man immer wieder, fast täglich oder wöchentlich, von getöteten Kameraden erfährt und man auf ihre Begräbnisse geht, wird dann eine komplett andere Einstellung gegenüber der Tötung des Feindes spürbar. Das wird auch in der Ausbildung gefördert, dass dieser Zorn sich anstaut, dieser Wunsch nach Rache. Nicht zuletzt deshalb geht man zu bestimmten Zeiten mit schon fix und fertig ausgebildeten Einheiten in die Kampfgebiete.«

All diese psychologischen Zurichtungen würden aus einem normal erzogenen jungen Menschen noch keinen »Routinier des Tötens« machen, wäre da nicht das Herzstück der modernen Ausbildung: Das Schieß-Training, dessen Ziel es ist, durch ausgereifte Konditionierungprogramme die Tötungshemmung auszuschalten. Die Techniken sind eigentlich simpel und kein großes Geheimnis.

Wie die Tötungshemmung abtrainiert wird

»Schon damals haben wir nicht mit Schießscheiben, sondern hauptsächlich mit sich bewegenden menschlichen Figuren gearbeitet – stehend, kniend, kommend, verschwindend – so wie das heute auf jedem modernen Schießstand der Fall ist. Die besten Schützen wurden dann immer vor allen anderen belobigt und sind belohnt worden, mit Ausgang, mehr Freiheit und sonstigen Vergünstigungen.«

Was Siegbert Geiringer beschreibt, entspricht dem Prinzip der so genannten »operanten Konditionierung«, die der Psychologe B. F. Skinner in den 50er-Jahren entwickelte. Anders als bei der klassischen Konditionierung – der Pawlow'sche Hund lernt, einen Glockenton als Signal bevorstehender Fütterung zu erkennen – erlernt das Versuchstier bei der operanten Konditionierung, eine neue *Handlung* auszuführen, die im natürlichen Repertoire seiner Art nicht vorkommt.

In der sogenannten »Skinner-Box« finden Ratten beziehungsweise Tauben heraus, dass durch Druck eines Hebels oder Picken auf eine Pickscheibe Futter aus einem Ausgabeschacht kommt – allerdings immer nur dann, wenn gerade eine Lichtquelle aufleuchtet.

Was die Lampe für die Ratte, das ist für den Rekruten, der nach heutigem »state of the art« trainiert wird, das bewegliche Ziel: eine naturalistisch feldgrüne Soldatenfigur, die aus der Ferne täuschend echt aussieht. In voller Kampfmontur steht der Schütze Stunden

189

lang in einem Erdloch. Das kurze Auftauchen einer oder zweier solcher Figuren löst bei ihm die Aktion aus – er schießt, und das hat äußerst schnell zu gehen, sonst verschwinden die Figuren wieder, ohne dass er sie getroffen hat. Er muss also feuern, bevor er denken kann: *das Schießen wird zum reinen Reflex.* Der »ideale« Soldat *entscheidet* nicht, ob er auftauchende Feind-Figuren töten will, sondern er *tut* es, weil er so konditioniert ist.

Das »Futter«, die Belohnung, kommt nun in zwei Stufen: Erstens fällt die getroffene Figur sofort rückwärts – von weitem wirk das fast, wie wenn ein erschossener Mensch zu Boden fiele. Und zweitens wird wie gesagt der Erfolg, also eine hohe Trefferzahl, zu einem absoluten Traumsatz verzinst, durch positive Verstärker wie Extra-Urlaube und vieles mehr. Hingegen wird das Verfehlen des Ziels zwar nicht drakonisch, aber konsequent bestraft, durch negative Verstärker wie lästige Nachschulungen oder gar längeren Verbleib im Grundausbildungslager.

Gleichzeitig wird den Schützen suggeriert, dass sie bei der »Aufführung« im Krieg gar nichts anderes tun müssten als bei der »Probe« im Trainingscamp. Der US-Publizist Dan Brown zitiert in einem 2004 veröffentlichten *New Yorker*-Artikel *(Du sollst töten)* einen Ausbildner mit den Worten: »Wir sagen nicht: ›Greif diesen Kerl da an.‹ Sondern immer: ›Greif dieses Ziel an!‹ Die Leute sollen sich nicht fragen, ob der Kerl vielleicht drei Kinder hat.«

Wie erschreckend gut diese Methoden zum Ziel führen, fasste ein Vietnam-Veteran in die Worte: »Zwei Schüsse. Bam-bam. Genau, wie wir es bei ›quick kill‹ trainiert hatten. Als ich tötete, machte ich es ganz genauso. Wie im Training. Ohne auch nur zu denken«[12]. Gehirnwäsche mittels Absingen von Kampfliedern und des Skandierens von »Kill, Kill, Kill«-Rufen rundet das Programm ab. Kommentar eines US-Soldaten, der 2003 am langen Marsch auf Bagdad teilnahm: »Wir müssen in der Grundausbildung 3000-mal am Tag ›Töte!‹ sagen. Deshalb ist es leicht.«[13]

Warum stellen derart konditionierte Kämpfer, wenn sie aus dem Krieg zurückkehren, keine Bedrohung für ihre Umwelt dar? Weil ihr Tötungsreflex so programmiert wurde, dass er stets *nur auf Befehl* anspringt. Im Training wie im Krieg befinden sich Schützen ja immer unter Leitung einer Autorität. »Ballern außer der Reihe« wird strikt geahndet.

»Eigene individuelle Darstellungswünsche, die Möglichkeit, sich vielleicht als Einzelplayer darzustellen, das war absolut unerwünscht und ist auch sofort bestraft worden. Gruppendynamik ist eine absolute Notwendigkeit. Das Gefühl der Kameradschaft – einer für alle, alle für einen – dem wird alles andere geopfert. Das wirkt heute noch nach, das ist eine Bindung, wo man sagt, o.k., ich würde jederzeit mein Leben für meine Kameraden geben. Überhaupt keine Frage. Wenn der also im Feuer liegt – der darf da eben nicht liegen, und da muss er herausgeholt werden, egal, auch wenn man weiß, das schafft man vielleicht nicht, das kann zum Tod führen. Das ist selbstverständlich.«

Kameradenliebe

Siegbert Geiringer wirkt auf mich nicht wie ein Mensch, der gern in der Menge verschwindet und sich in ein Kollektiv unauffällig, ohne Führungsanspruch, einreiht; eher im Gegenteil. Anders als beim Wehrdienst in Friedenszeiten, wo weitaus nicht jeder Rekrut Militärfreundschaften aufbaut, erfasst unter Frontkämpfern das Fluidum der Kameradenliebe so gut wie jeden (umso mehr gilt dies für Freiwillige wie Geiringer, die sich ja aus eigenem Antrieb in dieses Milieu begeben haben). Die Macht dieses Gruppenzusammenhalts erklärt sich schlicht dadurch, dass Kombattanten im Krieg Seite an Seite dem drohenden Tod zu entkommen suchen.

Wenn Menschen in einer überschaubaren Gruppe durch solidarisches Handeln einen Unfall oder eine Naturkatastrophe überleben, dann entstehen zwischen diesen Menschen tiefe, lebenslange, mit keiner anderen Beziehungsform vergleichbare Bindungen. Die Organisationsform des Militärs nutzt diesen psychologischen Effekt, und zwar durch die Unterteilung in Kleingruppen (Züge) zu je ein paar Dutzend Personen. Was das Töten von Feinden anbelangt, bietet ein solcher Gruppenverband in hohem Maß Schuld-Absolution, nach dem Motto: »was alle tun, kann nicht ganz falsch sein.« Es kommt zu »Schuld-Diffusion«, das heißt, die Bürde der Verantwortung kann erfolgreich aufgeteilt werden, weil jeder den Eindruck hat, beim anderen Rückhalt zu finden, auch wenn es um belastende Erfahrungen mit dem Töten geht. Und, äußerst wichtig: Die Furcht, den Tod eines Kameraden zu verschulden, übersteigt meist die Hemmung, auf Feinde zu feuern. »Einen anderen Menschen zu töten ist ein außerordentlich schwieriges Unterfangen«, betont Dave Grossman, »aber wenn ein Soldat das Gefühl hat, er würde seine Freund im Stich lassen, falls er nicht tötet (...), dann ist es leichter.«[14] Der Militärpsychiater Richard Gabriel kam zu dem Schluss, die Bindung von Frontsoldaten untereinander sei stärker als die Bindung der meisten Männer an ihre Ehefrauen.

Die weiße Frau

Norbert Nedopil berichtet mir von einem ehemaligen Mitarbeiter des sowjetischen Militärgeheimdienstes, der vor der Perestrojka an Einsätzen in Afghanistan teilnahm. Dieser schmächtige und im Gespräch freundliche Mann schenkte nach Ende seines Dienstes die Hälfte seiner Abfindung den Hinterbliebenen seiner gefallenen Kameraden; dies spricht von einem ausgeprägten Corpsgeist, also einer Fähigkeit zu Bindungen und Mitgefühl. Das Töten von Gegnern besorgte er jedoch völlig gefühllos; der Thrill seiner »Arbeit« lag für ihn darin, dass er mit absolut kühler Hand vorgehen konnte, wo die meisten anderen Menschen von Angst und Erregung überschwemmt würden.

Der Tod – der in slawischen Sprachen weiblich ist – erschien ihm im Traum als »Weiße Braut«; und er liebte die Allgegenwart der »Todin«. Nachdem er zweimal lebensbedrohenden Situationen knapp entronnen war, konnte er Menschen noch gleichgültiger umbringen als zuvor.

Wie seine Kameraden verschaffte er sich Sex, indem er afghanische Frauen – deren Männer an der Front kämpften – zum Beischlaf zwang. Auf die Frage, ob er wisse, was vergewaltigten Frauen in dieser Kultur geschähe, antwortete er ungerührt: »Die werden gesteinigt.«

Kanalgitter

Vom Völkermord

Zeit der Genozide

Völkermord ist nichts Ungewöhnliches, kein »unvorstellbares Grauen«, kein fernes Höllenszenario. Genozide kamen niemals selten vor, kaum je wurde irgendwo »den Anfängen gewehrt«, und seit Ende des Zweiten Weltkriegs sind sie zur vorherrschenden, mit Abstand opferreichsten Form des Massentötens geworden. So waren nach Berechnungen der Soziologin Elçin Kürşat-Ahlers vierundfünfzig von siebzig bewaffneten Konflikten zwischen 1994 und 1998 *innerstaatliche* Auseinandersetzungen. »Die staatliche Gewalt und das staatliche Tötungspotenzial richten sich in der Gegenwart viel häufiger gegen eigene Minderheiten als gegen andere Staaten.«[1]

Seit dem Ende der Kolonialreiche und des Kalten Krieges hat die Fragmentierung und Ethnisierung des Phänomens Krieg an Tempo zugelegt. Je mehr der »Kriegsschauplatz Welt« in kleinräumige Lokalkonflikte unter nationalistischen und/oder religiösen Vorzeichen zerfällt, je mehr Paramilitärs und Warlords, Terrorgruppen und (gleichermaßen Terror ausübende) staatliche Spezialeinheiten gegenüber den regulären Armeen an Bedeutung gewinnen, desto stärker verfließen völkerrechtlich gedeckter Krieg und Kriegsverbrechen ineinander, desto öfter werden auch Zivilisten als Opfer und Mittäter in die Kampfhandlungen hineingezogen – das ist meist Absicht und Teil der Strategie.

Die zunehmende Unübersichtlichkeit der Fronten und Sub-Fronten in heutigen bewaffneten Konflikten bedeutet aber nicht, dass diese insgesamt chaotisch verlaufen würden. Gerade Massaker großen Stils sind, in den Worten des Sozialpsychologen Harald Welzer, »wiederkehrende soziale Vorgänge mit einem Anfang, einem Mittelteil und einem Schluss, und diese werden von denkenden Menschen und nicht von Berserkern erzeugt«[2].

Völkermorde wollen langfristig geplant und professionell organisiert sein

Größere Bevölkerungsteile setzen sich niemals von selbst in Bewegung, um übereinander herzufallen. »Keine unorganisierte Gruppe ist zu kontinuierlichen, lang anhaltenden Massentötungen in der Lage.«[3] Entgegen verbreiteten Vorstellungen waren die Massenmorde in Ex-Jugoslawien und der Völkermord an den Tutsi keine »naturhaften« Eruptionen übermächtig gewordenen Hasses; sondern in beiden Fällen verstanden es nationale Führungscliquen, vorhandene, aber schlummernde Potenziale der Feindschaft zu wecken, und schlussendlich die Vernichtungsaktionen zentral zu organisieren und von militärisch strukturierten Task Forces durchführen zu lassen.

Die Gewalt wäre nicht »ohnehin« losgebrochen. Es bedurfte jeweils einer raffinierten politischen Intrigen-Maschinerie, um die Ausführenden der Massaker zum Töten zu motivieren und vom Rest der Mehrheitsbevölkerung Duldung, Billigung oder flankierende Mithilfe zu erreichen. Professionelle Propagandafeldzüge über Jahre hinweg, Strategiemeetings und ausgefeilte Geheimpläne sowie Todeslisten gab es im Balkankonflikt und in Ruanda ebenso wie im Nationalsozialismus. Nur überwogen bekanntlich im Holocaust »industrielle« Tötungstechniken, und der bürokratische Organisationsgrad war ein höherer – das ist ein gradueller, doch kein prinzipieller Unterschied. Völkermorde sind zwar nur sehr bedingt vergleichbar, was ihre Motivgeschichte und die Konstellation zwischen den Beteiligten anbelangt; zum finalen Gewalt-Exzess hin ähneln sie einander aber in erschreckender Weise. Ob nun mit Macheten oder in Gaskammern gemordet wird: Stets kommt es zur »Verdinglichung« der Opfer, immer begleiten Rituale der Entwürdigung durch sadistische Gewalttaten in Kombination mit verbaler Erniedrigung das Massentöten. Ein zynisches Mit-Füßen-Treten des intimsten Rechts, des Rechts auf den eigenen Körper – dieses Fest der Machtvollkommenheit gegenüber Wehrlosen führt scheinbar bei allen Genoziden zu Auswüchsen, die immer auf den gleichen psychodynamischen Kräften beruhen.

Ein fast normaler junger Mann

Die Personen, die bisher vom Internationalen Kriegsverbrechertribunal für das frühere Jugoslawien in Den Haag schuldig gesprochen wurden, waren fast durchweg nicht vorbestraft. Beinahe alle Kriegsverbrecher hatten getötet oder Massentötungen organisiert, weil ihnen dies von höherrangigen Kriegsverbrechern befohlen worden war. Nur die wenigsten mussten durch Drohungen dazu gezwungen werden. Manche fanden an der neuen »Arbeit« Gefallen, vielen verschaffte sie ein erhebliches Mehr an Macht, Geld und Status. Die Täter, von denen die Publizistin Slavenka Drakulić in ihrem Buch *Keiner war dabei. Kriegsverbrechen am Balkan vor Gericht* erzählt, waren Taxifahrer, Lehrer, Bauern, Handwerker, Verkäufer, Kellner, Berufssoldaten. Durchschnittliche, unspektakuläre Existenzen.

»Sie sehen so normal aus«, musste Drakulić als Prozessbeobachterin in Den Haag konsterniert feststellen. »Was hatte ich erwartet? Hörner? Spitze Ohren?«[4]

Ivica Medić fällt nur insofern ein wenig aus dem Rahmen, als er mit Anfang zwanzig, ein Dreiviertel Jahr vor seiner »Karriere« als Massenmörder, in seiner nordbosnischen Heimatstadt zu drei Jahren Haft wegen Betrugs verurteilt wurde. Medić war ein unsteter, schlecht bezahlter Arbeiter gewesen, der häufig die Jobs wechselte, nach dem Wehrdienst – den er noch in Friedenszeiten absolvierte – zu trinken begonnen hatte und mehrmals Schecks fälschte, bis man ihn erwischte. Freilich saß er nur ein paar Monate seiner Strafe ab, denn kurz vor Kriegsbeginn wurde er wie zahlreiche andere Häftlinge entlassen: Die Republika Srpska bot Kriminellen Amnestie, wenn sie sich im Gegenzug zum Kriegseinsatz verpflichteten.

Der große, attraktive, nette, bei Frauen und auch sonst beliebte junge Mann meldete sich zur Zivilpolizei, die kriegsbedingt um Reserve-Einheiten verstärkt wurde; seinen neuen Posten trat er nicht daheim, sondern eine Kleinstadt weiter an. Er dürfte wohl kaum geahnt haben, dass gerade solche Polizeikräfte alsbald bei den »ethnischen Säuberungen« eingesetzt werden sollten. Ivica war politisch desinteressiert, hielt nichts von Politikern. Er und seine Familie pflegten besten Kontakt zu muslimischen Freunden und Nachbarn – nie hatte jemand von ihm ein böses Wort gegen Moslems gehört.

Im Mai 1992 erschoss Ivica Medić in sechzehn Tagen möglicherweise mehr als hundert Menschen, fast ausschließlich muslimische Gefangene; dreizehn dieser Morde gestand er. Das Kriegsverbrechertribunal verhängte über ihn eine Haftstrafe von vierzig Jahren. Wie alle vor diesem Gericht Verurteilten wurde Medić in eines von acht westeuropäischen Ländern transferiert, die sich vertraglich bereit erklärt hatten, solche Häftlinge in den Strafvollzug zu übernehmen.*

Lange, sehr lange Reise. Kleinstädtische Spätsommer-Heiterkeit. Ausweiskontrolle im Wachtposten-Häuschen vor dem Hochsicherheitsgefängnis. Warten, Hin und Her-Telefonate des Beamten, warten. Eine Stunde, zwei Stunden. Auf unser Drängen wieder Telefonate. Das gepanzerte Tor öffnet sich, Durchreichen des Ausweises durch die Panzerglas-Sicherheitssbox, umfängliche Kontrolle, warten. Im kleinen schmalen Besuchsraum weiter warten. Die Tür geht auf, der große junge Mann mit dem hübschen, feinhäutigen Gesicht tritt ein, der zwölf Jahre zuvor laut Zeugenaussagen zwei Wochen lang eine Willkürherrschaft der Angstfolter in einem kleinen Anhaltelager errichtete, indem er täglich eine Hand voll Menschen tötete, sie vorher erniedrigte, prahlend und lügend seine Macht genoss.

Mit fällt ein Stein vom Herzen, und gleichzeitig argwöhne ich, mit Blindheit geschlagen zu sein – denn das Monster sieht so harmlos und freundlich aus, und so *normal!* Dieser Mensch, der mit sonorer Stimme »Dobar Dan« sagt, dem Übersetzer und mir die Hand – *die* Hand – gibt, will mich gleich mit Augenaufschlag in eine Komplizenschaft des Einverständnisses ziehen.

Wie lässt sich dieser Ivica Medić, dieser stattliche Charmeur mit dem kleinen schwachen Mund, in Einklang bringen mit dem deprimierenden Jammer des Grauens in den Stimmen überlebender Zeugen?

---

* Da der Mann von Journalisten als »großer Fisch« unter den Kriegsverbrechern wahrgenommen wird – nicht aufgrund einer hohen Position in der Hierarchie, sondern wegen der vermuteten Zahl und des Stils seiner Taten –, hat sein Fall unter Kennern der Materie eine gewisse Prominenz erlangt; wenn er hier dennoch unter geändertem Namen auftritt und die genauen Schauplätze seiner Taten nicht benannt werden, dann, weil die Genehmigung für ein Interview mit einem Häftling schon per Gesetz an diese Bedingung gebunden ist.

Zeugenaussagen

Zeuge A zu Ivica Medić, zitiert nach Bandmitschnitten und Protokollen der Haager Prozesstage:

»Er sagte, er wäre der Direktor des Lagers und dass wir verhört würden. Wer schuldig befunden werde, der werde umgebracht, und wer unschuldig befunden werde, der werde freigelassen, aber er glaube nicht, dass ein einziger *balija* (Schimpfwort für Moslem, A.d.V.) unschuldig wäre. Damit meinte er, alle Moslems seien schuldig und sollten ausgerottet werden, und dass diese Nation (der bosnischen Moslems, A.d.V.) nicht existiere, dass wir eine Erfindung wären, dass wir von den Türken abstammten. Sollte heißen, die Moslems seien schuldig um der simplen Tatsache willen, dass sie am Leben seien.«

Die Gruppe, die man weghaben will, zu »lebensunwertem Leben« zu erklären – diese »Neudefinition« eines Teils der eigenen Bevölkerung gehört zu den wichtigsten Voraussetzungen, um genügend potenziellen Tätern das Überwinden der Tötungshemmung zu erleichtern.

Nun konnten es teils sogar die Einheimischen selbst nicht fassen, wie das friedliche Nebeneinander der Volksgruppen in Ex-Jugoslawien und insbesondere Bosnien so rasch in derartigen Hass umschlagen konnte. Dabei wird gern übersehen, dass die nationalistischen Führer *sämtlicher* Seiten schon im Lauf der achtziger Jahre begonnen hatten, die jeweils eigene Gruppe via Medien mit Propaganda zu überschütten, »bis diese glaubten, von den anderen wirklich bedroht zu sein«, wie mir Slavenka Drakulić aus eigener Anschauung berichtete. »Wenn Sie heute als Präsident eines Landes Krieg anzetteln wollten, und Sie wüssten nicht wie, dann könnten Sie mich engagieren, und ich könnte Ihnen einen ganzen Satz an Regeln sagen. Die nötige psychologische Vorbereitung betreibt man über die Medien. In jeder Gesellschaft gibt es einen potenziellen Feind – ›der Andere‹. In Deutschland zum Beispiel könnte man heute die Türken zu Feinden stempeln – in Österreich wären es wahrscheinlich ebenfalls die Ausländer. Aber es könnten auch Menschen mit blauen Augen sein, Brillenträger oder Rothaarige. Das Wichtigste ist dann, die Medien zu kontrollieren. Wenn man einmal Journalisten, Schriftsteller und Wissenschaftler für die Ideologie einspannt, die man proklamieren möchte, dann ist es nicht mehr so schwierig – denn in jedem Fall gibt es historische Mythen oder sogar Wahrheiten.

Wir können nicht töten, außer wir sind überzeugt, dass der andere kein Mensch mehr ist. Sie müssen Ihrem Volk sagen: ›Das sind keine Menschen.‹ Die Serben oder Kroaten oder bosnischen Moslems oder Albaner sind keine Menschen mehr. Wenn man das erreicht, ist es nicht mehr schwierig. Dann können die Leute töten.«

Nach seiner Verschleppung in das Lager, wo Ivica Medić zugange ist, wird Zeuge A mit anderen Neuankömmlingen zuerst an die Außenwand einer Halle gestellt und furchtbar geschlagen.

»Die ersten Misshandlungen dauerten, ich weiß nicht wie lange, denn wenn man Angst hat, dauern die Dinge ewig, man denkt nur daran, den Schmerz jedes Schlages so gut wie möglich abzumindern, dem Schlag auszuweichen und bloß am Leben zu bleiben. Das ist der einzige Gedanke, den man hat. Nachher wurden wir unter Schlägen in den vorderen Teil der Halle gestoßen, und uns wurde befohlen, uns auf den Betonboden zu setzen. Vor Mitternacht wurde das Tor geöffnet, aber nur so weit, dass eine Person passieren konnte, ohne an die Tür oder den Rahmen zu stoßen, und sie riefen nach vier Freiwilligen, um eine Arbeit zu erledigen. Vier Männer gingen nach draußen, man konnte hören, das diese vier Freiwilligen draußen geprügelt wurden, dass sie *balijas,* türkische Bande, genannt wurden. Sie beschimpften ihre moslemischen Mütter. Ich konnte das alles nicht sehen, aber hören. Die Leute jammerten, bettelten: ›Macht das nicht. Wir sind an nichts schuld.‹ Vor dem Hintergrund all dieses Jammerns und dieser Schläge konnte man eine Stimme hören, eine Stimme, die ich später erkannte, weil ich sie jeden Tag hörte; der Befehl war: ›Leg dich hin. Leg den Kopf auf das Kanalgitter.‹ Dann: ›Nicht. Mach das nicht mit mir. Warum ich? Ich habe nichts getan. Ich bin nicht schuldig.‹ Wieder Jammern desselben Manns, höchstwahrscheinlich, denn ich konnte nichts sehen. Aber es war alles vergebens. Man konnte einen schallgedämpften Schuss hören, und sehr kurz danach eine Erschütterung des Betons, denn nur eine Mauer trennte mich von der Stelle, an der die Leute getötet wurden. Danach, vielleicht zwei oder drei Minuten später, dasselbe Geräusch, ein schallgedämpfter Schuss, dann ein dumpfer Aufschlag auf dem Beton, vorher natürlich Schläge, Schreie, Jammern: ›Mach das nicht. Warum? Ich habe mit den Serben hier immer in Frieden gelebt. Ich habe nichts getan. Ich habe nie irgendeinem Serben etwas getan.‹ Aber das war alles vergebens. – Ich hatte den Eindruck, sie genossen es umso mehr, je mehr das Opfer sie anflehte.«

Die Unfassbarkeit kollektiven Mordens

Der Schritt vom Gedanken ›Die wollen wir hier nicht, die würden wir am liebsten umbringen‹ zum tatsächlichen Quälen und Töten, dieser Schritt ist es, der für Außenstehende so schwer nachvollziehbar bleibt.

Es mag der Vorstellung auf die Sprünge helfen, wenn man sich die einem Genozid vorangehende Stimmung in der Mehrheitsbevölkerung, deren Erwartungen und Ängste, zu vergegenwärtigen sucht.

Erster strategischer Schritt: Der »Wir«-Gruppe wird eingeredet, die Gegnerseite würde eine Attacke auf ihre Sicherheit und ihr Leben planen. Derartige Angstmache funktioniert wider alle Vernunft erstaunlich gut, auch deshalb, weil die »tierische« Ur-Überlebensangst – sich etwa nachts im dunklen Wald zu fürchten – aus dem menschlichen Instinktrepertoire nicht verschwunden ist und stets ihrer Aktivierung harrt.

Selbst von serbischen Kriegsveteranen (darunter einem an Spezialeinsätzen im Kosovo beteiligten Militärpolizisten) hörte ich gebetsmühlenartig, sie hätten *ausschließlich* das Leben der eigenen Leute verteidigt. Wie Recht hatte doch Elias Canetti mit seinen Überlegungen in *Masse und Macht*: »Es ist ein ganz erstaunliches Unternehmen. Man beschließt, dass man mit physischer Vernichtung bedroht ist, und verkündet diese Bedrohung öffentlich vor aller Welt. ›Ich kann getötet werden‹, erklärt man, und leise denkt man dazu: ›weil ich den oder jenen töten will.‹«[5]

Ivica Medić soll laut Zeugenaussagen immer wieder behauptet haben, die *Moslems* hätten den Krieg begonnen, nicht etwa die Serben; die *Moslems* hätten diesen Krieg gewollt, denn die Moslems würden die Serben hassen.

Zweiter Schritt: Der Anreiz, Dinge gratis zu bekommen, kann gar nicht hoch genug eingeschätzt werden. Wenn die Aussicht besteht, dass den »Unsrigen« Häuser, Hausrat, Autos, Wertsachen, Positionen zufallen wie im Märchen, dann prallt die Waage auf dieser Seite zu Boden, und die ach so gute Nachbarschaft und Toleranz, ein Leichtgewicht der Wohlerzogenheit und keine Herzensangelegenheit, wird von der anderen Waagschale geschleudert.

Dritter Schritt: Den eigenen Leuten wird signalisiert, dass die »Anderen« aufgrund ihres schädigenden Verhaltens alle Rechte verwirkt hätten, nach dem Motto: »Weil sie unser Wohlergehen bedrohen, geschieht es ihnen nur recht, dass wir mit ihnen alles machen dürfen.«

Etablierung einer neuen, »genozidalen« Moral

Durch Erziehung erlernte Moralregeln werden nicht gleich außer Kraft gesetzt – aber sie gelten nur noch *innerhalb* der Wir-Gruppe. Hinzu kommt aber eine neue Regel: Es wird zur Notwendigkeit erklärt, an der Entrechtung und Vernichtung der »Schädlinge« teilzuhaben oder sich ihr wenigstens nicht entgegenzustellen. Für die Gruppe selbst wird die *offizielle* Moral also keineswegs gelockert, sondern sie wird strenger und bindender, und sie wird erweitert. Der Einzelne hat eine zusätzliche Solidaritätspflicht – Hass gegen die »Anderen«.

Die meisten »Arier« hielten sich keineswegs für unanständig, wenn sie die Deportation von Juden geschehen ließen oder diese gar lauthals begrüßten; und die in Christopher Brownings Buch *Ganz normale Männer* porträtierten Reservepolizisten meinten nichts Falsches zu tun, als sie in Polen Tausende jüdische Männer, Frauen und Kinder erschossen. Ihren anfänglichen Abscheu vor dem eigenen Handeln, ihr Leiden an der schweren Aufgabe interpretierten sie als notwendiges Opfer, das der Volksgemeinschaft zu bringen sei. Sie glaubten schlicht an die von oben vorgegebene neue Moral.

Auch Harald Welzer hat in *Täter. Wie aus ganz normalen Menschen Massenmörder werden* schlüssig dargelegt, dass Sadisten unter den Ausführenden der Massenerschießungen osteuropäischer Juden im Nationalsozialismus eher die Ausnahme bildeten. Die Mitglieder der betreffenden Einsatzgruppen waren Handwerker, Händler,

Arbeiter oder Akademiker, brachten ganz verschiedene, aber fast stets gewöhnliche und unspektakuläre Vorgeschichten in die Situation mit. Gemeinsam war ihnen nur »eine in weitesten Teilen der Bevölkerung verbreitete Annahme: Dass die Juden ein Problem darstellten, das einer Lösung bedurfte.«[6] Sie begingen angeordnete Grausamkeiten, obwohl sie durch Verweigerung der Teilnahme am Morden *nicht*, wie oft behauptet, das Leben oder auch nur eine Haftstrafe riskiert hätten. »Der Befehlsnotstand war ein Mythos« (mit raren Ausnahmen). Laut Welzer handelten diese Täter keineswegs amoralisch in dem Sinn, dass sie sich außerhalb des gerade aktuellen moralischen Systems gestellt hätten, sondern sie *erfüllten* gerade die Vorgaben der herrschenden – in diesem Fall nationalsozialistischen – Moral. Sie entschieden sich zum Mitmachen, weil sie die geänderten moralischen Normen, die Verschiebung des Werterahmens, nicht in Frage stellten.

Ein »kleines« Beispiel für ein solche Verschiebung des Werterahmens in der Gegenwart: Nicht wenige Meinungsführer weltweit erachten mittlerweile die Folterung von Terrorverdächtigen zwecks Vereitelung von Anschlägen als vertretbar, mit dem Argument, die Folter des Einen könne Tausende Leben retten. Demnach könnten wir moralisch »gut« sein und dennoch Folter in Ausnahmefällen befürworten.

Die Markierung der zukünftigen Opfergruppe eines Genozids folgt, im Großen, derselben Logik: Den »inneren Feinden« werden – wie Terrorverdächtigen – Vergehen gegen die Mehrheitsbevölkerung zur Last gelegt. Umso besser funktioniert die Brandmarkung, wenn die Vorwürfe einen Schatten von Wahrheit enthalten; und ein solcher wird sich immer finden, denn Gruppen – alle Gruppen! – ärgern aufgrund von Interessens- und Mentalitätskonflikten andere Gruppen. Nach einem Genozid neigt die Täterseite zu Abwehr und Projektion in der Form, dass der Opfergruppe die Schuld an der eigenen Vertreibung und Vernichtung zugeschoben wird, nach dem Motto: »Hättet ihr uns durch euer Benehmen nicht derart provoziert, dann hätten wir euch nicht töten müssen.«

Harald Welzer identifiziert als gemeinsames Merkmal ansonsten sehr verschiedener genozidaler Gesellschaften den Ausschluss einer Gruppe aus dem »Universum der allgemeinen Verbindlichkeit«, die »unhintergehbare und absolute Unterscheidung von Zugehörigen und Nicht-Zugehörigen«.[7] Die Trennlinie wird jeweils messerscharf gezogen. Zeuge B gab in den Haag wieder, wie Ivica Medić mit einem bosnischen Serben verfuhr, der abgefangen wurde, als er einen befreundeten moslemischen Lokalpolitiker in seinem Auto aus der Stadt bringen wollte. Medić, so der Zeuge, brachte die zwei Freunde ins Lager; beim Aussteigen aus seinem Wagen hielten sie einander an der Hand.

»Er sagte: ›Seht ihr, wie die beiden einander lieben, ein Serbe und ein Moslem? Wir haben sie so sehr geschlagen, dass wir sie nicht mehr trennen konnten…‹«

Beide wurden im Verlauf von Stunden halb tot geprügelt und spätnachts von Medić in der gewohnten Weise, Kopf über dem Kanalgitter, erschossen.

Es ist immer nur ein kleiner Teil der männlichen Bevölkerung (und ein minimaler Prozentsatz an Frauen), der aktiv an Kriegsverbrechen teilnimmt, und diese Personen sind in meist dauerhaft dafür abgestellten uniformierten Einheiten zusammengefasst, einfach weil solche Spezialtrupps viel effizienter töten, besonders, wenn sie sich erst daran gewöhnt haben.

In diesen Trupps finden sich zwar auch, aber eben nicht nur »geborene Killer«, sondern höchst unterschiedliche Menschentypen: bei einem Genozid werden so viele Mitspieler an so vielen Standorten in so kurzer Zeit gebraucht, dass eine Rekrutierung nach Neigung, eine sorgfältige Auswahl nach Persönlichkeitsprofil meist nur partiell oder nur anfangs gelingt. Aus diesem Grund stellt jeder Völkermord auch hinsichtlich der Täter ein »Menschenexperiment« dar, bei dem sich immer wieder herausstellt, dass man durch Befehlsdruck und durch gruppendynamische Prozesse eine Vielzahl psychisch gesunder Personen zum Töten Wehrloser nötigen kann.

Faktor Gehorsam: Das Milgram-Experiment

Solange es Menschen gibt, wird die Lebenswirklichkeit bestätigen, was der Sozialpsychologe Stanley Milgram in den sechziger Jahren durch sein bereits erwähntes berühmtes Experiment unter Laborbedingungen demonstrierte.

Den Versuchspersonen wird erklärt, sie nähmen an einer Studie über die Auswirkungen von Bestrafung auf das Lernverhalten teil. Sie haben die Funktion eines »Lehrers« auszuüben, der einen »Schüler« bei jedem Fehler mit einem Elektroschock bestrafen soll. Der »Schüler« – in Wahrheit der Assistent des Versuchsleiters – wird vor den Augen des »Lehrers« an einen elektrischen Stuhl gefesselt. Anschließend nimmt dieser im Nebenraum vor einem Stromgenerator Platz; er kann den »Schüler« nun nicht mehr sehen, ihn aber gut hören. Im Verlauf der »Prüfung« wird der »Lehrer« vom Versuchsleiter dazu gedrängt, die Voltstärke der strafenden Stromstöße kontinuierlich zu erhöhen. Nebenan stöhnt der »Schüler«, jammert, bei 180 Volt brüllt er herzzerreißend, fleht »Lassen Sie mich raus!«, hämmert schließlich wild an die Wand. Der Versuchsleiter, ein Wissenschaftler im weißen Kittel, gibt sich den »Lehrern« gegenüber unerbittlich: »Machen Sie weiter! Weitermachen! Es ist für das Experiment unbedingt nötig, fortzufahren!!«

Selbstverständlich war alles nur gestellt, kein Strom floss, der »Schüler« hatte die Rolle des Gefolterten einstudiert – aber dessen konnten sich selbst Testpersonen, die vielleicht Zweifel an der Echtheit des Settings hegten, nicht sicher sein.

65 % der Probanden steigerten die Dosis bis zum vorgeblich letalen Ende, sie drückten auch noch den 450-Volt-Knopf. »Einige protestierten, andere schwitzten, zitterten, begannen zu stottern oder zeigten andere Zeichen der Anspannung. Dennoch gehorchten sie den Anweisungen des Versuchsleiters. Auffällig am Verhalten der Probanden war, dass sie häufig versuchten, ihr Opfer so wenig wie möglich wahrzunehmen, und ihre Aufmerksamkeit ausschließlich auf den Versuchsleiter richteten. Das geschah vermutlich, um die inneren Spannungen, die durch die wahrgenommenen Schmerzen des Opfers hervorgerufen wurden, zu mildern, sie durch ein geschicktes Anpassungsverhalten an die Situation zu ertragen. Dieses Phänomen bezeichnete Milgram als ›Einstimmung auf die Autorität‹. (…) Viele leugneten einfach ihre Verantwortlichkeit, manche verlangten zu einem fortgeschrittenen Zeitpunkt des Experiments zusätzlich eine Versicherung, dass sie für ihre Handlungen nicht haftbar gemacht werden könnten. Oder die Verantwortung wurde auf das Opfer übertragen, mit der Begründung, dass es sich ja freiwillig gemeldet habe. Einige Versuchspersonen gehorchten zwar,

versuchten jedoch, die Schmerzen für das Opfer so gering wie möglich zu halten, indem sie den Schockgenerator nur kurz antippten, oder indem sie dem Schüler die richtige Antwort durch überdeutliches Sprechen zu verraten suchten. (...) Viele Versuchspersonen waren zwar der Überzeugung, sie sollten dem Schüler keine weiteren Schocks versetzen, konnten dies aber nicht in die Tat umsetzen. Vermutlich hätten sie sich im Fall eines Abbruchs eingestehen müssen, dass ihr vorheriges Verhalten falsch gewesen war. Allein dadurch, dass sie weitermachten, rechtfertigten sie ihre vorherige Handlungsweise.«[8]

Die Versuchsanordnung wurde in zehn Ländern, darunter auch Deutschland, wiederholt, und erbrachte überall ähnliche Ergebnisse.

Gab der Versuchsleiter seine Anweisungen jedoch per Telefon, so sank die Rate der bedingungslos Folgsamen auf 25 %. Auch Blick- oder gar Berührungskontakt zum »Opfer« oder lasches Verhalten der Autorität im weißen Kittel ließ einen weit höheren Prozentsatz der Testpersonen das Experiment vorzeitig abbrechen.

Im Ernstfall einer Massakersituation steht jedoch der Befehlshaber meist dicht an den Exekutoren und lässt nicht den leisesten Zweifel daran, was zu geschehen hat, denn Militärs wissen um die Wichtigkeit autoritären Auftretens.

Zwecklos, sich darüber zu entrüsten, dass so viele Menschen die Mühen und Risiken der Zivilcourage so sehr fürchten, dass sie um des Gehorsams willen buchstäblich über Leichen gehen würden. Man kann dies nur zur Kenntnis nehmen.

Die Frage nach dem Warum führt geradewegs in die unermessliche Debatte über Kindererziehung, über die Werteskala und den Tugend-Begriff unserer und anderer Gesellschaften.

Niemand von uns weiß, unter welchen Umständen er sich selbst dem Befehl zum Töten entziehen würde oder eben nicht, und ob er, nach einer Gewöhnungsphase, Genuss daran fände.

Der Münchner Psychiater Norbert Nedopil hat als forensischer Gutachter mehrfach, auch für das Haager Tribunal, Kriegsverbrecher untersucht, und bezeichnet das Gros dieser Personen als »psychisch nicht auffällig. Den meisten von ihnen würde bei einer normalen Unterhaltung auch ein Fachmann nicht ansehen, dass sie irgendwelche Auffälligkeiten haben, die sie für so etwas disponieren. Es sind auch keine Fanatiker im engeren Sinn, sondern Leute, die sich in aller Regel mit einer bestimmten Überzeugung, die auch relativierbar war, in diese Situation begeben haben, und zum Teil nachgebend, zum Teil aber auch aktiv gemeint haben, ihre Aufgabe zu erfüllen, wenn sie andere Leute töten«.

Ivica Medić zählt freilich nicht zum »Durchschnitt« der Kriegsverbrecher; vor dem Tribunal in Den Haag bezeichnete ihn der Staatsanwalt sehr treffend als einen jener Schlüssel-Exekutoren, ohne die die ethnischen Säuberungen nicht möglich gewesen wären.

Ivicas Theaterstück

In der ersten Woche der systematischen Erschießungen in Ivica Medićs Lager betrat ein Bewacher die Halle und fragte, ob irgendeiner der Moslems mit einer Serbin verheiratet sei. Ein junger Mann erhob sich, lächelte, rief: »Ich«, weil er meinte, seine Frau wäre gekommen, ihn freizubitten. Stattdessen erwartete ihn ein prügelnder Ivica Medić, der ihn anschrie:

»Schaut den *balija* an! Er schläft mit unserer serbischen Frau. Er erniedrigt unsere Religion. Er macht Kinder mit unserer serbischen Frau.«

Auch dieser Mann beendete sein Leben über den Öffnungen jenes Kanalgitters, durch das in jenen zwei Wochen Blut aus den Köpfen so vieler Menschen in den nahe gelegenen Fluss rann.

Einen anderen bestrafte Medić ebenso durch Kopfschuss, weil dem Unglücklichen eine frisch gefüllte, noch feuchte Wasserflasche entglitten war, auf dem Rückweg von der Toilette, unter den Prügeln eines Spaliers von Wächtern.

Vergessen wir nicht: Viele hundert Deutsche und Österreicher, zumeist Männer mit ganz normalen Biografien, Familien und Berufen, Männer, wie es sie millionenfach gibt, haben erst vor einigen Jahrzehnten ebensolche Abscheulichkeiten erdacht oder bei ihrer Ausführung assistiert, so wie die Lagerwachen Medić bei den Misshandlungen und Erschießungen halfen – manchmal ließ sich Medić bei den Exekutionen durchaus von Kollegen ablösen.

Nicht alle seine Opfer wählte er nach Laune und dem beschriebenen »Freiwilligen«-Zufallsprinzip aus, sondern gelegentlich ging er nach Listen vor, die offenbar von bosnisch-serbischen Funktionären der Stadtregierung stammten: Sie enthielten die Namen moslemischer Intellektueller, Politiker und wehrfähiger Männer.

Die Todeslisten wollte er von leitenden Polizeibeamten erhalten haben. Er agierte also (wie auch der Staatsanwalt des Kriegsverbrechertribunals voraussetzte) nicht ohne Auftrag und Deckung aus der lokalen Hierarchie, die ihrerseits Strategien der Führung der Republika Srpska umsetzten.

Aber Medić fiel ein mehr als breiter Ermessensspielraum zu, und den kostete er aus, als böte sich ihm die Chance seines Lebens.

Gegenüber den Gefangenen übertrieb er die Zahl seiner Tötungen; einmal brüstete er sich, am betreffenden Tag schon sechzig Moslems umgebracht zu haben und immer noch bestens in Form zu sein.

Der Genozid bot Medić eine Bühne, auf der er sich als Hauptdarsteller und Regisseur in Personalunion ungestört produzieren konnte. Zeuge B erzählte:

»Wissen Sie, wie er sich benahm? Ich glaube, er fand Vergnügen an dem, was tat, weil er so mächtig war, weil er als Gott betrachtet wurde. Er hielt sich für die mächtigste Person auf der Welt, und dort war er es auch. Sogar die serbischen Soldaten fürchteten sich vor ihm, weil er der Boss war.«

Faktor Gruppendynamik

Aber auch er, der selbst ernannte Leader, handelte im Lager nicht als autonome Einzelperson; die Situation unterschied sich grundlegend von der seelischen Einsamkeit, in der ein ziviler Mörder seine Tat »ausbrütet«, und der meist zeugenlosen Zweier-Konfrontation im Augenblick ihrer Realisierung. Ivicas mörderische »Theatervorstellung« war zwar eine geschlossene Veranstaltung, wäre aber ohne das Ensemble der mitwirkenden Kumpanen und ohne all die Zuschauer – die Gefangenen – ebenso wenig vorstellbar gewesen wie die Torschüsse eines Mittelstürmers ohne Unterstützung der kompletten Mannschaft und die beflügelnde Wirkung der Masse auf den Tribünen. Medić verfügte aus seiner Perspektive über das willfährigste, formbarste Publikum der Welt: Da er tatsächlich während dieser zwei Wochen die gottgleiche Macht über Leben und Tod besaß und mit der Angst der Internierten spielen konnte, wie er wollte, verkörperte er den Tod schlechthin. Daher sein gigantischer Stolz, als er entdeckte, dass er völlig unerschrocken zu töten vermochte.

»Er sagte: ›Was seid ihr für Männer? Ihr traut euch nicht, jemanden zu töten und zu schlagen. Schaut uns an!‹«

Die Methode mit dem wohlgesetzten Kopfschuss auf dem Kanalgitter, wodurch keine Blutlachen entstanden, erfüllte ihn offenbar mit der Zufriedenheit des Professionisten. Wahrscheinlich war es gar nicht zynisch gemeint, wenn er vor moslemischen Zeugen Bewunderung heischend erklärte:

»Es ist nett, so zu töten. Ich töte sie nett. Ich fühle nichts dabei.«

Gruppendynamik und nicht individuelle Entscheidungsprozesse stimulierten Ivica Medić zum Töten. Der Makro-Handlungsrahmen, das Projekt »ethnische Säuberung«, war von anderen entworfen worden. Auch den Mikro-Handlungsrahmen – jemand entlässt ihn aus dem Gefängnis, gibt ihm die Uniform und die Sonderaufgabe – fand er fertig vor. Aber beim *Wie* der Durchführung begann die persönliche Gestaltung der Rolle, deren Möglichkeiten ihn so verführten.

Ivica hätte meiner Vermutung nach im zivilen Leben kein Tötungsdelikt begangen. Kriegsverbrecher sind in der Regel reine Gelegenheitsmörder, sie töten erst nach Autorisierung zum Töten, manche eher, weil sie glauben zu müssen, also aus Gehorsam (bei Massakern im Jugoslawienkrieg scheinen allerdings vereinzelt auch Soldaten unter Androhung der eigenen Ermordung in Exekutionskommandos gezwungen worden zu sein); andere – wie Ivica – eher, weil sie dürfen, also aus Lust. Zwischen Input – der Anordnung zur Vernichtung von Menschen – und Output – dem Grad physischer und seelischer Grausamkeit bei der Umsetzung – steuert jeder Täter seine »Handschrift« zum Massaker bei.

Auch im zivilen Berufsleben sind ja die meisten Leute Befehlsempfänger und dennoch keine willenlosen Werkzeuge in der Hand ihrer Vorgesetzten. Sie bemühen sich um die individuelle Ausgestaltung ihres Aufgabenbereichs, um sich mit dem Job identifizieren zu können oder – falls das nicht möglich ist – sich ungeliebter Tätigkeiten wenigstens »mit Anstand zu entledigen«, oder sie versuchen, wenn die Arbeit als Zumutung oder Schande empfunden wird, diese als etwas Fremdes vom Ich abzuspalten und den inneren Widerwillen zu betäuben, um weniger darunter zu leiden.

Medić hingegen erfüllte seine Aufgabe begeistert, er war ein geradezu inspirierter Massenmörder.

Nochmals Zeuge A:

»Ich glaube, es war einfach Töten aus Hass, aus Genuss, aus dem Wunsch, ein Volk physisch wie auch psychologisch zu zerstören. Wir Überlebenden aus der Gruppe hatten alle den Eindruck, dass sie uns soviel Schmerz wie möglich zufügen wollten, indem wir (die ›Freiwilligen‹, die die Leichen der anderen, erschossenen ›Freiwilligen‹ wegzutragen und die Stätte zu säubern hatten, A. d. V.) unsere Freunde und Nachbarn dort tot sehen sollten und dies bei der Rückkehr den in der Halle Verbliebenen weitersagen sollten, damit diese ihre Selbstachtung verlieren und sich erniedrigen würden, indem sie noch mehr um ihr Leben bettelten.

In anderen Lagern, wo ich nachher war, wurde uns angeboten, unsere Namen zu ändern, unseren Glauben zu ändern, keine Moslems mehr zu sein, Orthodoxe zu werden. Das gleiche wurde den Kroaten angeboten. Sie wollten uns einfach zerstören, mental und physisch.«

Faktor Alltags-Sadismus

Wie gesagt: Kein Massenmord ohne vorherige Ausrufung einer Mord-Moral und ohne Autorisierung zum Töten. Die Schleusen müssen durch eine Serie von politischen Aktionen geöffnet werden; stehen sie einmal offen, dann vereint sich zu einem kollektiven, stark anschwellenden Strom, was im Friedens-Alltag in einzelnen, oft unterirdischen Rinnsalen dahinsickert:

Die latenten sadistischen Potenziale eines erheblichen Teils der Normalbevölkerung. Gemeint ist hier natürlich nicht (klinischer) Sadismus im engsten Sinn, als dauerhafte schwere psychische Störung, wie sie Sexualmördern eigen ist; aber wenn sich bis dahin sozial angepasste Menschen in einen hohn- und hassvollen Mob, in Kerkermeister, Folterknechte und Mörder verwandeln können, so beruht dies – nach einer psychoanalytischen Auffassung, der ich persönlich viel abgewinnen kann – auf der gleichen seelischen Dynamik wie der Sadismus jener sexuell Devianten, die zu Mördern werden (sehr zum Unterschied von Sadomasochisten, die ihre Andersartigkeit für sich selbst akzeptieren und sie mit gleichartig Orientierten subkulturell leben[9]). Der Psychiater Eberhard Schorsch definiert in seiner klassischen Sexualmord-Studie *Angst, Lust, Zerstörung* das Phänomen Sadismus als »sexualisierte Destruktivität«. Sexualisierung bedeutet nicht notwendigerweise Verknüpfung mit sexueller Betätigung, sondern Koppelung des Zerstörungsdrangs mit Antrieben, die eine verborgene sexuelle Komponente haben – kurz, Zerstörungs*lust* im Unterschied zur Zerstörungs*wut*, etwa wenn jemand aus Zorn eine Zimmereinrichtung kurz und klein schlägt.

»Sexualisierte Destruktivität«: Nichts anderes ist es, was Zeuge A mit den Worten »Töten aus Hass, aus *Genuss*, aus dem Wunsch, zu zerstören« umschreibt.

Sadistische Intentionen zielen, so Eberhard Schorsch, »auf die Bemächtigung des anderen, auf ein totales Verfügen über ihn (…). Dominanz – Subordination in extremer Zuspitzung wird zum sexualisierten Thema; es geht nicht in erster Linie um Aggressivität oder Grausamkeit, sondern um *Beherrschung*. Schmerz zufügen und Verletzen können dabei fehlen«, denn Beherrschung kann sich auch in extremer Einschränkung der Bewegungs-, Handlungs- und Gedankenfreiheit manifestieren, wie Diktaturen dies praktizieren, »sind aber deshalb ein häufiger Bestandteil sadistischer Aktivitäten, weil das Hinnehmen Müssen von Schmerz, das Erleiden von Qual der deutlichste Ausdruck von Selbstaufgabe und Ohnmacht ist. Destruktiv ist die sadistische Dynamik deshalb, weil sie in dem anderen etwas zu brechen, zu zerstören trachtet, nämlich dessen Eigenständigkeit und Selbstbestimmung.«[10] Dabei entwickeln Aggressoren jene Kreativität im Ersinnen von Methoden des Quälens und Entwürdigens, die Genoziden ihr Gepräge eines Albtraums der Entmenschlichung, eines wüsten Karnevals der Grausamkeit verleiht.

Die Erzählung des Zeugen A erreicht diesbezüglich ihren Höhepunkt an der Stelle, wo er die Ermordung eines bosnischen Kroaten im Lager schildert.

»Er war ein großer, starker Mann, vielleicht hundert oder sogar hundertzwanzig Kilo schwer. Sie brachten ihn in die Halle, und ich sah, dass seine Hand blutig war. Sein rechtes Ohr war abgeschnitten worden, er hielt sein Ohr in der Hand – und er wischte auch seinen Kopf mit einem Taschentuch. Wir standen alle auf – wir waren alle rund um die Wand der Halle gesessen – und Ivica Medić sagte zu dem Mann: ›Hock dich hin.‹ Er hockte sich in der Mitte der Halle, mit dem Gesicht zu uns, auf den Boden. Sein Blut tropfte noch, und er versuchte noch immer, das Blut abzuwischen, und hielt noch immer sein Ohr in der Hand, und ich fragte mich: Kann es so etwas geben, diesen Anblick eines Mannes, der sein eigenes Ohr in der Hand hält?

Er sagte: ›Moslemische Brüder und, falls es irgendwelche Kroaten unter uns gibt, bitte tötet mich, damit mich nicht dieser Verbrecher tötet.‹ Und Ivica ging herum, bot einem nach dem anderen die Pistole an, um ihn zu töten, und dann sagte er … er sagte: ›Ihr seid kein Volk, ihr seid nichts. Ihr solltet alle umgebracht werden.‹

Keine Minute später war der Kroate tot.

Die meisten Menschen, die in Völkermord-Zeiten solche Scheußlichkeiten verüben, kehren später, falls man sie lässt, in eine völlig normale Existenz zurück. Der Münchner Psychiater Norbert Nedopil, der als Gerichtsgutachter unter anderem in Den Haag Kriegsverbrecher untersucht hat, versichert: »Den meisten würde man selbst als Fachmann bei einer normalen Unterhaltung nicht anmerken, dass sie irgendwelche Auffälligkeiten hätten, die sie für so etwas disponieren.« Möglich ist das, weil es sich bei Kriegsverbrechern gleichsam um »Sadisten auf Zeit« handelt. Schorsch hat den Begriff des »passageren Sadismus« geprägt, einer *vorübergehenden* »Sexualisierung destruktiver Impulse, (…) ohne dass es, wenn es einmal geschieht, sonderliche Spuren in ihnen hinterlassen muss. Deutlich geworden ist dies an manchen Kriegsverbrecherprozessen, bei denen die Angeklagten oft aus einer gutbürgerlichen und reputierlichen Existenz heraus verhaftet wurden, in der sie jahrelang unauffällig und anerkannt lebten.«[11]

Massenmörder als »ganz normale Männer« zu bezeichnen bedarf also einer Differenzierung. Normale können vorübergehend zu sadistischen Tätern werden, weil die Grenze zwischen psychischer Normalität und Pathologie (wie schon Freud betonte) fließend und durchlässig ist. Wenn sich normale Menschen an Völkermorden beteiligen, sind sie nicht mehr ganz so normal, sondern unterliegen einer zeitweiligen Pathologisierung, genauer: der Aktivierung und Überformung »pathologischer Einsprengsel«, wie der Sozialpsychologe Rolf Pohl dies nennt. »Solche Mechanismen können ideologisch aufgegriffen, massenpsychologisch verstärkt und in politisch erwünschte Handlungsbahnen überführt werden. (...) Die Normalpathologie des Einzelnen verträgt sich durchaus mit der Beteiligung an Massenmorden.«[12]

Nach psychoanalytischer Lehre gehen sadistische Regungen vor allem auf Pannen beim Ablösungsprozess von der Mutter in den ersten Lebensjahren zurück. Während der anfänglichen Symbiose mit ihr, dieser »Ganzheit zu zweit«, erlebt ein Säugling die totale Verfügbarkeit der Mutter-Hälfte, und damit einen paradiesischen Zustand der Allmacht, weil niemand die sofortige Erfüllung seiner Bedürfnisse durch die stets bereite Mutter behindert. Beginnt die Phase des Ablösung und damit der Kristallisation selbstständiger Identität, so reagiert das Kleinkind anfangs aggressiv und destruktiv auf das Entgleiten jener Allmacht und der grenzenlosen Wunscherfüllung. Kann das Kind in den folgenden Jahren wegen elterlichen Fehlverhaltens (oder überhaupt des Fehlens konstanter Bezugspersonen) kein stabiles, klar umgrenztes Ich-Ganzes entwickeln, so wird die ursprüngliche Destruktivität nicht »ausreichend entschärft und in soziale Antriebe umgeformt«[13]. Nach Schorsch stellen solche destruktiven Rest-Potenziale deshalb ein Massenphänomen dar, weil diese Umformungsprozesse häufig nicht oder nicht vollständig gelingen, liegen doch individuell und gesellschaftlich bedingte Erziehungsfehler in der Natur der Unvollkommenheit des Menschen.

Ob man nun dem psychoanalytischen Modell folgen will oder andere Erklärungsansätze bevorzugt: Es kann keinen Zweifel daran geben, dass die meisten Menschen archaische, nicht-sozialisierte Anteile mit sich führen, die sie in Ausnahmesituationen zu Exzessen befähigen, im Extremfall zu Exzessen sadistischer Gewalt.

Der Allmachts-Exzess des Ivica Medić wird nach zwei Wochen durch einen Führungsoffizier der jugoslawischen Bundesarmee beendet. In dessen Begleitung betreten Ivica und die Wachen jene Halle, wo die Internierten in Agonie der Angst ihrem Schicksal entgegenwarten. Zeuge A über die nun folgende Szene:

»Sie sagten uns, dass Töten und Misshandeln von Gefangenen verboten sei. Die Männer begannen zu applaudieren. Einige hoben Medić sogar auf ihre Schultern – das tat mir so weh. In dem Moment konnte ich es nicht akzeptieren, dass die Männer ihn, dieses Ungeheuer, nach allem, was er getan hatte, schultern konnten. Ich wäre lieber tot umgefallen, als das zu tun. Aber später hatte ich mehr Verständnis für diese Männer, denn die Wörter, die er gesprochen hatte, der Befehl, der von irgendwo weiter oben, von ihren Führern kam, bedeutete, dass wir neu geboren waren, dass wir weiter existieren konnten, dass wir überlebt hatten – im Unterschied zu unseren anderen Landsleuten.«

Nach der Rückkehr in seine Geburtsstadt tritt nun aber ein völlig umgekrempelter Ivica in Erscheinung. Die dortigen Moslems, die, abgeschnitten durch den Krieg, nichts von seinen Untaten erfahren haben, erleben Medić als Verbündeten und selbstlosen Helfer, was sie später auch vor dem Haager Tribunal bezeugen. Er rettet ein muslimisches Ehepaar vor der Ermordung durch Paramilitärs; einer Familie verhilft er zur Flucht außer Landes; hier bezahlt er die Reparatur von Bombenschäden, dort einen Krankenhausaufenthalt. Geschieht all dies aus Reue und der Sehnsucht nach Wiedergutmachung, oder versucht Medić, ein übersteigertes Geltungsbedürfnis nun mit anderen Mitteln zu befriedigen? Oder ist dieser 180-Grad-Schwenk Teil einer Selbststilisierung als gottgleiches Wesen, das mit einem Fingerschnippen nach Gutdünken Tod oder wundersame Errettung bewirken kann? Auch eine in Medićs Land verbreitete, mentalitätsgeschichtlich bedingte Neigung zu Extremen mag eine Rolle gespielt haben. Das Klischee, wonach in den multiethnischen Gesellschaften Ex-Jugoslawiens Brutalität und Herzlichkeit stets nah beieinander gelegen hätten, Liebe oft abrupt in Hass umgeschlagen sei und umgekehrt, dieses Klischee scheint einen realen Kern zu haben. »Die Behauptung, der Hass sei nun einmal Teil des Wesens Bosniens als einer plurinationalen Gemeinschaft, (...) diese Behauptung ist nicht unwahr«, so der bosnisch-kroatische Schriftsteller Miljenko Jergović. »Denn wo Sympathie in einer multikulturellen Gesellschaft ist, ist auch Antipathie.«[14]

In der Hoffnung, wenigstens im Ansatz zu erfahren, warum Medić solcher Taten fähig war, beginnen der Übersetzer und ich – im Gefängnis, unter den bunt bemalten Wänden des Besuchsraums, die Arme auf die vielfach gekerbte Holztischplatte gestützt – das Gespräch mit dem immer noch jungen Mann.

Besuch beim Kriegsverbrecher

Bei Interviews mit inhaftierten Tätern ist mitzudenken, dass die meisten von ihnen bemüht sind, sich als reuig und gebessert darzustellen und die böse Absicht bei ihrer Tat abzuschwächen (so geben wegen Mordes Verurteilte häufig an, sie hätten das Opfer zwar verletzen, nicht aber töten wollen, nur sei dies vor Gericht nicht beweisbar gewesen. Ob sie die Wahrheit sagen, bleibt jeweils ihr Geheimnis, und es wäre vermessen, in der einen oder anderen Richtung zu urteilen); denn es ist nie auszuschließen, dass der Eindruck, den sie in den Medien erwecken, die Entscheidung der Justiz über einen vorzeitigen Entlassungstermin negativ oder positiv beeinflusst – und ein Mensch wie Ivica, der nominell vierzig Jahre Haft zu verbüßen hat, klammert sich an jeden Strohhalm der Hoffnung.

Der Strafrechtsexperte Herbert Jäger, der schon in den sechziger Jahren Genozidforschung aus kriminologischer Sicht betrieb, unterscheidet zwischen Tätertypen wie »Befehlstätern« einerseits und »Exzesstätern« andererseits. Letztere handeln aus eigener Initiative, sie sind gleichsam die Trittbrettfahrer der Genozide: Erst aus gegebenem Anlass entdecken sie ihre Lust an der sadistischen Verfügungsmacht über den Köper und die Psyche anderer Menschen, lassen aber, einmal auf den Geschmack gekommen, so lange und so wild wie möglich diesen Gelüsten freien Lauf.

Aus den Zeugenaussagen zum Fall Ivica Medić ergibt sich klar das Bild eines Exzesstäters, dem sein plötzlicher Macht-Lust-Gewinn, der Sprung vom kleinen Arbeiter und kleinen Betrüger zum Herrn über Leben und Tod, monströs zu Kopf gestiegen war.

Medić selbst stellt sich hingegen als *Befehls*täter dar, und als einen unwilligen dazu.

»Ich habe dort die gefangenen Zivilisten in einer großen Halle gesehen und habe die anderen Polizisten gefragt: ›Was sind das für Menschen, was machen sie hier?‹ Die haben gesagt: ›Das sind Türken, das sind Mujaheddin, das sind *balijas*.‹ Ich habe gesehen, wie sie auf brutalste Weise gequält wurden, und hoffte, aus dieser Situation herauszukommen, bin aber geblieben, weil ich Angst hatte. Ich habe gesehen, dass schon einige Serben umgebracht worden waren, weil sie sich weigerten, Moslems zu erschießen.«

Töten zu müssen, um nicht selbst getötet zu werden: Im Jugoslawienkrieg scheint es zumindest Einzelfälle derartigen Befehlsnotstands gegeben zu haben. Bekanntestes Beispiel dafür: Die Geschichte des bosnischen Kroaten Dražen Erdemović, den es nach Kriegsbeginn in die Republika Srpska verschlug; sein Versuch, sich mit Frau und Kleinkind in die Schweiz abzusetzen, misslang. Weil er anders kein Wohnrecht bekommen hätte, trat er in die bosnisch-serbische Armee ein. Zur falschen Zeit am falschen Platz, wurde er eines Morgens in der Nähe von Srebrenica zu einem Einsatz abkommandiert, dessen Zweck er erst an Ort und Stelle erfuhr. Als er den Gehorsam verweigern wollte, hieß es: »Wenn dir diese Leute leid tun, dann kannst du dich gleich zu ihnen in die Reihe stellen.« Als Mitglied eines Zehner-Exekutionskommandos, dem die Opfer auch in Zehnergruppen vorgeführt wurden, wirkte Erdemović einen strahlenden, heißen Sommertag lang am Massaker von Srebrenica mit und tötete nach eigenem Geständnis mindestens siebzig der fast siebentausendfünfhundert Moslems, die binnen fünf Tagen, auf Wiesen und Feldern in der Umgebung der Stadt, ausgelöscht und in Massengräber versenkt wurden.

Er selbst trug später indirekt, durch Kontaktaufnahme mit westlichen Medien, zu seiner Verhaftung und Auslieferung nach Den Haag bei.

Da Erdemović traumatisiert und von verzweifelter Reue gezeichnet wirkte – was auch aus Fernseh-Mitschnitten seines Prozesses deutlich hervorgeht – und da Aussagen von Überlebenden die Glaubwürdigkeit seiner Darstellung erhärteten, verurteilte ihn das Tribunal bloß zu fünf Jahren Haft, wohl auch, weil er als Kronzeuge im Prozess gegen Radovan Karadžić und Ratko Mladić[15] aufzutreten bereit war.

Natürlich lässt sich nicht mit Sicherheit ausschließen, dass auch Ivica Medić zu seiner ersten Erschießung von Zivilisten durch Drohungen gezwungen wurde.

»Zum ersten Mal habe ich getötet, als eine Gruppe von jungen Serben einige Menschen umgebracht hatte, und sie haben gesagt: ›Jetzt bist du an der Reihe zu töten.‹ Ich glaubte zuerst, sie scherzen, und habe gezittert, aber ein anderer hat eine Pistole genommen und gesagt: ›Wenn du jetzt nicht tötest, töten wir dich‹, und da habe ich es zum ersten Mal gemacht. Das war eine Gruppe von ungefähr fünf Muslimen, die wir umgebracht haben.

Es war ein Zustand voller Verwirrung, Angst und Schock, eigentlich ein krankhafter Zustand.

Später wurde es leichter … einen nach dem anderen …«

Medić erzählt dies ohne besondere Gemütsbewegung. Nur etwas unfroh hört sich die Bassbariton-Stimme an, als würde Ivica darüber plaudern, wie er traurigerweise unlängst den Bus versäumte und deshalb sein Mädchen nicht treffen konnte, oder wie er bei Rot über die Straße ging und Strafe zahlen musste.

Kein fernes Echo der Erschütterung, der Intensität erinnerter Bilder klingt an, ebenso wenig ein Nachgefühl der Aggressivität und des verhohlenen Triumphs.

Verstellt er sich nur, in der Hoffnung, selbst als bloßes Opfer fremder Befehle gelten zu können – oder spaltet er auch Emotionen ab, als gehörte das Täter-Selbst nicht oder nicht mehr zu ihm?

»Ich hatte ein übles Gefühl, weil ich gezwungen wurde, von einem Ivica zu einem anderen Ivica zu werden.

Ich will mich jetzt nicht rechtfertigen und sagen, dass ich kein Blut an mir habe. Ich bin schuldig und bedauere die Taten. Aber es gibt Menschen, die mehr Verantwortung haben als ich – die das organisiert haben.

Es ist verständlich, dass die Menschen im Lager unter einem derartigen Leidensdruck denken konnten, dass ich der Chef war. Aber ich selbst bestehe darauf, dass ich nicht ohne Befehl getötet habe.

Kein normaler Mensch kann es reizvoll finden, jemandem das Leben zu nehmen. Es gab Menschen – und ich habe solche Menschen getroffen –, die das mit Begeisterung gemacht haben, aber ich selber nicht!«

Acht Überlebende bezeugten in Den Haag das genaue Gegenteil; aber vielleicht glaubt Medić ja mittlerweile selbst an das, was er sagt.

»Ich bin mir bewusst geworden, dass unschuldige Menschen getötet wurden, nur weil sie anders waren, und diese Taten sind ein Spiel krankhafter Hirne nationalistischer Politiker.

Die Menschen wurden meiner Meinung nach getötet, nur weil sie keine Serben waren. Das war Grund genug, sie zu töten.

Ich wusste, dass sie unschuldig waren. Aber was hätte ich denn logischerweise mit zweiundzwanzig Jahren, und noch dazu aus einer anderen Stadt kommend, tun können?«

Allmählich gewinne ich den Eindruck, im falschen Film zu sein.

Wo bleibt in seiner Schilderung die blutige Dramatik der Ereignisse im Lager? Wenn ein Mensch tötet, gleich mit welcher Einstellung, so müsste dies doch wenigsten tiefe sinnlich-emotionelle Eindrücke in ihm hinterlassen. Nichts davon verrät sein treuherziger Tonfall.

Ich beginne bereits, an der Verlässlichkeit der Zeugen zu zweifeln. Haben sie ihn womöglich durch die Brille ihrer Angst verzerrt wahrgenommen, sodass ein kleiner Befehlsempfänger für sie ins Dämonisch-Riesenhafte anwachsen konnte?

Den Zeugenaussagen nach zu schließen, markierte Medić im Lager den mächtigen Boss, solange ihm seine Vorgesetzten freie Hand ließen; als aber ein hoher Offizier das Morden abstellte, fügte er sich sofort und ohne aufzumucken. Medić vermag sich folgsam und kooperativ an die jeweiligen Verhältnisse anzupassen. Er giert nach großen Auftritten, sucht sich die Nischen dafür aber innerhalb des Erlaubten – der Terror im Lager war ihm ja erlaubt! –, er hätte aber wohl kaum gegen Autoritäten rebelliert.

An dieser Stelle erweist sich Elias Canettis *Masse und Macht* einmal mehr als geniales »Nachschlagewerk« zum Thema Menschen töten. Auf die Diskrepanz zwischen den Zeugenaussagen im Fall Medić und seiner eigenen Wiedergabe der Vorgänge passt die folgende Erklärung so genau, als wäre sie für diesen Zweck geschrieben:

»Es ist bekannt, dass Menschen, die unter Befehl handeln, der furchtbarsten Taten fähig sind. Wenn die Befehlsquelle verschüttet ist und man sie zwingt, auf ihre Tat zurückzublicken, erkennen sie sich selbst nicht. (...) Sie suchen nach den Spuren der Tat in sich und können sie nicht finden. Man staunt, wie unberührt sie von ihr geblieben sind. (...) Wenn dann die lange Reihe der Zeugen aufmarschiert, der Opfer, die sehr wohl wissen, wovon sie reden, wenn einer nach dem anderen den Täter erkennt und ihm jede Einzelheit seines Verhaltens ins Gedächtnis zurückruft, dann wird jeder Zweifel absurd, und man steht vor einem unauflöslichen Rätsel.

Es ist für uns kein Rätsel mehr, da wir die Natur des Befehls kennen. Für jeden Befehl, den der Täter ausgeführt hat, ist ein Stachel in ihm zurückgeblieben. (...) Als fremde Instanz lebt er im Empfänger weiter und nimmt ihm jedes Gefühl von Schuld. Der Täter klagt nicht sich selber an, sondern den Stachel, die fremde Instanz, den wahren Täter sozusagen, den er immer mit sich herumträgt. (...) Er ist der immerwährende Zeuge dafür, dass man es nicht selber war, der dies oder jenes getan hat. Man empfindet *sich* als sein Opfer und hat darum für das wahre und eigentliche überhaupt kein Gefühl.«[16]

Nichts an Ivica Medićs Verhalten deutet auf Mitgefühl mit seinen Opfern oder deren Hinterbliebenen hin. *Deshalb* – mangels Empathie – konnte er sie damals Tag um Tag umbringen, »einen nach dem anderen«.

Nur ein einziges Mal in dem Gespräch erwähnt er die Toten, und auch da werden sie nicht personalisiert, sondern treten im wahrsten Sinn der Wortes als Schemen auf. In einem Ton, als rede er über Kopfschmerzen, klagt Medić über Albträume:

»Jede Nacht sehe ich Gesichter, kann aber nicht sagen, ob das wirklich die Gesichter der Getöteten sind.

Manchmal sehe ich im Traum den Raum voll von Leichen, und dass ich einen Leichenteil angreife. Dann wache ich schweißnass und zitternd auf.«

In jenen Mainächten der Jahres 1992, im Lager, zwischen den Exekutionen, grölten die Wächter Tschetnik-Lieder. Ivicas Augen, so ein Zeuge, hätten ausgesehen »wie trübes Wasser«; vermutlich habe er unter Drogen gestanden.

»Ja, ja, ich habe getrunken und Tabletten genommen, um es zu ertragen. Durch Alkohol und Tabletten wird man aggressiver, ganz sicher. Die Konzentration wird weniger, die Aggressivität mehr.

Vor diesen Taten hatte ich nie Drogen konsumiert. Beim ersten Töten war ich noch komplett sauber. Dann erst habe ich mich mit Alkohol und Tabletten betäubt. Trotzdem kam, mit wechselnder Intensität, das Gefühl von Übelkeit beim Töten zurück. Lust hat es mir überhaupt nicht bereitet.«

Aber – nehme ich noch einen Anlauf, ihn zu »knacken« – warum schlug und verhöhnte er dann die Opfer?

»Hand aufs Herz: Obwohl die Moslems definitiv Opfer in diesem Krieg waren, missbrauchen leider viele die Notsituation anderer. Manche von ihnen erzählen Unwahrheiten, ohne die Folgen zu bedenken, die das für einen Menschen haben kann.«

Und das mit dem Kanalgitter? Stimmt das etwa auch nicht?

»Doch, es gab dafür diesen Abwasserkanal. Die Leute wurden gezwungen, den Kopf auf das Kanalgitter zu legen. So hat man dort getötet. Einmal wurde ein Moslem auf der Polizeistation getötet, und alles war voll Blut. Dann hieß es später, niemand dürfte mehr auf der Station getötet werden, sondern nur im Lager. Und die Kommandanten haben gesagt, die serbische Erde darf man nicht mit moslemischem Blut verschmutzen. Deswegen muss man das Kanalgitter benutzen, sagten sie. Das ist die Wahrheit.«

Medić hat sich mittlerweile warm geredet, aber die leicht singende Sprechmelodie umschreibt nach wie vor einen seltsam geringen Tonumfang. Seine Stimme lässt einen armen, reduzierten Emotionshaushalt erahnen, eine »Gefühlsbehinderung« gewissermaßen, ein Gefühlsrepertoire, das weit hinter seinem Erwachsenenalter zurückbleibt, ähnlich wie bei einem geistig Behinderten die mentale Entwicklung. Mit Anfang dreißig klingt er einerseits wie ein braver Schüler ohne viel Lebenserfahrung, andererseits wie ein Untoter: Einer, dem seine Taten und der Umfang der Schuld mehrere Schuhnummern zu groß sind, der kein Gefäß für solche Schuldmengen hat, sodass die Schuld über ihn kam wie eine zähflüssige Substanz, die nun seine Seele verklebt.

»Ich konnte nicht leben mit dem Druck dessen, was ich getan habe – ich habe mehr und mehr getrunken. Eigentlich, mein Weg nach Den Haag hat mein Leben gerettet.«

Ivica Medić stellte sich nicht den Fahndern, tauchte aber auch nicht gänzlich unter und flüchtete nicht ins Ausland, was ihm, wie er beteuert, möglich gewesen wäre. Mit seiner Verhaftung musste er rechnen, und er wusste auch, dass nach ihm gesucht wurde, sonst hätte er nicht im voraus für einen Strafverteidiger gesorgt.

Im Unterschied zu beinahe allen anderen in Den Haag Angeklagten bekannte er sich in den Punkten Verbrechen gegen die Menschlichkeit und Verletzung des Kriegsrechts schuldig – »um seine Seele zu retten« – allerdings nicht des Völkermords. Auch der Staatsanwalt konnte nicht schlüssig beweisen, dass Medić aus gezieltem Vernichtungswillen gegen die moslemische Volksgruppe getötet hätte, weshalb die lange, sehr lange Haftstrafe allein für die anderen Anklagepunkte verhängt wurde.

Die Gerichtspsychiater attestierten Medić Persönlichkeitsabnormitäten wie narzisstische und antisoziale Züge, Elemente einer Borderline-Störung, kindliche Unreife, den Hunger, eine Leere in sich aufzufüllen – und übermäßige Formbarkeit durch seine jeweilige Umgebung.

Letzterer Punkt ist besonders wichtig: Medić lässt sich übermäßig leicht beeinflussen, saugt auf, was ihm günstig erscheint, um damit Status zu erlangen, um ein rasendes Geltungsbedürfnis zu stillen. Als der Fotograf dieses Buchs zufällig im Internet ein Foto von Medićs Gesicht fand, meinte er spontan: »Dieser Mann hat viele Masken.«

Nur weil er so abrupt ein Anderer werden kann, war es möglich, dass er sich in jenen Maiwochen – und nur für diese kurze Zeit – in einen Massenmörder verwandelte. Er, der Moslems nie gehasst hatte, machte sich Moslemhass zu eigen und gab sich erfolgreich Mühe, seine Vorbilder, die Kumpanen, zu übertrumpfen. Er stilisierte sich zum Machthaber, erniedrigte seine Opfer, so sehr es ging, um sich narzisstisch selbst erhöhen zu können, um den kleinen Versager in sich zu überdecken.

Als man ihm Kostüm und Maske wegnahm, fiel die Rolle gleichsam von ihm ab. Vor allem deshalb war er in der Lage, Moslems das Leben zu retten, kurz nachdem er andere Moslems ermordet hatte.

Unter den Angeklagten vor dem Haager Tribunal fällt Ivica Medić ganz eindeutig aus dem Rahmen, er ist *kein* »typischer« Genozid-Täter. Denn von Auschwitz bis Ruanda erwies sich stets von neuem, dass durchschnittliche Kriegsverbrecher – man kann es nicht oft genug betonen – im zivilen Leben Menschen wie du und ich sind. Leider.

»Das ist ja das Erschreckende«, formuliert Slavenka Drakulić im Gespräch die entscheidende Erkenntnis. »Denn ich schließe aus dem Studium dieser Fälle, dass ich nicht weiß, wie *ich* gehandelt hätte, wäre ich in eine solche Situation gekommen. *Niemand kann einem garantieren, dass man gut ist.* Wenn man gefragt würde, wie man sich selbst verhielte, würde man sich einer Heldentat für fähig halten. Aber Tatsache ist, dass die meisten von uns Opportunisten sind und tun, was man uns sagt, oder das, was wir für die bequemste Lösung halten. – Das ist natürlich keine sehr hohe Einschätzung der menschlichen Gattung ...«

Mevludin Orić in Sarajevo

Zum Gedenken an die Opfer:
Erzählung eines Srebrenica-Überlebenden

Mevludin Orić aus Srebrenica lebte zum Zeitpunkt unserer Begegnung, im Spätsommer 2004, mit Frau und vier Kindern in einer Flüchtlingssiedlung, die von einer westeuropäischen Stiftung errichtet worden war, am äußersten Rand von Sarajevo, in einer hübschen, doch sehr beengten Wohnung.

Mevludin Orić *lebt*, und das ist ein Wunder.

Als General Ratko Mladić mit seinen Truppenverbänden am 11. Juli 1995 die Moslem-Enklave Srebrenica in der Republika Srpska stürmte und aus den holländischen Blauhelmen Geiseln machte, da ging bekanntlich deren General Tom Karremans vor Mladić in die Knie, und überließ die 40 000 in der Stadt einquartierten Flüchtlinge ihrem Schicksal. Hierauf versuchte Orić, der seit Kriegsbeginn 1992 in der bosnischen Armee gekämpft hatte, sich wie Tausende andere muslimische Männer auf die bosnische Seite nach Tuzla durchzuschlagen, und wie Tausende andere wurde er unterwegs aufgegriffen, ohne sich wehren zu können, da er seine Waffe, den Holländern vertrauend, im Zuge der »Entmilitarisierung« der Enklave am UN-Stützpunkt in Srebrenica abgeliefert hatte.

Ratko Mladić durchkreuzte während der folgenden fünf Tage in seinem roten Auto rastlos die Gegend um Srebrenica und leitete das »organisatorische Kunststück«, unter Einsatz von Dutzenden Autobussen siebeneinhalb- bis achttausend Männer im wehrfähigen Alter anzukarren, sie in Schulen und anderen geräumigen Bauten verschiedener Ortschaften zwischenzulagern, und sie danach fahrplangerecht zu den Hinrichtungsstätten zu bringen, und das in schönster Julihitze.

Mevludin Orić ist kein gebrochener Mann, er verfügt offenbar über die Zähigkeit, den Humor und die seelische Spannkraft, seinem traumatischen Erlebnis ins Gesicht zu blicken und mit diesem einen Dialog zu unterhalten, ohne zerstört zu werden, auch wenn er, wie jeder Massaker-Überlebende, ein elementares Stück Weltzuversicht bei den Toten lassen musste, weil er gesehen hat, was ein Mensch besser nicht sehen sollte: Das äußerste, essenzielle Böse zwischen Menschen, im Massenmord tausendfach vergrößert, wie ein Fanal. Ein Überlebender weiß zu viel. »Wenn man zu viel weiß, bringt man sich sehr leicht um«, gab mir der Literaturnobelpreisträger und Holocaust-Überlebende Imre Kertész einmal zu bedenken.

Im Erzählen scheint Mevludins Temperament und innere Erregung durch eine Verhaltenheit gebändigt, die den Toten Respekt zollt, die den Vorhang nicht wegreißen will vor dem Raum, aus dem dieser Mann wiedergekehrt ist, den er begriff, und der ihm Mysterium bleibt.

»Wir wurden zu diesem Feld gebracht. Als wir diesen Weg antraten, hatte man uns die Augen verbunden und uns vorher noch ein Kännchen Wasser zu trinken gegeben. Ich hielt meinen halbwüchsigen Cousin an der Hand, und er jammerte schon: ›Die bringen uns um.‹ Ich habe ihn getröstet und gesagt: ›Nein‹, und so weiter.

Obwohl ich eigentlich schon geahnt habe, was auf uns zukommt.

Ja, was denkt man dabei? Meine Gedanken galten meinem Vater, meiner Mutter, meinen Töchtern, meiner Frau. Und ich habe mich gefragt: Gibt es eigentlich dieses andere Leben nach dem Tod? Wird einfach mein Körper irgendwie zerfressen und verwesen, oder lebe ich nach dem Tod dieses andere Leben weiter? Daran habe ich gedacht.

Und als wir dann auf dieses Feld kamen, haben sie gesagt, dass wir uns zusammendrängen sollen, und haben sofort geschossen. Mein Vetter wurde augenblicklich getroffen. Ich habe das gemerkt, aber auch, dass die Kugeln irgendwie an mir vorbeiflogen, und habe mich fallen lassen, auf den Bauch. Mein Vetter fiel auf mich irgendwie, ich wurde wahrscheinlich von seinem Blut bespritzt, sodass die später glaubten, dass ich selbst ebenfalls getroffen wäre und tot sei.

Ich habe den ganzen Tag blutbeschmiert gelegen, und die Insekten haben mich dann natürlich gestochen, weil das Blut sie herbeilockte. Ich wurde derart von Ameisen zerfressen, dass später mein Oberkörper und die ganze Haut sich geschält haben durch die giftigen Bisse. Ich durfte mich nicht rühren, weil ich nie sicher sein konnte, ob jemand in der Nähe ist. Die Augenbinde konnte man natürlich nicht abnehmen. Aber ich habe alles mitgehört.

Viele Leute waren nicht sofort tot, sondern verwundet. Sie jammerten und baten, dass man ihnen hilft. Die haben sie beschimpft und sagten: ›Nein, nein, du sollst noch ein bisschen so daliegen‹, und haben sie eine Zeitlang leiden lassen und sie dann später umgebracht. Dann haben sie ab und zu gerufen, um zu sehen, ob es noch Überlebende gibt: ›Kommt doch mal her, wir wollen euch einen Verband anlegen.‹ Um die auch noch umzubringen, falls sich jemand meldete.

Diese Erschießungen dauerten eigentlich den ganzen Tag bis um zwei Uhr nachts. Ich glaube, an die zweieinhalbtausend Männer wurden da erschossen. Ein gewisser Hakir konnte entfliehen: Er und ein anderer versuchten wegzulaufen, aber in verschiedene Richtungen. Den anderen trafen sie, aber Hakir schaffte es.

Da beschimpfte der Kommandant seine Soldaten, dass sie ihre Arbeit nicht ordentlich erledigen würden. Er befahl: ›Jetzt geht einmal von einem zum anderen, und noch einen letzten Schuss in den Kopf für alle Fälle.‹ Da war ich total sicher, nicht mehr entwischen zu können. Als dieser eine Soldat zu mir kam, hat er mit dem Fuß gegen meine Ferse gestoßen und in den Kopf meines Vetters geschossen, der ja auf mir lag, und hat mich übersprungen aus irgendeinem Grund. Ich bin ohnmächtig geworden für den Rest des Tages und habe nichts mehr um mich herum gehört und gesehen. Irgendwann in der Nacht bin ich durch den Regen aufgewacht, und da habe ich gesagt: Es gibt doch Gott, und er entscheidet, wer am Leben bleiben soll und dass es Überlebende geben soll, die das Ganze weitererzählen sollen. Ich glaubte an Allah.

Als ich also nachts aus der Ohnmacht wieder zu mir gekommen bin, da habe ich diese Augenbinde ein bisschen weggeschoben und habe Licht gesehen. Die Bagger waren schon an der Arbeit und haben schon den ganzen Tag Löcher gebaggert. Da hatte ich wiederum Angst, dass sie mich lebendig begraben. Deshalb entschied ich: Wenn es soweit kommen würde, dann wollte ich laufen, dann sollten sie mich eher im Laufen erschießen als lebendig begraben.

Ich konnte nicht sofort aufstehen. Alles war steif und taub an mir, weil ich so lange gelegen hatte. Fast zehn Minuten habe ich gekniet und Arme und Beine massiert, damit die Durchblutung wiederhergestellt wird. Dann bin ich aufgestanden.

Als ich all die Toten gesehen habe, habe ich geschrien – das konnte ich nicht aufhalten. Da hat sich ein anderer gemeldet und mich gefragt, ob ich verwundet sei.

Ein großes Wunder, dass ich überhaupt normal geblieben bin bei dem schrecklichen Anblick.

Vor lauter Leichen konnte man nirgends anders hintreten als auf Leichen. Wir mussten über blutige glitschige Leichen gehen. Dann sind wir auch zu der Grube gekommen, wo die begraben werden sollten. Die war ganz tief. Wären wir da hineingeworfen worden, hätten wir nicht einmal zu zweit herauskommen können, die Grube war zu tief.

Wir haben unterwegs noch zwei andere Verwundete getroffen. Dem einen war kalt, und ich hab ihm mein Hemd gegeben. Wir wollten ihnen helfen, konnten sie aber nicht tragen, da sie zu sehr verwundet waren. Beine, Bauch, Hüften – sie waren überall angeschossen. Die haben auch selber gesagt: ›Nein, rettet ihr euch und lasst uns lieber liegen, und wir versuchen alleine wegzukommen.‹ Die beiden sind aber nicht am Leben geblieben. Wir waren am nächsten Morgen auf einem Hügel und haben von dort aus Soldaten gehört, die haben wahrscheinlich diese beiden gefunden, und wir haben gehört, wie sie riefen: ›Wo wollt ihr denn hin?‹, und man hat sie dann erschossen.

Bevor das Gemetzel begann, war Ratko Mladić da. Er war in dem Saal und hat den Befehl gegeben, dass wir weggeführt werden. Was diese Täter betrifft, das sind für mich keine Menschen – ich kann mir kein Bild von ihnen machen. Das sind Tiere. Wer kann den ganzen Tag nur morden, morden, morden, bei dem Geruch des Blutes, der Gehirne, die zerschossen wurden? Wie kann man so etwas machen, ohne dass man sich davor ekelt? Ich selber könnte nicht töten auf diese Weise. Ich könnte keine Frau, kein Kind, keine alten Menschen umbringen. Ich frage mich eigentlich, was für ein Leben die heute führen, bei so vielen Menschen, die sie umgebracht haben.

Nicht einmal Tiere – normale Tiere tun so etwas nicht, was die getan haben … Hätte mir mein Kommandant so etwas befohlen, ich hätte nicht gehorcht. Die haben einen ganzen Tag da herumgelacht, die haben einander gerufen, aber nicht bei den richtigen Namen, die haben sich muslimische Namen ausgedacht, ihre eigenen Namen wollten sie nicht laut rufen – haben gelacht und den ganzen Tag gemordet. Das haben nicht einmal die Urmenschen gemacht.

Ich denke, dass die entweder stockbesoffen waren oder unter Drogeneinfluss. Sie haben nämlich die Worte nicht klar ausgesprochen. Und sie haben genossen, was sie taten.

Für mich sind das keine Soldaten. Wenn zwei Soldaten aus zwei Armeen gegeneinander kämpfen, dann nimmt jeder sein Gewehr, und man geht halt in den Wald und schießt aufeinander, und wer überlebt hat, hat überlebt.

Das ist aber kein Krieg, was die da gemacht haben. Ein Soldat bringt keine Zivilisten, keine Kinder, keine Alten, keine Frauen um. Das ist nicht soldatenhaft. Ich weiß nicht, wie die das gemacht haben. Vielleicht waren sie auch unter Drogeneinfluss. Aber ich denke nicht, dass die jetzt ein normales Leben führen können. Ich denke, dass die genauso Traumata haben wie ich. Was die gemacht haben, das muss diese Menschen eigentlich von innen zerfressen. Ich denke nicht, dass die ein Gewissen haben, aber dass sie trotzdem langsam, wie ich, absterben.

Ich habe 1993, '94, '95, als ich noch in Srebrenica war, besser gelebt als heute. Ich habe damals in meinem eigenen neuen Haus gelebt, hatte mein Land, konnte also anbauen, was wir zu essen brauchten, und ich habe genügend zum Leben gehabt. Und jetzt lebe ich in einer kleinen Wohnung mit vier Kindern und meiner Mutter, ich bin der einzige männliche Überlebende. Meinen Bruder und meinen Vater habe ich im Krieg verloren. Mit vier Kindern, die zur Schule gehen, die angezogen werden wollen, die Bücher und Hefte brauchen – niemand fragt mich, ob wir etwas brauchen, ob wir Brennholz brauchen. Eigentlich habe ich ja für diesen Staat bis zum letzten Tag gekämpft. Aber der Staat hat sich jetzt von uns abgewendet. Fast dürfen wir gar nicht mehr sagen, dass wir im Krieg gewesen sind.

Wenn wir jetzt zum Beispiel die größeren Städte nehmen, Sarajevo, Mostar, Bihać, Tuzla oder Zenica – überall gibt es Restaurants und Gaststätten, die sind immer voll. Da sind Söhnchen von gewissen Leuten drin. Ich kann das nicht verstehen. Wenn z. B. aus dem Budget für Bewirtungsspesen und Ähnliches 80 oder 90 Millionen Konvertible Mark (40 oder 45 Millionen Euro, A. d. V.) jährlich ausgegeben werden – warum kann man diese Gelder nicht den Ex-Kämpfern geben? Diese Leute, die gute Gehälter bekommen und Marlboro rauchen, die haben ja schon mehr als genug. Deshalb würde ich sozusagen wieder ›in den Krieg ziehen‹, aber in den Krieg gegen diese Regierung. Dieser Zustand muss endlich geändert werden. Wir sterben hier nur ab. Schauen Sie sich an, wie ich aussehe – ich war nie so dürr. Aber durch die Neurose, durch die Sorgen, ob die Kinder morgen etwas zu essen bekommen oder nicht, bin ich wieder so abgemagert. Ich habe im Krieg vor einem Erschießungskommando gestanden. Und das hier ist schon wieder ein Kampf ums Überleben – wie im Krieg. Dieses Dasein jetzt ist eigentlich auch, als ob ich schon wieder vor einem Erschießungskommando stünde.«

»Eine Gedankenlänge Stille, während das Erschießungskommando neu lädt.«

Imre Kertész

Vom Töten bei Terrorakten – Gespräche mit Attentätern

Terroristen sind selten verrückt

Seit dem 11. September 2001 ist das Wort »Terror« mit widersprüchlichen politischen Positionen und Vorurteilen noch stärker befrachtet als zuvor schon. Dieser komplexe Sachbegriff hat unter der Last politischer Rhetorik und extremer medialer Verwertung des Themas längst seine Konturen verloren. »Terrorismus« – ein Signalwort, das mehr die Gefühle als den Verstand anspricht.

Einem Terrorakt durch Moslems wird meist vorschnell ein fundamentalistisch-religiöser Hintergrund zugeschrieben. Fanatisierte, gestörte junge Männer mit seltsam starrem Blick, die sich in die Luft sprengen, damit die Weltherrschaft des Islam ein Stück näher rückt, und um sich die versprochenen zweiundsiebzig Jungfrauen im Paradies zu verdienen – dieses Klischee »des« Terroristen hat sich in der öffentlichen Meinung festgesetzt.

Gegenläufig dazu ist im gehobenen Journalismus, aber etwa auch im Genre Dokumentar- und Spielfilm, eine differenzierte Sichtweise eingekehrt. Man sieht genauer nach, wer die Täter sind, und erlebt Überraschungen. Es handelt sich nämlich meist um normale und nicht sonderlich auffällige Personen, die irgendwann in den Sog einer terroristischen Vereinigung geraten sind und sich unter gruppendynamischen Bedingungen, ähnlich wie in einer militärischen Formation, zum Töten verführen ließen.

Was aber treibt psychisch nicht gestörte Menschen dazu, Zivilisten einer »Feind«-Seite auf äußerst hinterhältige Weise umzubringen, die Entstellung und Verstümmelung weiterer Männer, Frauen und Kinder in Kauf zu nehmen, und – bei Selbstmordanschlägen – sich selbst auf die gleiche scheußliche Art zu töten?

Der Grund liegt in extremen massenpsychologischen Zuständen innerhalb der Gesellschaften, aus denen Terroristen stammen.

Nicht als Individuen sind sie psychisch gestört, sondern ihre Gruppe ist aus dem Gleichgewicht, radikalisiert durch Gewalt und Gegengewalt, Hass und Revanchedenken, kollektive Frustrations- und Kränkungsgefühle.

Die meisten Terroristen verinnerlichen eine – manchmal objektiv gegebene – Diskriminierung und Demütigung ihrer »Wir«-Gruppe. Wenn ein Angehöriger einer solchen Gruppe im Exil lebt, kann diese identifikatorische Bindung an den »Zorn seines Volkes« sogar noch wachsen, sie lindert Entwurzelungsgefühle in der fremden Umgebung. (Für Al-Qaida-Mitglieder, die Anschläge gegen US-Ziele verüben, besteht die »Wir«-Gruppe in einer übernationalen islamischen Gemeinschaft, und der »Feind« in einer West-Allianz unter Führung Washingtons).

Terroristen töten nicht zuletzt deshalb, weil ihnen suggeriert wird, dass anders die Ehre ihres Kollektivs und damit ihrer eigenen Person nicht zu retten sei. Kaum ein psychisches Negativerlebnis reizt Menschen so leicht zur Gewalt wie der Zorn über vermeintliche oder wirkliche Angriffe auf ihre Selbstachtung. Das Motiv »Wehe! Dir werd' ich's zeigen!« verbindet zivilen Mord, Terrorismus und massenhaftes Töten: Aus Wut über verletzten Stolz werden Affektmorde begangen, Kriege angezettelt, Bomben gelegt, und Sprengstoffgürtel umgeschnallt. »Der Selbstmordattentäter erlebt die ultimative Verwandlung von Ohnmacht, ob am eigenen Leib erfahren oder eingebildet, in einem letzten Moment der Allmacht«, analysiert Christoph Reuter, Berichterstatter aus islamischen Ländern für *DIE ZEIT* und den *Stern*, die Anziehungskraft terroristischen Märtyrertums.[1]

Außerdem unterliegen junge Leute von Belfast bis Ramallah, von Bilbao bis Bagdad, massiver Propaganda und massivem Gruppendruck. Terrorismus ist autorisiertes, ja gefordertes Töten, das – wie im Krieg – mit Heldenehren für die Täter und ihre Familien belohnt wird. Das Geheimbündlerische der Terrororganisationen, das Gefühl, einer Elite von Auserwählten anzugehören, erhöht den Reiz des Mitmachens.

Natürlich agiert jeder Terrorist aufgrund einer etwas anderen, persönlichkeits- und situationsbedingten Kombination von Motiven. Bei manchen steht das pragmatische Ziel, politische Anliegen durchsetzen zu wollen, im Vordergrund; und immer häufiger erweisen sich die Täter als Terrorsöldner, »denen jemand sagt, welche Gegenleistung sie erbringen müssen, um in einer Stunde 10000 Dollar zu verdienen. Inzwischen treffen wir auf junge Menschen, die nicht einmal mehr in die Moschee gehen«, wie der marokkanische Schriftsteller Tahar Ben Jelloun diese »neue Klasse von Terroristen«[2] charakterisiert – dies aber fällt unter Auftragsmord im weitesten Sinn, und das ist eine andere Geschichte.

Der verhinderte Selbstmordattentäter

Nicht erst die Al-Qaida-Führung hatte den Einfall, Flugzeuge in Hochhäuser zu steuern. Bereits im Jahr 1985 hätte der Palästinenser Jamal Assad* im Auftrag der Abu Nidal-Organisation mit einer EL-AL-Maschine in einen der Bürotürme der Stadt Tel Aviv rasen sollen. Da der Coup scheiterte, blieben er und einer seiner zwei Komplizen am Leben; sie verbüßen seither eine lebenslange Haftstrafe, in einem Gefängnis jenes mitteleuropäischen Landes, auf dessen größtem Flughafen der Versuch, das Flugzeug für dieses Attentat zu entführen, zwei Todesopfer forderte und vierzig Menschen verletzte.

Assad macht sich nicht zu Unrecht Hoffnungen auf eine vorzeitige bedingte Entlassung, bei sofortiger Ausreise in ein nahöstliches Land. Er gilt als friedfertiger Häftling und hält Terror gegen Israel nicht mehr für sinnvoll und notwendig. Jetzt nicht mehr.

Der Mittvierziger sieht aus wie jemand, der menschliche Wärme durchaus schätzt und nötig hat. Ein wenig derb wirkt er, zielbewusst, ziemlich stur, wenn man mit ihm diskutiert, dabei nicht unsensibel, nicht humorlos und nicht dumm, wenn auch nicht wie ein Intellektueller. Man würde ihn nicht als aggressiv einschätzen, geschweige denn als notorischen Gewalttäter.

Wie kann ein Mann, der Handgranaten in eine Warteschlange am Flughafen schleuderte, sympathisch sein? Oder umgekehrt: Wie konnte ein sympathischer Mann so etwas tun?

Die Abu Nidal Organisation

Jamal Assad gehörte Abu Nidals Terrorgruppe »Fatah Revolutionärer Rat« an, also einer Organisation, die sogar in Teilen der palästinensischen Bevölkerung den denkbar schlechtesten Ruf hatte, weil ihre Aktivitäten der palästinensischen Sache mehr schadeten als nützten. In den siebziger und achtziger Jahren galt die säkulare, laut Selbstdefinition linksgerichtete Gruppe als weltweit gefährlichste Terrorvereinigung. Ihr Chef, der Exilpalästinenser Abu Nidal (eigentlich: Sabri al-Banna, 1937–2002), gründete die ANO 1974 als Splittergruppe der PLO, deren Führungselite er angehört hatte. Abu Nidal brandmarkte Yassir Arafats Friedensverhandlungen mit Israel als Verrat an den Palästinensern; er selbst lehnte die Zwei-Staaten-Lösung ab. Obwohl die Abu Nidal Organisation in Europa vor allem mit anti-israelischer Gewalt assoziiert wird, richtete sich ein Großteil ihrer Anschläge gegen PLO-Vertreter, aber auch gegen Politiker anderer arabischer Länder. Das ideologisch widersprüchliche Profil der Gruppe kam daher, dass Abu Nidal einerseits auf die Zerschlagung des Staates Israel aus war, andererseits ein enormes Vermögen anhäufte, indem er die ANO als Söldnertruppe in den Dienst wechselnder Regimes wie Saddams Irak und Gadafis Libyen stellte. Mitglieder durften, einmal angeworben, die Organisation angeblich nicht mehr verlassen; Nach Berichten einiger weniger, die entwischen konnten, habe Abu Nidal nach Manier paranoider Diktatoren stets Verrat in den eigenen Reihen gewittert, habe etliche seiner Leute foltern und höchst grausam hinrichten lassen.

In Europa verantwortete die ANO unter anderem Anschläge auf Flughäfen in Rom und Wien, das Attentat auf die Synagoge in der Wiener Innenstadt, offenbar weil Abu Nidal dort Geheimverhandlungen mit Palästinenservertretern vermutete, die Ermordung des Wiener Stadtrats Heinz Nittel, der die *Österreichisch-Israelische Freundschaftsgesellschaft* geleitet hatte, und das versuchte Attentat auf den israelischen Botschafter in London; letzteres nahm der Staat Israel zum Anlass für den Libanonfeldzug des Jahres 1982. Insgesamt gingen rund 300 Tote und 600 Verletzte auf das Konto der »Fatah Revolutionärer Rat«, die auch unter Bezeichnungen wie »Schwarzer Juni«, »Arabische Revolutionäre Brigaden« oder »Schwarzer September« agierte und zu Beginn der 90er-Jahre von der Bildfläche verschwand.

Wie man Terrorist wird

In der so genannten »Vorführzone« der Haftanstalt, in einem schmalen verglasten Raum mit Blick auf einen grasbewachsenen Innenhof, unterhalte ich mich also mit einem Ex-Mitglied dieser Terrorgruppe, die ihre Anschläge offenbar ohne die geringste Rücksicht auf unbeteiligte zivile Opfer ausführte. Jamal Assad erzählt seinen Werdegang in der Sprache seines »Gastlandes«, die er für ein Interview gerade gut genug beherrscht (zwecks leichterer Lesbarkeit wurden seine Formulierungen hier aber sprachlich bearbeitet).

Sein biografischer Weg ins Militante begann 1967 in einem Dorf im Westjordanland.

»Ich war fünf, meine Schwester sechs, wir haben normal gespielt wie alle anderen Kinder im Dorf. Dann wurde auf einmal geschossen. Über eine Brücke hat mich der Onkel getragen. Chaos, und ich sehe Leute fliehen und weinen, und kapiere nichts. Ich erinnere mich nicht, Tote gesehen zu haben. Aber ich wusste: Etwas stimmte nicht. Niemand redete mit uns Kindern. Wir flohen, mit LKWs nach Jordanien und dann weiter nach Kuwait, wo ich geboren wurde, weil mein Vater in den 50er-Jahren dort gearbeitet hatte.

Kein Trauma, unser Leben ging weiter. Aber wir fragten. In Kuwait sind wir alle normal zur Schule gegangen, und da haben wir dann gelernt, was zwischen 1948 und 1967 in Palästina passiert war und dass es ab dem Sechs-Tage-Krieg unser Palästina nicht mehr gab.

Mit dreizehn Jahren habe ich drei Monate eine Ausbildung in Syrien gemacht, mit Granaten, Kalaschnikows, allen Waffen, und in der Schule haben wir viel über Palästina erfahren. Wie es auf der Landkarte aussieht, wo die Grenzen sind. Wir haben Israel nicht anerkannt.«

Schon mit dreizehn in ein Ausbildungslager?

»Sie fragen mich nach Gefühlen beim Töten? Wenn man einmal beginnt zu schießen, dann ist man gewohnt zu schießen. Ich habe im Libanonkrieg schon sehr früh damit Erfahrungen gemacht. Man gewöhnt sich an den Krieg. Albträume habe ich nie gehabt.«

Bei der Bewertung dieser Aussage muss man deren soziologischen Kontext bewusst einbeziehen. Assad wuchs in einer Kriegerkultur auf, in einem Milieu, das sich als Krieg führend begriff (woran sich, zumindest in den Palästinensergebieten Israels, nichts geändert hat). In einem solchen Umfeld wird um das Töten weit weniger Aufhebens gemacht als in unseren Breiten, weil es nicht als mysteriöse, ferne Schreckensvision, sondern als tägliche Wahrscheinlichkeit, als mögliches und vorstellbares Element der Lebenserfahrung wahrgenommen wird. Daher ist Assads Äußerung zum Töten nicht unbedingt als Zeichen besonderer Kaltherzigkeit und Brutalität zu verstehen.

»Wir hatten allerdings Ärger mit unseren Familien, die verstanden das nicht. Mein Vater wollte mich zu einem tief religiösen Mann machen – das war ich nie, ich glaube zwar an Gott, aber ich halte nicht die Rama- dan-Gebote ein. Er zwang mich, in die Moschee zu gehen, aber ich wollte demonstrieren auf der Straße. So, wie andere Leute in die Armee gehen, so gingen wir zur Palästinenser-Revolution. Die Schule interes- sierte uns nicht mehr, wir wollten kämpfen. Das empfanden wir als eine moralische Pflicht. Damals kam eine Frau ins Lager und wollte ihren Sohn holen. Ich habe ihr gesagt: ›Wenn wir nicht kämpfen, wer befreit Palästina?‹«

Er lacht ein wenig, wie wenn ein Erwachsener die Naivität seiner Jugend milde belächelt.

»Später dachte ich: Palästina wird nie befreit. Aber besser etwas tun, als nichts tun. *Das* war Patriotismus, für mein Land. Lieber wollte ich als Mann sterben, als wie ein Hund sterben.

Wenn die Juden mit uns normal gelebt hätten, dann wäre mein Leben anders verlaufen.«

Nun folgt ein längerer Exkurs über israelisches Unrecht gegen Palä- stinenser, über die Vertreibung eines Teils seines Volkes seit der Gründung des Staates Israel; Jamal Assad wird in diesen Minuten sehr emotional, entstellt aber nicht die Fakten.

Mehr als zwanzig Jahre des Nachdenkens sind ja für ihn verstri- chen, seit er durch die Verhaftung in Europa den indoktrinierenden Einflüssen entzogen wurde.

Freiwillig zum Töten und Sterben gemeldet

»In der Abu Nidal Organisation war ich zuerst Bodyguard des Chefs und habe Büroarbeit gemacht. Es gibt Leute, die haben nur Gewalt, Gewalt, Gewalt im Kopf. Ich nicht. Aber 1982 kam Krieg, das war nicht die Zeit für Büroarbeit, deshalb habe ich gekämpft. Später bin ich der Spezialeinheit beigetreten. Einer Sondergruppe von Abu Nidal. Wir bekamen eine Ausbildung für solche Aktionen (Terroranschläge, A. d. V.). Ich habe mich freiwillig für die Aktion am Flughafen gemeldet, niemand hat mich gezwungen«, bemüht sich Assad, meine Zweifel zu zerstreuen.

»Der Chef hat mich gefragt, ob ich Schulden habe bei meiner Familie – die bezahlen für dich. Und jeden Tag, bevor wir zu der Aktion aufbrachen, fragten sie: ›Wer fürchtet sich? Jetzt sagen!‹ Es gab auch einen Mann bei uns, der sagte: ›Ich will nicht gehen.‹ Niemand zwang ihn. Aber ich habe mein Ziel gewusst. Sterben für mein Land war das Ziel. Da brauchte ich keine Angst zu haben.«

Wie fühlt sich jemand, der davon ausgeht, dass er in einer Woche, dann morgen, dann in ein paar Stunden, ein Selbstmordattentat verüben wird?

»Na ja – Gefühle ...«

Er zögert, weiß nicht recht zu antworten. Der im Eck sitzende Justizwachebeamte – bei Interviews im Gefängnis muss sich aus Sicherheitsgründen stets ein Bewacher im Raum befinden – liefert mir später, als er mich hinausbegleitet, den entscheidenden Hinweis: Er meint, dass sich der junge Mensch Anfang zwanzig, der Assad damals war, das Sterben schlicht nicht vorstellen konnte.

» Es waren nicht so richtige Gefühle ... so weit bin ich gar nicht gekommen ...
1981 war ich verlobt gewesen. Aber ich wollte nicht heiraten, und später wegen solcher Aktionen Frau und Kinder verlassen, das wollte ich nicht.
Unsere Gruppe hat sich also für die Aktion gemeldet – wie eine Spezialeinheit in Amerika oder so. Es war unser Beruf. So, wie wenn jemand Berufssoldat ist.«

Selbstbild: Soldat, nicht Verbrecher

Mir geht ein Licht auf. Jamal Assad betrachtet sich als *Soldat!* Vor sich selbst möchte er die Identität eines legitimen Kämpfers aufrechterhalten.

Wenn wir solche Menschen »Terroristen« nennen, dann gebrauchen wir den Begriff nicht als neutrale Klassifizierung einer Form des Tötens im politischen Kontext, sondern wir meinen damit: Verbrecher, Heckenschützen der Weltpolitik. Das Selbstbild dieser Gruppe jedoch ein anderes, als wir uns dies träumen lassen. Da die meisten Terroristen in der Überzeugung antreten, ihr Volk oder eine übergeordnete religiös-kulturelle Interessengemeinschaft verteidigen zu müssen, betrachten sie sich als Mitglieder einer alternativen Armee, die die Rolle des – fehlenden – regulären Heers übernimmt. In ihren Augen ist Terror tatsächlich ein »Krieg mit anderen Mitteln«, in dem nicht sie die Angreifer sind; sie verstehen sich ebenso wenig als »Kriegsverbrecher« wie Vietnam-Piloten, die Napalm-Bomben abwarfen, oder jene US-Soldaten, die im November 2004 bei der Eroberung Falludjas befehlsgemäß weißen Phosphor als Kampfstoff einsetzten – die Substanz tötet Menschen, indem sie ihr Fleisch bis auf die Knochen verbrennt.

Zu Unrecht messen westliche Medien und Politiker mit zweierlei Maß, zu Unrecht werden oft nur die Verbrechen der anderen Seite als solche benannt; Verbrechen bleiben sie gleichwohl. Wie kann Jamal Assad die Tötung von Zivilisten mit seiner Selbsteinschätzung als »Soldat« vereinbaren?

»Meine beiden Komplizen und ich wollten ja nicht, dass bei dem Anschlag Unschuldige sterben. Unser Ziel war es, Handgranaten in den EL-AL-Schalter zu werfen, als sich die Leute zum Einchecken für den Flug anstellten. In der dadurch entstehenden Panik hätten wir zwei israelische Passagiere als Geiseln genommen. Wir hätten ihnen entsicherte Granaten in die Hand gegeben, die Maschine verlangt und die weiteren Passagiere geteilt – die mit israelischem Pass hätten wir gezwungen, ins Flugzeug zu steigen. Aber leider haben uns Mossad-Leute, die den Schalter überwachten, und einheimische Polizisten in Zivil zu früh gesehen, und sie haben zu schießen begonnen, sodass wir die Handgranaten nicht weit genug werfen konnten. Dadurch, und durch die Schießerei, die wir nicht wollten, sind Unschuldige verletzt und getötet worden.«

Aber – selbst wenn Assad die Wahrheit spricht – seine Argumentation leuchtet mir immer noch nicht ein. Die EL-AL-Angestellten, denen die Handgranaten offenbar galten, waren doch ebenfalls Zivilisten! Die potenziellen Geiseln und die vielen Israelis, die ums

Leben gekommen wären, hätten Assad und seine Komplizen tatsächlich die Maschine in ein israelisches Hochhaus manövriert – alles Zivilisten!

»Ja, aber keine Unschuldigen. Die Zionisten waren unsere Feinde damals. Wir waren nicht so wie diese Attentäter in Madrid; die haben in den Zügen Zivilisten umgebracht, die mit dem Palästinenserproblem oder mit Unrecht gegen islamische Länder nichts zu tun hatten. Diese Islamisten sind keine Patrioten. Bin Laden geht es nicht um das Palästinaproblem. Ich verstehe Bin Ladens Terrorakte gegen diese Unschuldigen auch nicht.

Wir waren nicht so. Unsere Feinde waren *nur* die Israelis. Gegen *sie* kämpften wir, egal wo. Sie haben ja ebenfalls *unsere* Zivilisten getötet. Ich habe damals im Libanon ein Gebäude gesehen, da hatte der Chef einer Organisation sein Büro, und die Israelis haben das ganze Gebäude bombardiert! Zwanzig Wohnungen voller Zivilisten. Warum hätte ich dann Mitleid mit dem israelischen Feind haben sollen?«

An diesem Punkt wird aus dem Interview eine hitzige Debatte. Warum diese Verallgemeinerung – »die« Israelis und »der« israelische Feind –, will ich wissen. Es sind doch nicht israelische *Zivilisten*, die palästinensische Zivilisten töten. Außerdem ist bekannt, dass zu keiner Zeit *alle* Israelis dem Vorgehen ihrer jeweiligen Regierung gegen die Palästinenser zustimmten. Warum nahm Assad sogar die isreaelischen Gegner der Besatzungspolitik in »Sippenhaft«? Und wie konnten israelische Kinder und Frauen als legitime Ziele gelten?

»Aber in Israel gehen doch auch die Frauen in die Armee. Die kämpfen auch dort.«

Einverstanden. Aber Israelis, auch die Männer, rücken ja nicht durchwegs gern und freiwillig ein, sondern die drohende Gefängnisstrafe im Fall der Wehrdienstverweigerung zwingt sie dazu!

»Gezwungen oder nicht – die haben eine Armee. Palästinenser haben keine Armee.«

»Der Feind« als monolithischer Block

Endlich ist die Botschaft bei mir angekommen. Als »Feind« betrachtete Assad damals ausnahmslos jeden jüdischen Menschen, der auf israelischem Territorium lebte, ob ultraorthodox oder »Peace Now«-Aktivist, ob Mossad-Agent, greiser Holocaust-Überlebender oder Säugling. Wer immer dem Staat Israel durch seine bloße Gegenwart angehörte, für den galt in Assads Augen die Kollektivschuld. Der Feind – eine unterschiedslose Masse.

Dieses absurde, keiner differenzierten Betrachtung standhaltende »Feind«-Konstrukt erlaubte es ihm, sich zu einem Massenmord zu entschließen, den er ohne die Intervention der Sicherheitskräfte am Flughafen zweifellos ausgeführt hätte.

Der irische Terrorismusexperte John Horgan glaubt, dass Terroristen in ihren Organisationen einem »langsamen Prozess der Entmenschlichung« unterworfen sind, »in dessen Verlauf sie eine Art inneres Abwehrschild gegen die Konsequenzen ihrer Tat aufbauen«: mit Hilfe einer fadenscheinigen »Wie-du-mir-so-ich-dir«-Logik töten sie, wie Jamal Assad, systematisch das Mitgefühl für ihre Opfer in sich ab. Wir erinnern uns: Erst Mangel an Empathie macht das Umbringen anderer Menschen möglich.

Jamal Assad wehrt sich anscheinend mit Erfolg dagegen, dieses »Abwehrschild« aus der Hand zu legen. Was die Natur des israelischen »Feindes« anbelangt, lässt dieser sonst durchaus vernünftige Mann keine rationalen Argumente an sich heran. Dies gilt allerdings nur für die Vergangenheit! Er teilt die Israelis ein in Israelis damals – alles Bösewichte ohne Lebensrecht – und Israelis heute.

Gesinnungswandel

»Jetzt in Gefangenschaft habe ich andere Gedanken. Jetzt ist die Welt anders. Jetzt wollen sie Frieden und machen eine entsprechende Politik. Wenn Israel zurückgibt, was es 1967 bekommen hat, dann sind wir Araber zufrieden. Und Palästina anerkennt. Dann sind wir zufrieden.

Jetzt, wo ich Zivilist bin«, – (!) – »kann ich keinen Israeli auf der Straße töten, nur weil er Israeli ist. Es ist jetzt eine andere Welt. Hier haben wir auch einen Israeli, einen Gefangenen. Wir arbeiten zusammen. Wir sitzen zusammen. Wir reden zusammen. Wir reden auch über das Palästina-Problem. Wir erzählen einander von unseren Familien, wir betrachten einander als Menschen hier.«

Heute sieht sich Jamal Assad also in der Lage, ehemalige Todfeinde als Menschen wahrzunehmen, schützt sich aber gegen die Erkenntnis, die zwangsläufig daraus folgen müsste: Wie furchtbar falsch seine damalige Einstellung war. Sonst müsste er sich ja selbst eingestehen, dass er außer den Leben seiner Opfer auch Jahre seines eigenen Lebens vergeudet hat.

Trotzdem lässt die Hoffnung, bald eine zweites Leben beginnen zu können, einen fast weichen und glücklichen Ausdruck auf seinem Gesicht erscheinen.

»Ich habe jetzt kein Interesse an Politik. Falls ich im nächsten Jahr freikomme, wie ich hoffe, will ich als normaler Mensch arbeiten, vielleicht wieder nach Kuwait zurückgehen. Ich habe auch eine Verlobte in Marokko«, – lacht – »wir kennen uns nur durch Briefkontakt, sie wartet auf mich schon fünfzehn Jahre.

Zuerst brauche ich mindestens zwei Jahre, um meine Familie kennen zu lernen. Ich habe sieben verheiratete Schwestern, fünfundzwanzig Nichten; eine Schwester, die ein Jahr älter ist als ich, ist jetzt vierfache Oma. Ich habe das alles über Fotos verfolgt. Ich habe noch niemanden von diesen Leuten gesehen.

Früher hab ich nicht an die Familie gedacht, aber jetzt – wie ein normaler Bürger schaue ich mir im Fernsehen an, was in der Welt passiert, wie die anderen Menschen.«

Seine markige Stimme ist bei diesen letzten Sätzen sanfter und ruhiger geworden, als wäre er froh, die ständige Aggressionsbereitschaft fahren lassen zu können, den emotionalen Stress der Feindseligkeit abzubauen. Jamal Assad lehnt sich zurück, lächelt und setzt noch hinzu:

»Jetzt beginnt das Leben ...«

Nordirischer Dialog
Der Terrorist und das Opfer – oder
Die Machbarkeit des Undenkbaren

Ohne die Radfahrt am Themseufer, an einem milden Januartag in London, wäre ich wohl nie von Belfast nach Wales und retour gereist, um Jo, Pat (und Alastair) zu begegnen.

Eine kleine Galerie, gut sichtbar hinter einer Glasfront unter Arkaden an der südlichen Uferpromenade, präsentierte die Wanderausstellung einer neu gegründeten Organisation namens *The Forgiveness-Project*. Täter – zum guten Teil Terroristen und Beteiligte an ethnischen Unruhen und bürgerkriegsähnlichen Konflikten, etliche davon aus Nordirland und Südafrika – und Angehörige von Opfern, nebst einigen Überlebenden, blickten die Besucher aus großformatigen Fotografien an. Es gab auch Doppel- oder Gruppenporträts, nämlich dann, wenn sich Täter und Leidtragende gemeinsam fotografieren ließen. Das *Forgiveness-Project* – also »Vergebungs-Projekt« – versteht sich als Plattform und Vernetzungsstelle für »Vorhaben im Bereich der Konfliktlösung, der Versöhnung und Opferhilfe«, wie eine Texttafel verriet. »In einer Zeit, da Angriff und Gegenangriff, ›Wie-du-mir-so-ich-dir‹-Tötungen die Schlagzeilen beherrschen, will das *Forgiveness-Project* die leiseren, weniger oft veröffentlichten Geschichten der Versöhnung erzählen. Die Ausstellung enthält einige höchst außergewöhnliche Geschichten von Opfern, die mit Tätern Freundschaft geschlossen haben, und von Tätern, die ihre Einstellung geändert haben und am Frieden arbeiten.«

In den Ohren mancher Leser mag dies salbungsvoll oder gar verlogen klingen – als könne die Kluft zwischen Tätern und Opfern von Nordirland bis Südafrika mit Gefühlskitsch zugekleistert werden, als könne man die Tötung eines Angehörigen so einfach verzeihen, und Harmonie entstünde; als könnten sich die Täter rein waschen, indem sie Friedensengel mimten, und als wären Leidtragende, die den Tätern nicht vergeben können, Spielverderber.

Die britische Journalistin Marina Cantacuzino, die das *Forgiveness-Project* gründete, scheint sich der Gefahr, missverstanden zu werden, durchaus bewusst zu sein. »Als ich Freunden, Kollegen und fremden Leuten über die Ausstellung erzählte, stieß ich auf zwei

Pat Magee in Belfast

Jo Berry im Spiegel, Porthmadog/Wales

gegensätzliche Reaktionen. Es gibt Menschen, die Vergebung als ungeheuer noble und ehrfurchtgebietende Antwort auf Grausamkeit betrachten – und andere, die dafür nur ein verächtliches Lachen übrig haben. (...) Für die erste Gruppe ist Vergebung ein Wert, stark genug, das ständige Einander-Heimzahlen zu beenden, das über Generationen hinweg Verwüstungen angerichtet hat. Für die zweite Gruppe ist Vergebung nur eine schwache Geste, die es den Tätern ermöglicht, sich vor der Verantwortung zu drücken, und weitere Gewalt fördert. Deshalb haben wir die Ausstellung ›The F-Word‹ (F wie Forgiveness, A. d. V.) genannt. Denn für manche Leute ist Vergebung in der Tat ein sehr schmutziges Wort.«[3]

In den von Cantacuzino zusammengetragenen Geschichten erweist sich, dass die Betroffenen unter »Vergebung« keineswegs »Schulderlass« verstehen, wohl aber die Überwindung von Hass und Rachebedürfnis.

Auf einem der Bilder steht vor einer Backsteinmauer eine schwarzhaarige Frau Mitte Vierzig, die entfernt an Joan Baez erinnert. Dicht neben ihr lehnt ein älterer Mann mit ergrautem kurzgestutzten Vollbart, mit breitem, aber dünnem und eingekniffenen, abwärts gekrümmtem Mund und zwei steilen Falten an den dichten Brauen. Im Vergleich zu dem ebenmäßigen ovalen Gesicht der Frau, die ihn um einen halben Kopf überragt, hat der Mann trotz seiner kräftigen Statur etwas Maushaftes an sich.

Die Frau auf dem Foto, Jo Berry, verlor 1984 ihren Vater, den konservativen englischen Abgeordneten Sir Anthony Berry, durch das Bombenattentat im Grand Hotel von Brighton; die Tories unter Führung Margaret Thatchers hatten dort einen Parteikongress abgehalten. Die Bombe, die kurz nach halb drei Uhr morgens losging, galt in erster Linie der Premierministerin, die den nordirischen Republikanern jede Geste politischen Entgegenkommens versagt hatte, vielmehr auf verschärfte Repression setzte. Thatcher aber blieb durch einen Zufall unverletzt, weil sie das Bett noch nicht aufgesucht hatte. Fünf, die nicht so viel Glück hatten, starben.

Eben jener Mann, den ich neben Jo Berry auf dem Foto erblickte, hatte hinter der Wandverkleidung des Hotelbadezimmers der Eisernen Lady die Bombe deponiert, die auch Jo's Vater tötete. Sein Name ist Pat Magee. In den Wochen nach dem Anschlag wurde dieser IRA-Top-Terrorist gefasst und zu mindestens 35 Jahren Haft verurteilt, kam aber im Rahmen der »Karfreitagsamnestie« 1999 frei.

Er hat die Hände in die Hosentaschen geschoben, sie verschränkt die ihren vor dem Bauch. Die beiden sehen ganz sicher nicht aus wie ein Paar, eher wie zwei Inseln, die aber für fließende, wandelbare Verbindungen offen sind.

Täter und Opfer als Tandem

Seit ihrer ersten Zusammenkunft im Jahr 2001 halten Jo Berry und Pat Magee regelmäßig Kontakt und treten bei Symposien und anderen Veranstaltungen gemeinsam auf.

Da sich ein gemeinsames Interview mit Jo und Pat logistisch zu gegebener Zeit nicht bewerkstelligen ließ – Jo lebt an der walisischen Küste, Pat in Belfast – suchte ich beide einzeln auf.

Pat schlug als Treffpunkt die Linen Hall Library im Zentrum Belfasts vor, eine Bibliothek mit mehr als zweihundertjähriger Tradition, die mit der »Northern Ireland Political Collection« über ein 250 000 Publikationen umfassendes Archiv zum Nordirland-Konflikt verfügt. In einem Leseraum mit Folianten in altehrwürdigen Schränken beantwortete der »Brighton Bomber« präzis, ruhig, aber mit fokussierter Entschlossenheit meine Fragen.

Das Gespräch mit Jo fand in ihrem kleinen einfachen Haus in Porthmadog/Wales statt, wo sie zwei Töchter allein großzieht. Mangels eines anderen ruhigen Raumes sprachen wir in ihrem Schlafzimmer.

Die Aussagen beider werden hier, einander teils ergänzend, teils konterkarierend, zusammengeführt. Jo wie Pat waren damit einverstanden.

Jo Berry hatte bis wenige Monate vor dem Attentat in Indien gelebt – sie war siebenundzwanzig – und schickte sich gerade an, für zwei Jahre nach Afrika zu verreisen; ihr Flugticket war auf den 13. Oktober 1984 ausgestellt. Im Morgengrauen des 12. Oktober wurde sie von ihrer Schwester geweckt, die aus den Nachrichten von dem Bombenanschlag erfahren hatte. Erst acht Stunden später erhielten die Frauen Gewissheit über den Tod ihres Vaters.

Nach einem frühen, rebellischen Ausbrechen aus dem Elternhaus hatte Jo trotz unterschiedlicher Weltanschauungen wieder ein harmonisches Verhältnis zum Vater gefunden.

»Wir hatten eine sehr gute Beziehung. Wir hatten uns in allem ausgesprochen, es gibt da nichts Unabgeschlossenes – und das ist ein großes Glück. Andererseits war dadurch der Kummer umso größer, weil ich wusste, welche Freundschaft das noch hätte werden können.

Ich stand außerhalb der englischen Upperclass, in die ich hineingeboren war. Es war schon das Ende der Hippie-Zeit, aber ich fühlte mich von der Hippie-Welt sehr angezogen und von Mahatma Gandhis Idee der Gewaltlosigkeit. Ich praktizierte Meditation. Aber immer außerhalb jeder Gruppe, ich gehörte nie irgendwo dazu.

Mein Ich – das war bis dahin der Freie Geist gewesen, der durch die Welt wanderte. Dieses Ich konnte es aber nun, nach dem Attentat, nicht mehr geben. Wie kann ich einfach mit dem Rucksack losziehen, wenn die Realität die ist, dass ich Teil eines Krieges bin? Die Realität, dass Leute getötet wurden, war plötzlich *meine* Realität. Meine Person öffnete sich der Wirklichkeit dieses Krieges, von der ich bis dahin nichts gewusst hatte – intellektuell zwar schon, aber jetzt war es anders, jetzt konnte ich diese Realität *fühlen*.«

Der Täter, Pat Magee, war der Irisch-Republikanischen Armee 1972 beigetreten, nachdem er das brutale Vorgehen britischer Sicherheitskräfte gegen republikanische Demonstranten und wirkliche wie vermeintliche IRA-Aktivisten miterlebt hatte.

Repression kann Terror auslösen

»Ich hatte das Gefühl, das nicht tatenlos geschehen lassen zu können. Obwohl – ich überlegte sehr lange, bevor ich der IRA beitrat. An einem Punkt dachte ich, ich wäre der Aufgabe nicht gewachsen. Ich weiß noch, wie ich 1972 von der britischen Armee in Belfast verhaftet und 36 Stunden lang festgehalten wurde, obwohl ich damals noch gar nicht bei der IRA war. Wegen der Behandlung dort – die britische Polizei und die britischen Geheimdienstler gaben mir das Gefühl, ein Stück Dreck zu sein – bekam ich Zweifel, ob ich dichthalten könnte, wenn ich tatsächlich Informationen hätte. Aber nach ein paar Wochen überwog der Zorn, und dann schloss ich mich der IRA an ...«

... wohl wissend, dass dies bedeutete, früher oder später Menschen zu töten.

»Ich denke, das ist unvermeidlich, wenn man sich einer Widerstandsbewegung anschließt. Man weiß, dass man irgendwann an bewaffneten Aktionen gegen den Feind teilnehmen wird, und dazu gehört auch, dass man jemandem das Leben nimmt. Aber man stellt sich ja freiwillig den Befehlen. Am Anfang macht man eine lange Auswahlprozedur durch. Es war *sehr* schwierig, in die IRA zu kommen! Leute, die aus den falschen Gründen in die Bewegung wollen, nur aus persönlichem Rachebedürfnis oder wegen des Kicks, solche Leute siebt die Bewegung mit großem Erfolg aus. Wir mussten sicherstellen, dass wir keine Psychopathen in unseren Reihen hatten.

Ich bin ganz klar kein Pazifist, sogar jetzt nicht. Ich glaube nicht, dass wir damals andere Optionen hatten. Heute gibt es meiner Ansicht nach keine wirkliche Notwendigkeit für Gewalt. Ich stimme denen nicht zu, die weiter am Weg der Gewalt festhalten, und das habe ich auch öffentlich gesagt. Wir können jetzt unsere Anliegen politisch vertreten. Nur ein Verrückter würde Gewalt bevorzugen, wenn andere Wege offen stehen. Jetzt *stehen* sie uns offen, und da wäre weitere Gewalt moralisch falsch.

Aber damals war das anders, da wurde uns der normale demokratische Weg verwehrt. Wollten wir gehört werden, dann mussten wir uns die Macht, gehört zu werden, selbst verschaffen. Darum ging es bei unserem Kampf.«

Jene vielen, die während des Nodirlandkonflikts getötet haben, sind alles, nur keine Einzeltäter. Die IRA und deren Splittergruppen, beziehungsweise die paramilitärischen Organisationen der gegnerischen, protestantisch-loyalistischen Seite, agieren nicht sektenartig am Rand ihrer Gemeinschaften, sondern erfahren breiten Rückhalt aus der Bevölkerung.

Diese Männer verstehen sich als Kämpfer eines grausam ausgetragenen »Bürgerkriegs auf kleiner Flamme«, in dessen Verlauf beinahe jede Familie Verwandte oder Bekannte verloren hat. Töten, getötet werden, um getötete Angehörige trauern, durch Anschläge entstellt oder verstümmelt werden – in Nordirland war dies Jahrzehnte lang ein Massenschicksale.

Wie Pat Magee vage durchblicken lässt, war das Brighton Bombing nicht die erste »Aktion«, bei der er eine Schlüsselrolle spielte. (Details nennt er nicht, weil er für bisher ungeahndete Taten nach wie vor strafrechtlich verfolgt werden könnte.)

Die Bombe als »Strategie«

»Ich hatte also schon Erfahrung. Ich möchte mich nicht als kalt oder hart darstellen, aber für mich war diese Bombe damals nur eine weitere Operation. *Nur wenn man es so sah, war man dazu fähig.* Ein Job, den man erledigen musste. Natürlich war uns klar, dass wir Menschen angriffen: Mitglieder des britischen Kabinetts. Es bestand auch die Möglichkeit, dabei Unschuldige zu töten. Aber wegen der Natur des Ziels – Angriff auf das britische Kriegskabinett, die Leute, die für all die Repressionen gegenüber Bürgern verantwortlich waren –, deswegen waren wir bereit, das zu riskieren.

Allerdings versuchten wir, durch den Zeitpunkt der Operation das Risiko, Zivilisten zu töten, möglichst gering zu halten. Die Bombe explodierte ja in den frühen Morgenstunden, wo man hoffen konnte, dass wenig Zivilisten – oder unschuldige Zivilisten – im Hotel wären. Aber wie gesagt, es war eine direkte Attacke auf das Tory-Establishment – jenes Establishment, das Mord und Folter auf unseren Straßen verantwortete.

Ich habe viele Freunde und Kameraden und auch Verwandte verloren, bin gefoltert und angeschossen worden. Ich sehe mich nicht als Opfer – aber ich bin von dem Konflikt betroffen und davon traumatisiert.

Ich hatte sehr schlimme Panik-Attacken im Gefängnis.

Man leidet an Flashbacks, das heißt, man erlebt Dinge, die man gesehen und getan hat, nochmals: Bombenangriffe, Schießereien, Schlägereien. Das ist ganz normal, auch bei Loyalisten, bei allen, die tief in den Konflikt verwickelt waren.«

Jo Berry fühlte sich nach dem Tod ihres Vaters unter ihren Londoner Bekannten völlig allein gelassen – mit Emotionen, die ihr neu und fremd waren, mit denen die meisten Opfer-Angehörigen, wie erwähnt, ohne fremde Hilfe nicht umgehen können.

»Wenn ich jemandem erzählte: ›Mein Vater ist in die Luft gesprengt worden‹, dann fingen sie an, nun, nicht gerade von Fußballergebnissen, aber jedenfalls von etwas völlig Unwichtigem zu reden. Sie fragten: ›Kannst du nicht loslassen?‹ Da dachte ich, ich muss wohl auf die anderen Rücksicht nehmen. Jetzt weiß ich, dass ich einige der erschreckendsten Gefühle, die mit so einem Erlebnis verbunden sind, für viele Jahre verdrängt habe.

Es war das Jahr 1999, da ließ ich meinen furchtbaren Zorn endlich zu. Die Wut kam daher, dass ich dachte: Wie kann es jemand wagen, seine Bedürfnisse für so wichtig zu halten, dass er ihretwegen töten muss?

Aber ich wollte mich nie rächen und ihn töten; ich wollte, dass der Kreislauf der Gewalt und der Rache bei mir aufhört. Aber Wut, Schmerz und Panik kamen immer wieder hoch.

In dieser Phase fuhr ich einmal in London nachts mit der U-Bahn, und ohne jeden Grund, nur einem Impuls folgend, stieg ich aus. Daraufhin brauchte ich allerdings ein Taxi, aber es gab zu wenig Taxis, und schließlich teilte ich mir eines mit einem Mann, der, wie sich herausstellte, aus einem republikanischen Viertel in West Belfast stammte. Sein Bruder war in der IRA gewesen und von der britischen Armee getötet worden. Ich erzählte meinerseits, dass mein Vater in der britischen Regierung gewesen war und von der IRA getötet worden war. Unserer Herkunft nach hätten wir also Feinde sein können. Aber ich hatte das Gefühl, dass wir eine Brücke zu bauen begannen ... Es waren nur zehn Minuten im Taxi. Ich würde den Mann *so* gern wieder treffen, ich weiß nicht, wie er heißt, aber für mich war dieses Gespräch entscheidend.«

Abenteuer im Land der Anderen

Nach dieser Zufallsbegegnung reist Jo Berry mehrfach nach Nordirland, »um die Geschichten der Leute dort zu erfahren«. Schließlich stößt sie auf eine Gesprächsrunde, in der Opfer aller Seiten des Konflikts willkommen sind. Dort wird sie vorbehaltlos akzeptiert.

»Ich fühlte mich dort einfach sicher. Ich konnte meine Gefühle herauslassen, und niemand würde sich vor meinem Schmerz fürchten. Ich wurde ganze Ladungen von Trauer los. Im Mai verbrachte ich ein

Wochenende dort, und da traf ich zum ersten Mal Leute, die in der IRA gewesen waren. Sechs oder sieben Personen.

Da empfand ich ein starkes Gefühl von Verrat. Fast wie eine Stimme, die mir sagte: ›Triff diese Leute nicht. Geh nicht weiter. Gefahr, Gefahr, Gefahr. Das ist nicht gut.‹

Ich hatte das Gefühl, meinen Vater, meine Gemeinschaft zu betrügen. ›Freunde dich nicht mit dem Feind an‹, das sagte die Stimme. Trotzdem ging ich wieder hin, um diese Stimme in mir zu ergründen. Etwas sehr Interessantes kam heraus. Ich weinte circa vier Stunden ohne Unterbrechung. Am Ende dachte ich: Wenn ich mich mit den Leuten anfreunden kann, die meinen Vater getötet haben, warum musste er dann sterben?

Dieses ganze ›Ich-bin-anders-als-du‹ ist ein Mythos. Wir sind alle miteinander verbunden. Diese Teilung in Stämme, in Gruppen existiert nicht. Diese Unterschiede werden von der Gesellschaft kreiert, und das Gefühl von Verrat hält die Trennungen aufrecht.

Das ist aber eine Wahrheit, die sehr tief unter der Oberfläche liegt. Natürlich haben sie eine andere Kultur und andere Vorstellungen und eine andere Geschichte, aber das heißt nicht, dass es auf einer sehr tiefliegenden Ebene nicht eine Verbindung geben kann. Das Gefühl von Verrat kam dann wieder, aber nun konnte ich damit umgehen. Ich fand es dann ziemlich nützlich, weil es diese Vorstellung von ›uns‹ und ›ihnen‹ – die Art, wie unsere Gesellschaft funktioniert (als Gefüge von verschiedenen Gruppen und sozialen Schichten, wobei wir uns in der eigenen Gruppe zu Hause fühlen und unsere Identität nicht zuletzt durch die Unterschiede zu Mitgliedern anderer Gruppen definieren, A. d. V.) – aufrechterhält.«

Schließlich wagt sie den Schritt, über Mittelsleute Kontakt mit Pat Magee aufzunehmen und ein Treffen mit ihm zu arrangieren.

Jo und Pat an einem Tisch

»Er kam herein, ich stand auf, schüttelte ihm die Hand und sagte: ›Danke, dass Sie gekommen sind.‹ Er antwortete: ›Nein, ich habe Ihnen zu danken.‹ Wir waren beide sehr höflich! Ungefähr nach der halben Dauer unseres Gesprächs hörte er zu reden auf, nahm seine Brille ab, war sehr bewegt und sagte: ›Ich habe nie jemanden getroffen, der so offen ist und so viel Würde hat. Ich weiß gar nicht, was ich sagen soll.‹ Das meinte er wirklich so. Er war darauf vorbereitet gewesen, sich zu rechtfertigen und die Sicht seiner Seite zu liefern. Aber ich sagte: ›Ja, ich verstehe. Wie haben Sie sich gefühlt?‹ Ich war überhaupt nicht so, wie er erwartet hatte. Und auch er entsprach nicht meinen Erwartungen. Denn er sagte dann zu mir: ›Ich will Ihren ganzen Zorn und Schmerz hören.‹ Kein Mensch hatte das je zu mir gesagt. Und das war der Mann, der meinen Vater getötet hatte! Er bot mir eine sichere Möglichkeit, meinen Schmerz mitzuteilen. Nach dem Treffen war ich in Hochstimmung und wollte ihn unbedingt wiedersehen – sehr, sehr seltsam. Und ich konnte mit niemandem darüber sprechen.«

Aus welchem Grund hatte Pat Magee der Begegnung mit der Tochter seines Opfers zugestimmt?

»Ich würde nie von mir aus an ein Opfer herantreten. Dazu habe ich kein Recht. Man könnte das Opfer erneut traumatisieren, oder die eigenen Motive könnten missverstanden werden.

Aber ich fand, man soll mit jedem, der von sich aus eine Begegnung wünscht, sprechen und die eigenen Motive erklären. Zu Jo sagte ich also anfangs, ich wäre mit der Begegnung einverstanden, weil ich eine politische Verpflichtung dazu fühlte. Aber dann begriff ich, dass diese Treffen mehr Bedeutung hatten. Ich erkannte – was mir bis dahin nicht bewusst gewesen war –, dass auch ich mich der Dämonisierung des Feindes schuldig gemacht hatte. Wir zeigten mit den Fingern auf die britischen Behörden, die Loyalisten und Unionisten. Sie hatten uns dämonisiert und entmenschlicht, und wir hatten sie dämonisiert. Ich hatte nur gesehen, dass ich Tories aufs Korn nahm. Ich betrachtete sie nicht als menschliche Wesen. Sie waren Tories, also schuldig und legitime Ziele. Wenn man so denkt, zahlt man selbst den Preis dafür. Während des Konflikts kann man daran zwar nicht denken. Aber nach dem Konflikt muss man das nochmals untersuchen. Und das Treffen mit Jo machte mir völlig klar, dass wir uns unsere eigene Rolle im Dämonisierungsprozess, der bei jedem Konflikt abläuft, genauer ansehen mussten.

Es ist ein fast euphorischer Moment, wenn man ein Opfer trifft, und es kommt zu einem so guten Austausch. Man fühlt sich gut. Dann verlässt man den Raum, und fünfzehn Minuten später oder auch eine

Woche später bricht man plötzlich zusammen, und die Depression kommt. Deshalb brauchen beide Seiten, ob sie als Täter oder Opfer gelten, vor und nach dem Treffen viel psychologische und moralische Unterstützung.

Ich hatte natürlich Schuldgefühle. Man hat eine Person verwundet und sieht ihren Schmerz zum Greifen nah vor sich. Man *mag* diese Person plötzlich, merkt, dass sie ein wertvoller Mensch ist, und man wird mit den Konsequenzen seines eigenen Handelns konfrontiert.

Das ist mein großer innerer Konflikt – die Tatsache, dass ich einerseits unsere Aktionen nach wie vor rechtfertige, weil ich glaube, dass es keinen anderen Weg gab, unsere Rechte zu verfolgen. Wir haben uns den Krieg nicht ausgesucht, sondern er wurde uns aufgezwungen.

Aber andererseits sieht man den Konsequenzen ins Auge: dass man Menschen verletzt hat. Man bringt die zwei Dinge nicht unter einen Hut.«

Grenzen der Verständigung

Ähnlich wie Jamal Assad weigert sich Pat Magee also, das Moralsystem, auf dem seine Vergangenheit als Täter beruht, gänzlich infrage zu stellen. Sich und seinesgleichen erachtet er als unschuldig-schuldige Helden einer historischen Tragödie. Da Jo Berry und er einander nichts verhehlen, kennt sie diese seine Position in- und auswendig. Wenn sie darauf zu sprechen kommt, wird ihre Stimme nicht lauter, nimmt aber die Temperatur weißglühenden Zorns an.

»Er rechtfertigt die Bombe immer noch. Er sieht sie nach wie vor als eine gute Strategie. Er hält daran fest, dass es die einzige Option war.

Wissen Sie, ich versuche immer noch, mich von der Bombe zu erholen, und muss mich mit den Folgen für mein Leben auseinander setzen. Das Ganze hat auch meine Kinder in Mitleidenschaft gezogen.

Gewalt funktioniert einfach nicht. Ein solches Ausmaß von Schmerz *ist* keine gute Strategie. Und wie kann jemand Gott spielen und sagen: *Diese* Situation *ist* so schlimm, dass man ihretwegen so vielen Leuten Schmerz zufügen kann, *jene* Situation aber nicht? *Er* sagt, die Bombe von Brighton war eine ›Strategie‹. Aber sie hat mein Leben verwüstet!

Allerdings – je besser er mich kennen lernt, desto schwerer fällt es ihm, seiner Tat ins Auge zu sehen.

Recht hat er leider in der Hinsicht, dass die britische Regierung erst nach dem Brighton Bombing begann, den Anliegen der IRA zuzuhören. Dann kam es zum Waffenstillstand.

Man muss jedem zuhören. Mein Traum wäre es, dass den Leuten zugehört wird, bevor sie Gewalt anwenden. Es gibt genug Warnzeichen, bevor sie zu einem solchen Grad der Frustration gelangen, weil sie sich unterdrückt fühlen, ihre Menschenrechte nicht beachtet werden und ihre Bedürfnisse nicht erfüllt werden. Dann müsste man mit den Leuten reden. Wenn sie einmal das Mittel der Gewalt ergriffen haben, wird das viel, viel schwieriger.

Wir haben zum Beispiel gemeinsam an einer Podiumsdiskussion unter dem Titel ›Transforming September 11‹ teilgenommen, ein Jahr nach diesen Anschlägen. Es beeindruckt die Leute sehr, das Opfer und den Täter zu sehen, wie sie zusammen auftreten und am Schluss einander umarmen. Das Opfer und der Täter sind die zwei Teile, die wir alle in uns haben; diese zwei Teile als zwei Personen zu sehen, das übte auf alle dort eine starke Wirkung aus.

Das heißt nicht, dass ich ihn immer mag und ihn immer sehen möchte; manchmal kontaktiere ich ihn einfach nicht. Aber wenn er sich öffnet, dann ist es erstaunlich, was zwischen uns möglich ist. Wir können einfach weitergehen, offener und verletzbarer werden. Es ist einfach stark. Es ist keine normale Freundschaft. Das kann es auch nie werden.

Etwas an der Gewalt im Terrorismus ist einzigartig: Das Problem ist, es hört nicht mit dem einen Anschlag auf. Wegen der Tötung meines Vaters wurden wieder andere Leute getötet. Ich bin also Teil eines Kontinuums der Gewalt. Das ist für mich nicht auf Nordirland beschränkt. Auch bei den Ereignissen im Irak habe ich das Gefühl, dass es dasselbe Kontinuum ist und ich dazugehöre. Ich gehöre zu dem weltweiten Bild dessen, wie wir mit Konflikten umgehen. Ich kann keine Fernsehbilder von Bombentoten sehen, ohne *meine* Erfahrungen damit zu verbinden. Ich weine in den unpassendsten Momenten. Es ist eine Wunde.

Aber diese Wunde sollte vielleicht gar nicht verschwinden, weil sie auch eine Gabe ist. Ich muss so oder so damit leben. Die Energie und Leidenschaft, etwas zu ändern, kommt von meiner Wunde, ganz bestimmt. Deshalb kann ich auch nie ausbrennen.«

Alastair oder Der Mut zur Schuld

An einem verhangenen Spätsommertag des Jahres 2004 könnte Belfast in seiner Mitte als ganz normale, lebendige Stadt durchgehen. Das Zentrum mit seinen Einkaufsstraßen und Kulturbauten zerfällt nicht, wie die Außenbezirke, in katholische und protestantische Gettos.

Die Innenstadt gilt seit einigen Jahren als Ort relativer Freiheit, wo sich heute jeder, ungeachtet seiner politisch-religiösen Zugehörigkeit, halbwegs unbefangen und ohne Angst bewegen kann.

Der Versuch, Alastairs Parkposition zu orten, scheitert anfangs daran, dass ein starker irischer Akzent bei schlechtem Handyempfang zu skurrilen Missverständnissen auf Seiten Fremder führen kann. Nach einigem Umherirren winkt ein burschikoser Mensch in Jeans und T-Shirt aus einer Straßenbiegung.

Alastair Little ist eine freundliche, unprätentiöse, intelligente Erscheinung und, wie sich rasch zeigt, ein charismatischer Redner; Diese Gabe nützt er als Konfliktmediator in Nordirland, aber auch als Leiter von inter-ethnischen Workshops in Ländern wie Serbien und dem Kosovo.

Der Mittdreißiger aus protestantischer Familie hat mit siebzehn Jahren einen Katholiken erschossen und danach während einer zwölfjährigen Gefängnisstrafe einen langsamen, schmerzhaften Prozess der Gewissensbildung durchschritten, an dessen Ende er ohne Wenn und Aber einsehen musste:

»Es war ein Fehler. Ich glaube, ich habe kein Recht, um Vergebung zu bitten. Wäre *mein* Vater oder mein Bruder getötet worden, dann würde ich nicht wollen, dass der Täter zu mir kommt. Manche Opfer können nicht vergeben. Das bedeutet nicht unbedingt, dass sie schwach sind oder sich von Bitterkeit und Wut verzehren lassen. Ich bin Leuten begegnet, die nicht zur Vergebung in der Lage waren und sich dennoch von ihrem Schmerz nicht lähmen ließen; sie waren nur einfach so sehr verletzt, dass eine Heilung jenseits des Möglichen schien. Wer sind wir, ihnen zu erklären, sie müssten verzeihen?«

Mit seiner gutaussehenden, selbstbewussten Frau lebt Alastair in einem Reihenhaus an der hügeligen Peripherie der Stadt; auf dem

Weg dahin springt die Sektorentrennung ins Auge, die Keile aus Mauern und Stacheldraht in Quergassen treibt; tote Enden, Block für Block. Diesseits und jenseits der Sperren sind die Straßen wie für einen Ganzjahres-Karneval mit Fähnchen, Flaggen und Graffiti, Wandmalereien und Postern dekoriert. Insbesondere auf der protestantischen Seite, Alastairs Seite, vermittelt das Symbolspektakel, das Farbgekleckse auftrumpfender Reviermarkierung – hier im Blau-Rot-Weiß des Union Jack – den Eindruck, als müsse sich hier eine Gemeinschaft durch immensen optischen Aufwand angstvoll dessen versichern, dass es sie überhaupt gibt.

Schule der Grausamkeit

Alastair Little wuchs in einer kleinen protestantischen Enklave innerhalb eines nationalistisch-katholischen Viertels auf. Kinder mussten aus Sicherheitsgründen in Gruppen zur Schule gehen. Jede Nacht Krawalle – Benzinbomben und Steine flogen durch die Luft, etliche Male kam es zu Schießereien.

»Ich bin mit vierzehn in den Konflikt hineingeraten. Damals hatte ich keine festumrissene politische Ideologie. Meine Beteiligung an dem Konflikt war eher eine emotionale Reaktion auf das Leid rund um mich. Der Vater meines besten Freundes wurde erschossen. Und sie schossen seiner elfjährigen Schwester, die um ihren Vater schrie, in die Beine« – eine klassische »Bestrafung«, die Opfer können danach nie mehr gehen – »und ich sah das Mädchen beim Begräbnis im Rollstuhl sitzen. Auch die Väter einiger meiner Mitschüler wurden von der IRA erschossen. Ich lebte in einer Wohnsiedlung, die zu 100 % protestantisch war. Alle meine Freunde und alle Schulen, die ich bis zum vierzehnten Lebensjahr besucht hatte, waren protestantisch.

Als ich das erste Mal persönlich mit einem Katholiken in Kontakt kam, also jemandem mit einem religiös und politisch anderen Hintergrund begegnete, da hasste ich die Katholiken bereits, wegen der Dinge, die sie meiner Gemeinschaft angetan hatten. Es gab Tote jede Woche, wenn nicht täglich. Es herrschte ein Klima der Angst, und es gab die Beeinflussung durch Politiker und Kirchenoberhäupter, die zum Kämpfen bis auf den letzten Blutstropfen aufriefen und sagten, dass uns unsere Identität und Kultur weggenommen werden sollte.

Man hatte wirklich Angst, dass es als nächstes den eigenen Vater oder Bruder treffen könnte. Das erzeugte den Wunsch, die eigene Gemeinschaft zu schützen, und ein Rachegefühl.

Mein Denken und das meiner Mitschüler in diesem Alter war: Wenn sie einen von uns töten, töten wir zwei von ihnen. Wenn sie fünf von uns töten, töten wir zehn von ihnen. Es ging darum, sie für ihr Tun bezahlen zu lassen. ›Wenn sie bei uns eindringen, wenn sie unsere Gemeinschaft beschädigen, dann tun wir ihnen dasselbe an. Damit sie wissen, dass es sie teuer zu stehen kommt.‹«

Gott war ein Protestant

»Als ich aufs College ging – es war ein gemischtes College –, erlebte ich jeden Tag Schlägereien zwischen Protestanten und Katholiken. Zu der Zeit glaubte ich ganz fest, dass Gott ein Protestant, also auf unserer Seite wäre. Das half uns, die Menschen, die wir als unsere Feinde betrachteten, zu dämonisieren. Damals war jeder unser Feind, der kein Protestant war. Ich und meine Kameraden dachten: Wenn du ein Katholik bist, dann bist du in der IRA oder du unterstützt sie zumindest. Und die IRA tötet Protestanten, also bist du unser Feind.

Als ich zu Schule ging, waren Unterschiede etwas, wovor man Angst haben musste. Ich fürchtete jeden, der anders war. Nie war ich in der Schule anderen Kulturen, Lebensweisen und Religionen ausgesetzt, sodass ich hätte versuchen können, Unterschiede auch als Bereicherung für das eigene Leben zu sehen.«

Mit vierzehn bereits drängte Alastair Little in die Reihen der »Ulster Volunteer Force«, einer paramilitärischen Organisation. Seiner Jugend wegen nahm man ihn dort erst beim dritten Anlauf auf.

»Als junger Mensch wünscht man sich ein Zugehörigkeitsgefühl, man glaubt, bei etwas Wichtigem mitzumachen. Dieses Gefühl der Bedeutung, diese Kameradschaft ist sehr anziehend für einen – unter Männern zu sein, die ihr Leben für dich riskieren und umgekehrt.

Von dem Tag an stahl ich Autos für Operationen, stahl und versteckte Waffen, lernte Schießen, und das ging so weit, dass ich in das Haus eines Mannes ging und ihn erschoss. Jemand aus meiner eigenen Gemeinschaft, ein Protestant, war bedroht worden, er solle seinen Job aufgeben, sonst würde er getötet. Wir fanden heraus, wer es war, der ihn bedroht hatte; diesem Mann sagten wir, *er* müsse seinen Arbeitsplatz verlassen. Er weigerte sich, also ging ich in sein Haus und erschoss ihn. Damals glaubte ich, das Richtige getan zu haben; für mich war es eine erfolgreiche Operation.

Die Tat selbst war ganz einfach: Aus einem Auto aussteigen, zum Fenster des Hauses gehen, hinter dem der Mann sitzt, schießen, einsteigen und dann, vor allem, fliehen. Das war's.

Aber der Akt selbst ist in einen weiten Bereich von Emotionen eingebettet. Nicht alle sind einem in dem Moment bewusst. Man verspürt eine Reihe von Motiven. Zum einen ein Rachegefühl. Man hat zurückgeschlagen, ihnen eine Lektion verpasst – *sie* werden jetzt leiden. Ich dachte überhaupt nicht an spätere Konsequenzen. Ich hatte Angst, war erregt, spürte die ungeheure Dimension der Tat: dass es nachher kein Zurück mehr geben würde. Man hat das Gefühl, sich auf etwas so Extremes einzulassen, dass man sich damit selbst beweisen kann, wie sehr man an das eigene Tun glaubt. Vor allem aber sieht man das Recht auf seiner Seite, und das beherrscht die Emotionen und das Bewusstsein in dem Moment.

Nur bedachte ich nicht, dass meine Gewalt gegenüber der anderen Gruppe sich umgekehrt wieder gegen unsere Gruppe richten würde. Ein paar junge Nationalisten sahen, was ich getan hatte, und nahmen dafür Rache. Als Resultat meiner Tat würde wieder jemand in meiner eigenen Gemeinschaft zu leiden haben. Das ist das Gegenteil dessen, was man zu erreichen glaubt.«

Die natürliche Gerechtigkeit

»Wenn man getötet hat, dann weiß man, wie sehr man fähig ist, anderen wehzutun. Aber auch, hilfsbereit und wunderbar zu sein. Es ist manchmal schwer, mit dieser Spannung umzugehen. Wenn ich zurückschaue und mir meine dunkle Seite als Mensch eingestehe, kann das sehr deprimierend sein. Es gibt aber auch eine Freiheit, die daher kommt, dass man sich als Mensch selbst vollständiger kennt. Da wird es umso frustrierender, mit Leuten zusammen zu sein, die das nicht tun und die Welt schwarz und weiß sehen und glauben, dass sie nie zu solchen Gefühlen fähig wären. Sie verstehen ganz einfach die menschliche Natur nicht.

Die Leute nennen Menschen, die in Kriegen und politischen Konflikten töten, Tiere. Sie können nicht akzeptieren, dass es einfach Menschen sind, die das einander antun. Es sind keine Dämonen und Monster mit zwei Köpfen. Es sind Menschen wie wir alle. Unter den richtigen Umständen, wenn die richtigen Knöpfe in uns gedrückt werden, können wir das alle. Das soll keine Rechtfertigung sein – nur kommt es der Realität, der Möglichkeit zu verstehen, näher. Wenn wir einfach sagen, nur eine bestimmte Gruppe in der Gesellschaft ist zu solchen Taten fähig und wir müssen nur diese Gruppe von den anderen trennen, um Verbrechen vorzubeugen, dann ignorieren wir, dass die Grenze zwischen Gut und Böse durch jedes menschliche Herz verläuft.«

Nach seiner Haft hat Alastair Little zuerst ein Zertifikat in Altenpflege erworben und dann eine Reihe von Lehrgängen als Konfliktmediator und psychologischer Berater absolviert, sogar eine universitäre Ausbildung auf diesem Gebiet mit Diplom abgeschlossen. Parallel dazu sammelte er bereits während der 1990er Jahre reiche Berufserfahrung bei verschiedensten Organisationen – nicht nur in Nordirland, auch in Ex-Jugoslawien und Südafrika – die bemüht sind, Annäherungen zwischen den verfeindeten Seiten des jeweiligen Konflikts anzubahnen, Hass und Vorurteilen entgegenzuarbeiten, die »Weichen in den Köpfen« anders zu stellen, aber auch psychologische Hilfe gegen Traumafolgen zu leisten; denn insbesondere in Nordirland haben Täter und ihre Familien meist ihrerseits Angehörige verloren oder Anschläge überlebt.

»Leute können Opfer und dann Täter und dann wieder Opfer und dann wieder Täter sein. Diese Positionen sind miteinander verknüpft und fließen ineinander.«

Immer wieder tritt Alastair bei Tagungen und anderen öffentlichen Anlässen gemeinsam mit Ex-IRA-Leuten auf, was eine wichtige Symbol- und Vorbildwirkung hat. Er arbeitet unter anderem als Therapeut mit Häftlingen und Ex-Häftlingen, die wie er »Feinde« getötet haben, und mit Jugendlichen, die Gefahr laufen, zu ebensolchen Tätern zu werden. Sein großer Vorteil besteht darin, dass er die Radikalisierung, das Rachebedürfnis, schließlich den Schritt zum Töten aus eigener Erfahrung kennt. Mittlerweile ist er ein international gefragter Leiter von Gesprächsrunden, in denen Opfer und Täter beider Seiten einander ihre Geschichten zu erzählen und zu kommunizieren versuchen; zu Beginn ist dies stets ein heikler, von Misstrauen und Schuldzuweisungen geprägter, vom Scheitern bedrohter Prozess. Alastair hat diese – wie er versichert – »peinvolle Reise« einst selbst durchgemacht.

»Man glaubt, Schwäche zu zeigen, indem man sich zusammensetzt und spricht. Der Zweck der Treffen war zuerst bloß, Punkte zu gewinnen. Sie sagten aus ihrer Perspektive, was richtig und legitim war, und sprachen über ihr Leiden und die Verletzung ihrer Menschenrechte. Es ging zu Beginn nicht darum, einander zuzuhören oder Verständnis aufzubringen. Aber je länger man sich trifft, desto mehr werden menschliche Verbindungen aufgebaut. Das kann Monate dauern. Am Anfang will man einander nicht einmal zu Wort kommen lassen. Nach sechs Monaten spricht man sich vielleicht einmal an und fragt: ›Wie geht es dir?‹ Und irgendwann realisiert man dann: es gibt etwas an diesem Menschen, das ich mag. Das ist aber gleichzeitig verstörend, denn es gibt Zeiten, wo man meint, die eigene Identität zu verraten, einfach weil man das Leiden der Feinde zugibt. Wenn dann wieder jemand erschossen oder verletzt wird, gibt es Rückschläge. Unsere gemeinsame Basis ist aber, dass wir gelitten haben. Heute noch trage ich eine Menge Bitterkeit und Wut wegen der Taten der anderen Seite in mir, aber eben auch eine Menge Schuld und Bedauern wegen meiner eigenen Taten.

Es kann geschehen, dass man ein Lied hört oder in der Sonne spazieren geht und die schönen Dinge der Welt genießt – und dann wird man durch irgendetwas daran erinnert, dass jemand anderer jetzt *nicht* die Sonne auf dem Gesicht spuren kann, und man fühlt sich schuldig.

Ich glaube, ich habe als Mensch etwas verloren, das man nicht mehr zurückbekommen kann. Und dieser Verlust ist der Preis, den viele zahlen, wenn sie an Gewalttaten beteiligt sind. Man verliert etwas von seiner Menschlichkeit – und den inneren Frieden. Aber meinem Gefühl nach liegt darin eine natürliche Gerechtigkeit: es *sollte* so sein.

Eine Gewalttat zu verüben und dann sein Leben weiterzuleben ohne Folgen für einen selbst – das wäre ein Schlag ins Gesicht dieser natürlichen Gerechtigkeit.«

Aromatisch duftet der Earl Grey in Alastairs Haus. Eine Autotür schlägt zu, eine Frau entfernt sich mit klappernden Absätzen, und unter dem schweren Wolkendach, das sich über Belfast schiebt, geht die Sonne unter.

Das Töten, die Täter und wir

Es macht einen sehr großen Unterschied, von wem, auf welche Weise und unter welchen Umständen ein Mensch um sein Leben gebracht wird. Stirbt man um der Geldgier eines Raubmörders willen oder durch einen besitzergreifenden Partner, der die Trennung nicht akzeptieren wollte? Wird man als Einziger oder mit vielen anderen zugleich getötet? Stirbt man erniedrigt, wehrlos oder nach einem Kampf, bei dem man eine Chance zu überleben hatte? Wird man völlig unverhofft getötet, oder hat man sich auf dieses Risiko bewusst eingelassen? Wird man mit dem Tod bestraft, weil man selbst gemordet hat, oder lässt man sich als Märtyrer für Idee und Nachruhm töten?

Dieses Buch handelt von Mord und Totschlag aus ganz verschiedenen Motiven – aus Gekränktheit, chronischer Wut, Erniedrigungsgefühl, zum Zweck der Bereicherung oder aus sadistischem Zerstörungsdrang; es handelt von staatlichen Tötungsbeauftragten, den Henkern; von unfreiwilligen und freiwilligen Soldaten, vom Töten in Massakern, schließlich von Terror und Gegenterror. All die wahren Geschichten von Tätern und Opfern haben sich in unterschiedlichen politischen und kulturellen Kontexten ereignet. In vielerlei Hinsicht lassen sie sich schon deshalb nicht vergleichen, weil streng genommen jeder Fall und jedes Schicksal einzigartig ist und für sich betrachtet werden muss.

Gibt es dennoch Gemeinsamkeiten? Ich denke, ja. Zwischen den Erfahrungsberichten zeigten sich sowohl offensichtliche als auch tief verborgene Querverbindungen, die ich nicht konstruierte, sondern fand, obwohl ich sie so nicht gesucht hatte.

Von Mord über Hinrichtung bis Krieg: Was ist das Gemeinsame?

Bei der Frage nach dem Gemeinsamen des Tötens führen Überlegungen nach dem jeweiligen Motiv am weitesten. Wie bei Morden kann man auch beim Töten an der Front oder bei Genoziden versuchen herauszufinden: Was war das Motiv – oder besser: das Motivbündel? Denn die Beweggründe des Tötens sind, wie verlötete Drähte, oft kaum voneinander zu trennen.

Getötet wird aus Angst. Ängste sind – wie Bakterien – nicht per se negativ zu werten. Wir können ohne Ängste nicht überleben; wir brauchen Ängste, damit wir aktiv werden, um Schmerz, Hunger, Versagen aller Art zu vermeiden. Wie Bakterienstämme können Ängste aber auch überhand nehmen und im Extremfall uns selbst ausschalten – durch Psychose oder gar Selbstmord – oder sie können bewirken, dass wir andere Menschen töten beziehungsweise uns indirekt am Töten beteiligen. Der spielsüchtige Gerald Kollmann tötete aus Angst, weil er seinen Ausweg aus dem finanziellen und seelischen Zusammenbruch gefährdet sah. Bei Tätern mit sadistischen Tendenzen wie Marius Reder stehen unbewältigte frühkindliche Ängste – vor dem »Verschlungenwerden« in der Muttersymbiose – hinter dem Drang, andere Menschen zu zerstören. Durch Angst vor Strafe erlernen wir den Gehorsam gegenüber Autoritäten; dieser anerzogene Gehorsam ist es, der Soldaten wie auch den Ausführenden von Massakern das Töten erleichtert. Die Propaganda-Offensive vor einem Völkermord will den potenziellen Tätern weismachen, dass man vor den potenziellen Opfern furchtbare Angst haben müsse, denn das Überleben oder zumindest die Kultur der eigenen Gruppe sei in Gefahr. Der protestantische Paramilitär Alastair Little hatte in Nordirland schon als Kind Katholiken nicht nur hassen, sondern auch fürchten gelernt.

Getötet wird aus Hass, der nicht selten einst Liebe oder Zuneigung war, die dann in umso erbittertere Feindschaft umschlug. Gerald Kollman hasste seinen ehemaligen Freund und Mentor. Horst Riedl tötete einen Uniformierten stellvertretend für seinen Vater, den er hasste. Zumindest ein Teil der Tätergruppe eines Genozids hasst die jeweiligen Opfer: aus den freundschaftlichen Beziehungen zwischen Serben und Moslems wurde schlimmster Hass. Der IRA-Bombenleger Pat Magee hasste Margaret Thatcher und ihresgleichen.

Getötet wird aus verletztem Selbstwertgefühl (das oft mit Ängsten einhergeht). Karl Hinterberger erschoss den Liebhaber seiner Frau, weil dieser ihn demütigte. Horst Riedl suchte Selbstbestätigung als tötender Revolverheld. Nenad Jovanovic brachte seine Frau und deren Cousine um und beging Selbstmord, weil er vor sich selbst und seinen Bekannten das Gesicht verloren zu haben meinte. Ivica Medić verschaffte sich als mordender Lagerkommandeur Selbsterhöhung und Selbstbestätigung, um die narzisstische Kränkung des ehrgeizigen, aber erfolglosen jungen Mannes, der er war, vergessen zu können. Der Terrorist Jamal Assad tötete wegen des beschädigten kollektiven Selbstwertgefühls des palästinensischen Volkes.

Getötet wird aus Wut über (vermeintliche oder tatsächliche) Ungerechtigkeiten, aus brüskiertem Fairnessempfinden. Dies gilt individuell für Gerald Kollmann, es gilt im Kollektiv für palästinensische Attentäter ebenso wie für IRA-Leute und protestantische Paramilitärs.

Getötet wird aus Rache für getötete Angehörige der eigenen Gruppe; dieser Kreislauf der Rache ist oft, wie etwa auch in Nordirland, bereits Jahrhunderte alt.

Getötet wird aus Hunger nach absoluter Macht, aus der Sehnsucht, einmal zu erleben, niemanden Höhergestellten über sich zu haben, sondern selbst der Höchste zu sein. Keine Macht verschafft mehr Größengefühl, mehr Euphorie, als die gottgleiche Macht über Leben und Tod. Eine solche Euphorie scheint der Kriegsverbrecher Ivica Medić empfunden zu haben; aber auch der Elitesoldat Siegbert Geiringer lernte sie kennen (ohne die beiden in ihren Rollen als Tötende gleichsetzen zu wollen).

Getötet wird aus Besitzgier und zwar bei Raubmord, ebenso bei Eroberungskriegen und bei Völkermord: Bei Genoziden ist es immer auch die Aussicht auf die Besitztümer der Opfer, die zum Morden beziehungsweise zum stillschweigenden Tolerieren des Mordens verführt.

Natürlich kann eine solche Systematisierung der Beweggründe des Tötens nicht mehr sein als eine Hilfskonstruktion; die genannten und noch andere Motive hängen zusammen und treten in unterschiedlichen Mischungen auf. Doch auch diese Motive reichen als Erklärung, warum getötet wird, nicht aus. Ängste, Hass, gekränktes Selbstwertgefühl, Wut über Ungerechtigkeiten, Hunger nach Macht oder Besitzgier führen im Normalfall noch lange nicht dazu, dass Menschen Menschen umbringen. Warum geschieht dennoch so massenhaft, was uns so unfassbar erscheint?

Der eine üble Aspekt, der alle Tötenden verbindet

Erstens müssen sich die Affekte Angst, Hass, Kränkung des Selbstwertgefühls, Wut usw. aufstauen, bei einem individuellen Affektmörder wie auch bei ganzen Völkern. Und zweitens müssen »die Sicherungen durchbrennen«, d. h. die Tötungshemmung muss vorübergehend unwirksam werden. Deshalb ist ziviler Mord so rar: Niemand hat zuvor das Tötungstabu für ungültig erklärt. Der Mörder handelt gegen den moralischen »Bremswiderstand« einer ganzen Gesellschaft *und* gegen sein eigenes Interesse. Eine Konstellation, die geeignet ist, diese starke Sperre zu überwinden, tritt höchst selten auf. Hingegen wird in anderen Kontexten des Tötens gleichsam aus dem Bremswiderstand Vollgas. »Vergesst das Tötungstabu, Töten ist jetzt Pflicht, es nützt eurer Karriere und eurem sozialen Ansehen, es bringt euch jede Art von Profit.« »Feind«-Propaganda, Abtrainieren der Tötungshemmung, Gruppendruck – militärische und politische Führer bieten, wie in den Fallgeschichten beschrieben, ein ganzes Arsenal von Methoden auf, damit Menschen töten können, *ohne sich allzu sehr schuldig zu fühlen.* Die Betäubung des Gewissens – darauf zielen alle Anstrengungen der Anführer und der Täter selbst ab; in diesem Punkt treffen sich die Geschichten der meisten Kriegsverbrecher, Henker, Terroristen und Frontkämpfer. Der Rekrut Dragan sagt sich, sein Volk sei von der kroatischen Armee angegriffen worden und habe sich daher verteidigen müssen. Die Attentäter Jamal Assad und Pat Magee versuchen, eisern an der Überzeugung festzuhalten, ihr damaliges Töten sei der einzig mögliche Weg gewesen, um ihrer Gruppe aus der Unterdrückung zu helfen. Der Staatsanwalt Robert Horan, der Todesurteile erwirkt, nennt die Todeskandidaten »besonders bösartig«, »eine andere Art von Tier«. Der Henker Fernand Meyssonnier redet sich ein, die von ihm hingerichteten algerischen Revolutionskämpfer seien in Wahrheit alle Räuber, Vergewaltiger oder gar Kindsmörder gewesen.

Vom Soldaten bis zum Henker behaupten alle, gleichsam »in Notwehr« oder aber »Unwürdige«, Schuldige getötet zu haben. Für den Palästinenser Assad fielen *sämtliche* Israelis der damaligen Zeit in die Kategorie »schuldig«, für den IRA-Mann Magee dagegen waren es nicht etwa alle Briten, sondern »nur« die Mitglieder des – wörtlich – »britischen Kriegskabinetts«.

All diese Männer konnten nur töten, weil sie sich vom Menschsein der Opfer so weit distanzierten, dass sie, jedenfalls im entscheidenden Moment, kein Mitleid mit ihnen verspürten. *Das Verweigern von Empathie* ist es, was alle tötenden Personen in diesem Buch verbindet. Bei Affektmördern verhindert der Affektausbruch vorübergehend die Einfühlungsgabe, bei »autorisiertem« Töten zimmern sich Soldaten, Attentäter, Henker oder Massenmörder ein Rechtfertigungsgebäude zurecht, warum die zu Tötenden keine Schonung verdienen würden. In jedem Fall werden die Opfer dem Egoismus geopfert – dem Egoismus individueller Befindlichkeit oder dem Gruppenegoismus.

»Das Böse ist die Abwesenheit von Mitgefühl.«[1]

Töten aus Konformismus – die meisten machen mit

Egoismus, Angst, Hass, Rache, Machtstreben, Besitzgier sind normale menschliche Reaktionen und Verhaltensweisen. Damit solche Antriebe zum Töten führen, braucht es besondere Umstände – aber *nicht* besondere Menschen. Mit wenigen Ausnahmen sind es normale, psychisch gesunde Personen, die in diesem Buch porträtiert werden. Diese Normalität spricht, wie ich meine, aus ihren eigenen Worten: es sind Menschen wie wir. Fast alle könnten wir in Risikosituationen geraten, die uns für das Töten anfällig machen. Leider weiß im Voraus niemand so genau, welche Situation gerade für ihn ein solches Risiko birgt. Und bei kollektiven Entwicklungen hin zum massenhaften Töten liegt die Wahrscheinlichkeit des Mitmachens (oder zumindest des stillschweigenden Zusehens) rein statistisch sehr hoch, das zeigen alle historischen Erfahrungen. Bei allgemeiner Mobilmachung wagen es die wenigsten, sich zu entziehen; und wenn bei Massakern ganz normale Männer das Pech haben, in ein Erschießungskommando zu geraten, dann könnten sie ähnlich reagieren wie das von Christopher Browning untersuchte Polizeibataillon Nr. 101, dessen rund 500 Mitglieder im Zuge der »Endlösung« in Polen mindestens 38 000 Juden erschossen und mindestens 45 200 nach Treblinka deportieren halfen. Und das, obwohl man jedem einzelnen Schützen freistellte, sich versetzen zu lassen, ohne Strafe befürchten zu müssen. »Dennoch machten sich 80 bis 90 % der Bataillonsangehörigen ans Töten, obwohl es fast alle von ihnen – zumindest anfangs – entsetzte und anwiderte. Die meisten schafften es einfach nicht, aus dem Glied zu treten und offen nonkonformes Verhalten zu zeigen«, – und damit die »Drecksarbeit« den Kameraden zu überlassen – »zu schießen fiel ihnen leichter.«[2] Nicht das Mitmachen, sondern die Verweigerung stellt in solchen Fällen die Ausnahme dar, wie Historiker und Soziologen, aber etwa auch der Aggressionsforscher Hans-Peter Nolting konstatieren. »An Kriegen und anderen Formen politischer Gewalt können auch solche Menschen beteiligt sein, die sich ansonsten durch geringe persönliche Aggressivität auszeichnen. (…) Es reicht jene stark situationsabhängige Gewaltbereitschaft, die man in Anlehnung an Hannah Arendts berühmtes Buch als ›banal‹ bezeichnen kann.«[3] Dieses »banale Böse« beruht auf »der Unfähigkeit, sich den Befehlen von oben und dem Konformitätsdruck des Umfelds zu widersetzen«. Dieser ganz normale Mangel an Aufmüpfigkeit ist ja bereits im Alltag, etwa am Arbeitsplatz, immer und überall zu beobachten.

Die Skala der Schuld

Was unterscheidet uns dann überhaupt von Mördern und Kriegsverbrechern? Jedenfalls nicht unsere grundsätzliche Fähigkeit zu töten. Töten ist eine *Möglichkeit,* die uns ständig begleitet. »Es ist da«, bestätigte mir der Psychiater Norbert Nedopil, »es ist nichts, was wir zusätzlich hintun, es ist da.«

Der Unterschied zwischen uns potenziellen Tätern und den tatsächlichen Tätern ist allerdings der, dass sie »es« getan haben und wir (noch) nicht, was mehr unser Glück zu sein scheint als unser Verdienst. Aber zwischen Tun-Können und Tun liegt de facto eine Welt. Die bloße Möglichkeit zu töten kostet noch niemanden das Leben.

Ein Mord scheint jeden Mörder zu verändern. Auch wenn er persönlich keine Reue verspürt, wirkt sein Image unter den Mitmenschen auf ihn selbst zurück. Er allein ist ja schuld, und die Gesellschaft lässt ihn – zu Recht! – seine Schuld in voller Schwere tragen; niemand nimmt ihm, anders als dem Soldaten, einen Teil der moralischen Verantwortung für das Töten ab. Er hat mit seiner Handlung das letzte Ende gesetzt: Ein Leben ist beendet. Der Mörder hat eine

Welt, die seines Opfers, zum Untergang gebracht. Diese Endgültigkeit steckt tief im Täter, ist ein erstarrter Teil seiner Seele, der sich im Unterschied zum Rest der Seele nie mehr verändern kann, weil die Tat nicht wieder gutzumachen ist.

Oder, in den Worten eines in Österreich lebenden Kosovo-Albaners, der während einer gewalttätigen Auseinandersetzung in angetrunkenem Zustand einen jungen Mann, von dem er sich bedroht fühlte, erschoss:

»Das ist ein Loch, ein Riesenloch, mit dem ich leben muss. Ich habe versucht, es zuzudecken, es geht nicht. Absichtlich oder nicht absichtlich – das spielt jetzt keine Rolle mehr. Er ist tot, man kann ihn nicht mehr lebendig machen. Etwas stirbt mit dir. Du bist nicht mehr der Ganze. Ein Teil von mir ist mit diesem Jungen begraben, und wird in seinem Grab bleiben.«

Völlig konträr ergeht es Soldaten. Veteranen des Zweiten Weltkriegs, sofern sie nicht Auge in Auge zu töten hatten, wirken oft erstaunlich unversehrt von ihren Erfahrungen, und das ist kein Zeichen von Gewissenlosigkeit. Hier zeigt sich, wie sehr Schuldgefühle von der jeweiligen kulturellen Übereinkunft abhängen: Soldaten halten sich meist nicht oder kaum für persönlich schuldig, weil die Gesellschaft sie von individueller Verantwortung freispricht, daher erscheinen sie auch nicht von Schuld gezeichnet, strahlen keine sichtbaren Schuldgefühle aus, was wiederum die Gesellschaft noch stärker von ihrer Schuldlosigkeit überzeugt. Die »Autorisierung« durch politische Führer und die »Atomisierung« der Schuld durch deren Aufteilung unter Millionen Soldaten, diese Mechanismen entlasten tatsächlich das Gewissen der Einzelnen (auch wenn das bei Ex-Frontkämpfern nicht lückenlos funktioniert, wie man im Kapitel *Vom Töten im Krieg* feststellen konnte).

Schuld ist also in der Praxis keine objektive Größe, sondern eine subjektive, kulturell unterschiedlich zu beantwortende Frage der – fremden und eigenen – Zuschreibung.

Kann man sich für oder gegen das Töten entscheiden?

Die rasanten Fortschritte der Hirnforschung in den letzten Jahren haben das abendländische Konzept von Schuld und Verantwortung neu zur Disposition gestellt. Die brisante Debatte läuft auf die alte

Frage nach der Freiheit des Willens hinaus: Sind *wir* es, die uns beständig für oder gegen etwas entscheiden, die hunderte Male täglich unter zwei oder mehr Alternativen wählen? Oder hat *unser Gehirn* bereits für uns entschieden, bevor unser Bewusstsein dessen gewahr wird? Der Hirnforscher Benjamin Libet wies bereits Anfang der 80er-Jahre in Experimenten nach, dass eine Bewegung wie das Krümmen der Hand im Gehirn schon vorbereitet wird, bevor wir uns des Antriebs, die Hand zu krümmen, überhaupt bewusst werden. Bestimmt das genetische Programm in meinem Gehirn, ob ich in fünf Minuten lieber Schwarzbrot oder Baguette esse, oder bestimme »ich« es – und welcher Natur wäre dieses »Ich«, das ja aus empirischer Sicht auch nichts anderes sein kann als ein Produkt des Gehirns: der physiologischen Vorgänge im Körper und der Interaktion zwischen beidem?

Fest steht zwar: Das Hirn ist ein »zur Zukunft hin offenes System«, so Wolf Singer, einer der führenden Köpfe der aktuellen Debatte um die Willensfreiheit. Das heißt, die genetisch bedingten neurobiologischen Gegebenheiten im Gehirn werden in der Wechselwirkung mit Umwelteinflüssen ständig moduliert – erst die Sozialisation bestimmt von Moment zu Moment, was aus den Anlagen wird. Der genetische Code bildet nur das Rohmaterial, aus dem erst das Leben gleichsam den Text einer individuellen Biografie schreibt. Das Gehirn ist ein extrem anpassungsfähiges System, wie etwa auch die Lernpsychologie betont. Oder, um mit Norbert Nedopil zu sprechen: »Der Mensch ist nicht so oder so gebaut. Der Mensch ist das adaptivste Wesen, das die Natur hervorgebracht hat.« Manche Hirnforscher wie Manfred Spitzer schließen aus dieser Veränderbarkeit der synaptischen Verschaltungen in unserem Kopf, dass wir die Freiheit hätten, unserem Gehirn gleichsam die passenden Lernangebote zu machen und damit seine Entwicklung positiv zu beeinflussen. Andere, wie Wolf Singer oder Gerhard Roth, neigen zu der Ansicht, dass in einem je gegebenen Moment der Zustand unseres Gehirns uns keine andere Wahl lässt als die, die wir eben gerade treffen. Demgemäß könnten wir von Augenblick zu Augenblick »nicht aus unserer Haut«. Wenn ich nun sage: »Ich wollte gerade Baguette essen, aber um die Freiheit meines Willens zu beweisen, esse ich doch Schwarzbrot«, so könnte auch dies wiederum auf den momentanen Zustand meiner »Software im Kopf« zurückzuführen sein: ich entscheide gegenläufig, scheinbar aus eigenem Willen, weil mein Gehirn mich dazu zwingt.

Und ein Mörder würde sich laut Wolf Singer zum Morden entschließen, »weil er mit einem Gehirn ausgestattet ist, das in diesem Moment so entscheiden konnte und nicht anders«[4].

Demgemäß würden wir uns Willensfreiheit nur *einbilden*. Schuld und Verantwortung wären dann ebenfalls Phantome; Mörder könnten nichts für ihre Taten. Unter Juristen wird bereits diskutiert, welche gravierenden Konsequenzen dies für das Strafrecht hätte: Nicht nur psychisch abnorme Rechtsbrecher, sondern wir alle wären als nicht schuldfähig zu betrachten. Wenn aber Schuld nicht existiert, dann erledigt sich auch Strafe als moralische Kategorie. Die Haft nach einem Verbrechen diente nicht der Sühne, sondern hätte rein therapeutischen Zweck: Das Strafmaß würde sich einzig danach richten, wie viel Zeit die »Umschulung des Gehirns«, das heißt die Resozialisierung, benötigt. Nun legen aber (wie bereits ausgeführt) Versuchsreihen nahe, dass bei manchen Menschen ein erhöhtes Risiko für spätere Gewalttätigkeit an bestimmten Abnormitäten der Gehirnfunktion schon frühzeitig in einer Computertomografie zu erkennen wäre. Manche Forscher gehen so weit, eine präventive neuropsychologische Behandlung solcher Personen vorzuschlagen, ohne dass sie eine Straftat begangen hätten. Solche Forderungen, deren Einlösung die Freiheitsrechte massiv einschränken würde, sorgen zunehmend für Beunruhigung und Empörung.

Unter Theologen, Philosophen, Psychiatern und Psychologen regt sich breiter Widerstand gegen die beschriebene Neuauflage eines streng deterministischen Menschenbildes seitens der Hirnforschung. Die Entgegnungen laufen meist auf die keineswegs neue Theorie des »Kompatibilismus« hinaus. Schon David Hume betrachtete freien Willen und Determinismus als kompatibel, also miteinander vereinbar. Der Tübinger Philosoph Ernst Tugendhat machte erst kürzlich in einem Interview darauf aufmerksam, dass »in der Verwendung des Ausdrucks ›freier Wille‹ etwas suggeriert wird, was gar nicht existiert – als ob wir einen vollkommen freischwebenden Willen hätten«[5]; aber unser Wille erwächst ja immer aus einem strukturierten Entwicklungsverlauf, aus bestimmten inneren und äußeren Voraussetzungen, aus einer vorangegangenen Kausalkette von Handlungen und Empfindungen. In diesem Sinn ist jede Willensentscheidung »determiniert«; und Menschen, die uns gut kennen, können im Gegensatz zu uns selbst manchmal vorhersagen, wie wir uns in einer kommenden Situation entscheiden werden. Trotzdem: Wenn wir diese Entscheidung dann tatsächlich treffen, fühlen wir selbst uns subjektiv frei in unserem Entschluss. *Aus unserer Innenperspektive stellt diese Freiheit eine Realität dar.* Manfred Spitzer, der sich unter Berufung auf Kant, Max Planck und andere höchst differenziert mit dem Problem der Selbstbestimmung auseinander setzt, nennt Freiheit »so wirklich wie Zahnweh. Es könnte (…) eingewandt werden, dass Freiheit eben doch nicht objektiv-real, sondern nur subjektiv (Hintergedanke: ›Und was ist das schon?‹) existiert. Betrachten wir hierzu eine Analogie: Auch Zahnschmerzen, wirklich richtig heftige Zahnschmerzen, existieren nur subjektiv. Bei anderen (die Zahnweh haben, A. d. V.) kann ich lediglich ein bestimmtes Verhalten bzw. bestimmte Äußerungen wahrnehmen, *wirklich schmerzhaft* können Zahnschmerzen *nur für mich sein.* Dennoch wird kaum jemand bestreiten wollen, dass Zahnschmerzen äußerst real sind. Überspitzt kann man nun formulieren, dass ein Zahnschmerz – objektiv betrachtet – ebenso wenig schmerzhaft ist wie eine freie Entscheidung – ebenfalls objektiv betrachtet – frei ist; dennoch ist beides, das Zahnweh und die freie Entscheidung, *für uns* ganz gewiss wirklich.«[6]

Frei fühlen wir uns in unseren Entscheidungen, *solange sie uns nicht gegen unseren Eigenwillen von außen aufgezwungen werden,* solange wir also – subjektiv – selbstbestimmt und nicht fremdbestimmt sind, solange wir *unserem* Gehirn und nicht fremden Gehirnen zu folgen meinen.

Man sieht: Über die Existenz des freien Willens lässt sich letztlich doch wieder einzig in philosophischer und nicht in naturwissenschaftlicher Begrifflichkeit argumentieren. »Subjektivität« ist keine durch Apparate messbare Kategorie. Aber da wir keinen Betrachterstandpunkt außerhalb von uns selbst einnehmen können, bleibt die Weltwahrnehmung *aus unserer Perspektive* für uns die einzige – *die* – Wirklichkeit.

Daher vertrete ich – subjektiv – die Meinung: Es spielt für unser Denken, Empfinden und Handeln nicht wirklich eine Rolle, ob wir über die Freiheit des Willens verfügen oder ob dies eine Illusion ist. Ich entscheide mich jetzt, dieses Buch zu Ende zu schreiben, statt spontan zu verreisen oder Musik zu hören, was bequemer wäre. Ob ich die letzten Sätze nun niederschreibe, weil ich mich frei dafür entscheiden kann, oder ob ich es tue, weil mein Gehirnzustand mir dies so vorgibt, macht subjektiv für mich keinen Unterschied – denn ich tue es ja doch und habe den *Eindruck*, »ich« bin es, die das entscheidet. Wäre ich hingegen zum strikten Glauben an Prädestination erzogen worden, würde ich vielleicht fatalistisch annehmen, dass »jemand« – Gott, das Gehirn – bereits für mich entschieden hat und würde das Buch wohl ebenfalls zu Ende schreiben! Im Zweifelsfall bilde ich mir aufgrund meiner Sozialisation also doch lieber Willensfreiheit ein und hoffe, dass »ich« im Ernstfall Einfluss darauf habe, ob ich einen Menschen töte oder nicht. Wie mein Ich aber dann *tatsächlich* handeln würde, kann ich nicht wissen …

Anhang

Anmerkungen

Warum dieses Buch?
1 Dave Grossman, *On Killing. The Psychological Cost of Learning to Kill in War and Society* (New York / Boston: Back Bay Books, Little, Brown and Company, 1996), S. xxiv

Morden, töten, umbringen
1 Michel Rouche, *Abendländisches Frühmittelalter,* in: Philippe Ariès und Georges Duby (Hg.), *Geschichte des privaten Lebens* (Frankfurt am Main: S. Fischer, 1995), S. 4

Fast alles ist ganz anders
1 Quelle: Deutsches Bundeskriminalamt
2 Quelle: Statistisches Bundesamt Deutschland
3 Quelle: Österreichisches Innenministerium und Statistik Austria
4 Quelle: U.S. Department of Justice
5 Dave Grossman und Gloria DeGaetano, *Wer hat unseren Kindern das Töten beigebracht?* (Stuttgart: Verlag freies Geistesleben, 2002), S. 28.
6 Die Frage, ob der Konsum von Gewaltfilmen und einschlägigen Videospielen Jugendliche aggressiver macht, wird seit Jahren kontrovers diskutiert. In der Öffentlichkeit entsteht oft der – falsche – Eindruck, diese Frage ließe sich nicht seriös klären. Vor allem Vertreter der sogenannten »Katharsishypothese« bestreiten eine schädliche Wirkung von medialer Gewalt auf Heranwachsende – ganz im Gegenteil betrachten sie das Sehen von gewalttätigen Szenarien im Film und auf der Bühne als Möglichkeit der Aggressionsabfuhr. Zahlreiche neuere Studien legen aber das Gegenteil nahe, zumindest, was Jugendliche anbelangt. »Nach jahrzehntelangen Forschungen mit teilweise widersprüchlichen Befunden scheint heute klar: Statistisch fördert TV-Gewalt Aggressivität etwa in dem Maße, wie Zigarettenrauchen Lungenkrebs fördert. (Coie & Dodge 1998, ähnlich Anderson & Bushman 2002). Es gibt zwar keine Automatik, aber ein bedeutsames Risiko«, so Hans-Peter Nolting in *Lernfall Aggression* (S. 204 ff., s. Anm. 18). »Dies gilt übrigens auch, wie viele Untersuchungen nahe legen, für Gewalt in Videospielen. (...) Ein wesentlicher Punkt ist (...), ob die betreffenden Kinder und Jugendlichen die Darstellungen *unreflektiert* und ohne ›Selbstzensur‹ verarbeiten oder ob sie sich aufgrund ihrer Einstellungen von der Gewalt distanzieren. Der allgemeine statistische Zusammenhang zwischen Gewaltkonsum und Aggressivität geht also im Wesentlichen auf eine Minderheit von Personen zurück, die für den Einfluss empfänglich sind. (...) Viele Kinder sind mehr oder weniger ›immun‹, weil die Eltern den Fernsehkonsum ohnehin begrenzen, Gewaltdarstellungen kommentieren und überhaupt kompetent und liebevoll erziehen.« Der Hirnforscher Manfred Spitzer hält dagegen eher die *Dosis* an Gewaltfilmen und -videospielen für ausschlaggebend. »Je mehr davon ein Jugendlicher konsumiert, desto größer ist seine Chance, gewalttätig zu werden. Wenn Sie bis zum 18. Lebens-

jahr 20000 oder 30000 Morde gesehen haben und außerdem gesehen haben, dass nur bei 4 % der gezeigten Gewalttaten alternative, gewaltfreie Konfliktlösungsmöglichkeiten überhaupt angesprochen werden, dass in mehr als 50 % der Fälle die im Fernsehen gezeigte Gewalt nicht weh tut – da hauen sich welche und lachen dabei – und dass in 70 % der Fälle die Gewalttäter ungestraft davonkommen, dann ist es völlig klar, was ein solches Kind an Regeln in sich aufnimmt«, so Spitzer im Gespräch. »Zu behaupten, das betreffe nur diejenigen, die ohnehin dazu neigen, ist falsch!« Viele Kinderpsychiater berichten aus ihrer täglichen Erfahrung, dass mittlerweile zwar nicht die *Zahl* der schweren Gewalttaten durch Jugendliche zugenommen habe, aber deren *Intensität*. »Es kommt jetzt öfter vor, dass der Betreffende noch einmal sehr brutal zuschlägt, wenn das andere Kind schon am Boden liegt. Das gab es früher in diesem Ausmaß nicht, das ist eine neue Qualität«, bestätigt etwa der bekannte Wiener Kinderpsychiater Ernst Berger.

7 Slavenka Drakulić, *Keiner war dabei. Kriegsverbrechen am Balkan vor Gericht* (Wien: Paul Zsolnay, 2003), S. 41
8 Jack Unterweger wurde am 28.6.1994 in Graz der Ermordung von elf Prostituierten in erster Instanz schuldig gesprochen und zu lebenslanger Haft verurteilt. In der Nacht nach der Urteilsverkündung erhängte er sich in seiner Zelle; das Urteil war zu diesem Zeitpunkt noch nicht rechtskräftig, daher hat seine Schuld juristisch als nicht erwiesen zu gelten.
9 Wo immer wie hier Experten ohne Quellenvermerk zitiert werden, handeltes sich um Ausschnitte aus von mir geführten Interviews.
10 Reinhard Haller, *Die Seele des Verbrechers* (St. Pölten: Verlag Niederösterreichisches Pressehaus, 2002), S. 39
11 Details u.a. in: Manfred Spitzer, *Selbstbestimmen. Gehirnforschung und die Frage: Was sollen wir tun?* (Heidelberg / Berlin: Spektrum Akademischer Verlag, 2004), S. 113 ff.
12 Reinhard Haller a.a.O., S. 10
13 Evan Wright, *Generation Kill. Das neue Gesicht des amerikanischen Krieges* (Frankfurt am Main: Zweitausendeins, 2005), S. 141
14 Harald Welzer, *Täter. Wie aus ganz normalen Menschen Massenmörder werden* (Frankfurt am Main: S. Fischer, 2005), S. 258
15 Quelle: Gespräch mit dem Kulturanthropologen André Gingrich
16 Rolf Pohl, *Normalität und Pathologie – sozialpsychologische Anmerkungen zur Psychogenese von Massenmördern*, in: Peter Gleichmann und Thomas Kühne (Hg.), *Massenhaftes Töten. Kriege und Genozide im 20. Jahrhundert* (Essen: Klartext, 2004), S. 175
17 Elias Canetti, *Masse und Macht* (Frankfurt am Main: S. Fischer, 1994), S. 249
18 Reinhard Haller a.a.O., S. 153
19 Rolf Pohl a.a.O., S. 172
20 Eberhard Schorsch und Nikolaus Becker, *Angst, Lust, Zerstörung. Sadismus als soziales und kriminelles Handeln. Zur Psychodynamik sexueller Tötungen* (Gießen: Psychosozial-Verlag, 2000), S. 41
21 Michel Foucault, *Überwachen und Strafen* (Frankfurt am Main: Suhrkamp, 1994), S. 389 u. 393

Mord und Totschlag –
Vom Töten im zivilen Leben

1 Reinhard Haller a.a.O., S. 43
2 Reinhard Haller a.a.O., S. 44
3 Reinhard Haller a.a.O., S. 43

4 Reinhard Haller a.a.O., S. 44

5 Der Originaltext der gerichtsmedizinischen Tatortbeschau wurde aus Datenschutzgründen wesentlich verändert, sodass der hier gedruckte Text einem fiktiven Protokoll gleichkommt

6 John Ratey, *Das menschliche Gehirn. Eine Gebrauchsanweisung* (Düsseldorf: Walter Verlag, 2003), S. 251

7 Reinhard Haller a.a.O., S. 44

8 Harald Welzer a.a.O., S. 21

9 Reinhard Haller a.a.O., S. 145

10 Tony Parker, *Leben um Leben. Gespräche mit Mördern* (Göttingen: Steidl, 1998), S. 130

11 Tony Parker a.a.O., S. 110

12 John Ratey a.a.O., S. 17

13 Hans-Peter Nolting, *Lernfall Aggression. Wie sie entsteht – wie sie zu vermindern ist. Eine Einführung* (Reinbek bei Hamburg: Rowohlt), S. 109

14 Avshalom Caspi et al., *Role of Genotype in the Cycle of Violence in Maltreated Children* (*Science* 297), S. 851–854 (hier zum Teil zitiert nach Manfred Spitzer)

15 Manfred Spitzer a.a.O., S. 125

16 Manfred Spitzer a.a.O., S. 125

17 John Ratey a.a.O., S. 378

18 In *Deutschland* sieht das Opfer-Entschädigungsgesetz finanzielle Hilfe für direkte Opfer von Gewalttaten mit schweren gesundheitlichen Beeinträchtigungen vor. Angehörige von Mord- und Totschlagsopfern haben nicht generell Anspruch auf Leistungen, sondern nur in bestimmten Fällen. So können sie, wenn sie vom Opfer finanziell abhängig waren, etwa erhöhte Waisen- oder Witwenrenten beziehen. Psychotherapie für traumatisierte Opferangehörige wird in der Regel nicht von der öffentlichen Hand finanziert. Inwieweit Therapie auf Krankenschein möglich ist, schwankt von Kasse zu Kasse. Finanzhilfe für bedürftige Opferangehörige gewähren aber (im Rahmen ihrer Möglichkeiten) Vereine wie der *Weiße Ring* (www.weisser-ring.de), die einzige bundesweite Opferhilfe-Organisation (die über ein aus Spenden lukriertes Budget von derzeit 127 Millionen Euro verfügt). In 400 Außenstellen erbringt der »Weiße Ring« hauptsächlich durch ehrenamtliche Mitarbeiter Leistungen wie umfassende Beratung oder Vermittlung spezialisierter Therapeuten und Anwälte.
Hinzu kommen etliche lokale Opferhilfe-Vereine in den einzelnen Bundesländern. Bundesweiter Opfer-Notruf: 01803/34 34 34.
In *Österreich* besteht ein gesetzlicher Anspruch auf staatlich bezahlte kausale Psychotherapie. Früher galt dies nur für Überlebende und vom Opfer finanziell abhängige Personen, vor kurzem wurde der Kreis der Anspruchsberechtigten auf Verwandte in direkter Linie, Ehegatten und Lebensgefährten erweitert. Darüber hinaus haben Opfer und Opferangehörige seit Anfang 2006 einen Rechtsanspruch auf juristische wie psychotherapeutische Prozessbegleitung auf Staatskosten. Im erwähnten öffentlich finanzierten Verein *Neustart* arbeiten professionelle Opfertherapeuten; ihre Kapazitaten sind allerdings im Verhältnis zum Bedarf viel zu gering, weil das Budget für Opferhilfe nach wie vor nur einen Bruchteil der Gelder ausmacht, die für die Resozialisierung Straffälliger aufgewendet werden. Auch Haftlassenenbetreuung ist allerdings indirekte, preventive Opferhilfe; denn wird die Rückfallsquote minimiert, so werden wiederum weniger Menschen zu Verbrechensopfern. Der *Weiße Ring* ist in geringerem Umfang auch in Osterreich aktiv, Vereine wie *Tamar* oder *Die Möwe* haben sich auf

Opfergruppen wie sexuell missbrauchte Frauen beziehungsweise Kinder spezialisiert. Bundesweiter Opfernotruf: 0800 / 112 112.
In der *Schweiz* erhalten Opferfürsorgestellen Daten über Verbrechensopfer von der Polizei und kontaktieren von sich aus die Betroffenen – eine Vorgangsweise, die als beispielhaft gelten kann, besteht doch ein Hauptproblem der Opferhilfe international darin, dass die Rechte und Möglichkeiten für Verbrechensopfer in der Öffentlichkeit weitaus zu wenig bekannt sind.

19 Nikolaus Tsekas ist bei *Neustart* tätig, einem Wiener Verein zur Betreuung von Haftentlassenen (ehemals:»Bewährungshilfe«) und Verbrechensopfern, der aus Geldern des Justizministeriums finanziert wird.
20 Manfred Spitzer a.a.O., S. 31
21 Gilles Deleuze und Félix Guattari, *Tausend Plateaus. Kapitalismus und Schizophrenie* (Berlin: Merve, 1997), S. 14
22 *Murder Victims' Families for Reconciliation* im Internet unter: www.mvfr.org
23 Jeanne Hersch, *Der Widerspruch in der Musik*, Rede zur Eröffnung der Salzburger Festspiele 1985
24 Reinhard Haller a.a.O., S. 156
25 Formulierung zitiert nach der Website der Wittgensteiner Kliniken, www.wka.de.
26 Zumindest Marias Vater – der seinerseits nicht auf Band sprechen wollte – wurde von mir im Voraus über das Interview mit Marius informiert, um sich für oder gegen das Hören entscheiden zu können und nicht etwa unverhofft mit Marius' Stimme aus dem Radio konfrontiert zu werden.
27 Julian S. Bielecki, *Die Borderline-Störung* (Frankfurt: veröffentlicht auf der Website www.gabnet.com, 2003)
28 *Internet Movie Database*: www.imdb.com
29 *The Serial Killers, Part I*, eine Produktion der *Mainline Television,* Recherche und Interviews: Christopher Berry-Dee, Regie: Ilene Litvak-German
30 Eberhard Schorsch und Nikolaus Becker a.a.O., S. 56
31 Eberhard Schorsch und Nikolaus Becker a.a.O., S. 56
32 Eberhard Schorsch und Nikolaus Becker a.a.O., S. 229 u. 232

Hinrichtung – Vier Portraits

1 US-Staaten, die die Todesstrafe verhängen:
Arizona, Arkansas, California, Colorado, Connecticut, Delaware, Florida, Georgia, Idaho, Indiana, Kentucky, Louisiana, Maryland, Mississippi, Missouri, Montana, Nebraska, Nevada, New Hampshire, New Jersey, New Mexico, North Carolina, Ohio, Oklahoma, Oregon, Pennsylvania, South Carolina, South Dakota, Tennessee, Texas, Utah, Virginia, Washington, Wyoming.
US-Staaten, in denen die Todesstrafe nicht vorgesehen ist oder de facto – etwa aufgrund eines Moratoriums – zum Zeitpunkt der Drucklegung des Buches nicht vollzogen wurde:
Alaska, Hawaii, Illinois, Iowa, Kansas, Maine, Massachusetts, Michigan, Minnesota, New York, North Dakota, Rhode Island, Vermont, West Virginia, Wisconsin.
2 *Henker – der Tod hat ein Gesicht,* ein Film von Jens Becker und Gunnar Dedio (LOOKS Film & Television, Berlin 2002)
3 Jens Becker und Gunnar Dedio, *Die letzten Henker* (Berlin: Verlag Das neue Berlin, 2002)
4 Hans-Peter Nolting a.a.O., S. 153
5 Hans-Peter Nolting a.a.O., S. 157
6 Hans-Peter Nolting a.a.O., S. 156

7 Hans-Peter Nolting a.a.O., S. 162
8 *National Coalition to Abolish the Death Penalty*, im Internet unter: www.ncadp.org

Vom Töten im Krieg
1 Slavenka Drakulić a.a.O., S. 13
2 Dave Grossman a.a.O., S. 77. Dave Grossman fasst seine Forschungen zum Töten unter dem Begriff »killology« zusammen und betreibt dazu eine Homepage: www.killology.com
3 Dave Grossman a.a.O., S. 104
4 Joanna Bourke, *An Intimate History of Killing. Face-to-Face Killing in Twentieth-Century Warfare* (London: Granta Books, 2000), S. 7
5 Joanna Bourke a.a.O., S. 8
6 Joanna Bourke a.a.O., S. 8
7 Christopher Browning, *Ganz normale Männer* (Reinbek bei Hamburg: Rowohlt, 1993), S. 247
8 Elias Canetti a.a.O., S. 249
9 Joanna Bourke a.a.O., S. 31
10 Dave Grossman a.a.O., S. 2
11 Dave Grossman a.a.O., S. 251
12 Dave Grossman a.a.O., S. 257
13 Evan Wright a.a.O., S. 309
14 Dave Grossman a.a.O., S. 153

Vom Völkermord
1 Elçin Kürşat-Ahlers, *Über das Töten in Genoziden. Eine Bilanz historisch-soziologischer Deutungen,* in: Peter Gleichmann und Thomas Kühne (Hg.), *Massenhaftes Töten. Kriege und Genozide im 20. Jahrhundert* (Essen: Klartext, 2004), S. 180
2 Harald Welzer a.a.O., S. 14
3 Elçin Kürşat-Ahlers a.a.O., S. 181
4 Slavenka Drakulić a.a.O., S. 20
5 Elias Canetti a.a.O., S. 77
6 Harald Welzer a.a.O., S. 46
7 Harald Welzer a.a.O., S. 248
8 Diese Zusammenfassung wurde wegen ihrer besonders pointierten und anschaulichen Qualität gewählt, sie stammt von der Internetseite des Linzer Psychologieprofessors Werner Stangl (Johannes Kepler-Universität Linz): www.stangl-taller.at. Stanley Milgrams umfangreiche Darstellung seines Experiments gibt es als Rowohlt-Taschenbuch – siehe Literaturliste.
9 Das *Diagnostic and Statistical Manual of Mental Disorders IV* der *American Psychiatric Association* (Washington, D.C., 1994) bringt im Vergleich zu Ausgabe III eine wichtige Neuerung, was die psychiatrische Diagnose »Sadismus« bzw. »Masochismus« anbelangt: Als psychische Störung wird beides nur noch dann bezeichnet, wenn es *in klinisch bedeutsamer Weise Leiden oder Beeinträchtigungen in sozialen, beruflichen oder anderen wichtigen Funktionsbereichen* hervorruft. Das heißt, Menschen, denen ihre sadomasochistischen erotischen Vorlieben keine nennenswerten psychischen Probleme bereiten, gelten nun auch »offiziell« als gesund.
10 Eberhard Schorsch und Nikolaus Becker a.a.O., S. 41
11 Eberhard Schorsch und Nikolaus Becker a.a.O., S. 48
12 Rolf Pohl a.a.O., S. 170
13 Eberhard Schorsch und Nikolaus Becker a.a.O., S. 49

14 Miljenko Jergović, *Der Hass des Dušan Tadić*, in: *Die Zeit*, 29. 8. 1997, S. 53
15 Die Prozesse gegen Radovan Karadžić und Ratko Mladić werden in Den Haag in Abwesenheit der Angeklagten geführt, da beide sich (zur Zeit der Drucklegung des Buches) nach wie vor in der Republika Srpska versteckt halten.
16 Elias Canetti a.a.O., S. 370 f.

Vom Töten bei Terrorakten
1 Christoph Reuter, *Tödliche Allmacht, NZZ Folio* 1/2005, S. 30
2 In: *Die Zeit*, 22. 4. 2004
3 Zitiert nach der Homepage www.theforgivenessproject.com

Das Töten, die Täter und wir
1 Diese Worte soll der amerikanische Psychologe Kelly, einer der Betreuer der Angeklagten beim Nürnberger Kriegsverbrecher-Tribunal, gegenüber dem US-Chefankläger Robert Jackson geäußert haben.
2 Christopher Browning a.a.O., S. 241
3 Hans-Peter Nolting a.a.O., S. 159 u. 175
4 In: *taz*, 2. 9. 2005
5 In: *Die Furche*, 12. 1. 2006
6 Manfred Spitzer a.a.O., S. 302 f.

Bildnachweis

Copyright für alle Fotografien: © Gyula Fodor.

Bei den Bildern auf S. 38, 68, 92 und 194 handelt es sich (schon aus Gründen der Anonymisierung) nicht um reale Tatortfotos.

Mit dem Fallbeil auf S. 142 wurden während des Nationalsozialismus allein in Wien mehr als 1000 Menschen hingerichtet.

Das Bild »Einschüsse« auf S. 166 zeigt »vergessene« Kriegsschäden an einem Haus in Wien 1997 (die Schäden wurden inzwischen beseitigt).

Literatur (Auswahl)

Götz Aly, *Hitlers Volksstaat. Raub, Rassenkrieg und nationaler Sozialismus* (Frankfurt am Main: S Fischer, 2005)
Georges Bataille, *Die Aufhebung der Ökonomie.* (München: Matthes und Seitz, 2001). Daraus insbesondere: *Der Begriff der Verausgabung. Der verfemte Teil.*
Georges Bataille, *Gilles de Rais. Leben und Prozess eines Kindermörders* (Gifkendorf: Merlin, 2000)
Jens Becker und Gunnar Dedio, *Die letzten Henker* (Berlin: Verlag Das neue Berlin, 2002)
Joanna Bourke, *An Intimate History of Killing. Face-to-Face Killing in Twentieth-Century Warfare* (London: Granta Books, 2000)
Christopher Browning, *Ganz normale Männer. Das Reserve-Polizeibataillon 101 und die »Endlösung« in Polen* (Reinbek bei Hamburg: Rowohlt, 1993)

Elias Canetti, *Masse und Macht* (Frankfurt am Main: Fischer, 1994)

Roméo Dallaire, *Handschlag mit dem Teufel* (Frankfurt am Main: Zweitausendeins, 2001)

Slavenka Drakulić, *Keiner war dabei. Kriegsverbrechen am Balkan vor Gericht* (Wien: Paul Zsolnay, 2003)

Helen Fein, *Genocide. A Sociological Perspective* (London: Sage, 1993)

Michel Foucault, *Überwachen und Strafen* (Frankfurt am Main: Suhrkamp, 1994)

Sigmund Freud, *Das Unbehagen in der Kultur*, in: *Abriss der Psychoanalyse* (Frankfurt am Main: S. Fischer, 1954)

Peter Gleichmann und Thomas Kühne (Hg.), *Massenhaftes Töten. Kriege und Genozide im 20. Jahrhundert* (Essen: Klartext, 2004)

Miranda Green, *Menschenopfer. Ritualmord von der Eisenzeit bis zum Ende der Antike* (Essen: Magnus, 2003)

Dave Grossman, *On Killing. The Psychological Cost of Learning to Kill in War and Society* (New York / Boston: Back Bay Books, 1996)

Reinhard Haller, *Die Seele des Verbrechers* (St. Pölten: Verlag Niederösterreichisches Pressehaus, 2002)

Raul Hilberg, *Täter, Opfer, Zuschauer* (Frankfurt am Main: S. Fischer, 1992)

Primo Levi, *Ist das ein Mensch?* (München: dtv, 2003)

Robert J. Lifton, *Ärzte im Dritten Reich* (Stuttgart: Klett-Cotta, 1996)

Robert J. Lifton und Eric Markusen, *Die Psychologie des Völkermords. Atomkrieg und Holocaust* (Stuttgart: Klett-Cotta, 1992)

A. Maneros, *Sexualmörder. Eine erklärende Erzählung* (Bonn: Psychiatrieverlag, 2000)

Stanley Milgram, *Das Milgram-Experiment. Zur Gehorsamsbereitschaft gegenüber Autorität* (Reinbek bei Hamburg: Rowohlt, 2004)

Hans-Peter Nolting, *Lernfall Aggression. Wie sie entsteht – wie sie zu vermindern ist. Eine Einführung* (Reinbek bei Hamburg: Rowohlt, 2005)

John Ratey, *Das menschliche Gehirn. Eine Gebrauchsanweisung* (Düsseldorf/ Zürich: Walter, 2003)

Christoph Reuter, *Mein Leben ist eine Waffe. Selbstmordattentäter – Psychogramm eines Phänomens* (München: Bertelsmann, 2002)

Eberhard Schorsch, *Perversion, Liebe, Gewalt* (Stuttgart: Enke, 1993)

Eberhard Schorsch und Nikolaus Becker, *Angst, Lust, Zerstörung. Sadismus als soziales und kriminelles Handeln. Zur Psychodynamik sexueller Tötungen* (Gießen: Psychosozial, 2000)

Wolfgang Sofsky, *Zeiten des Schreckens. Amok, Terror, Krieg* (Frankfurt am Main: S. Fischer, 2002)

Wolfgang Sofsky, *Traktat über die Gewalt* (Frankfurt am Main: S. Fischer, 2001)

Manfred Spitzer, *Selbstbestimmen. Gehirnforschung und die Frage: Was sollen wir tun?* (Heidelberg/Berlin: Spektrum Akademischer Verlag, 2004)

Érvin Staub, *The Roots of Evil. The Origins of Genocide and other Group Violence* (Cambridge: Cambridge University Press, 1989)

Harald Welzer, *Täter. Wie aus ganz normalen Menschen Massenmörder werden* (Frankfurt am Main: S. Fischer, 2005)

Roger Willemsen, *An der Grenze. Gespräche mit Attentätern, Bankräubern, Mördern, politischen Gefangenen, Autoknackern, Todeskandidaten und Gewaltopfern* (Köln: Kiepenheuer und Witsch, 1994)

Evan Wright, *Generation Kill. Das neue Gesicht des amerikanischen Krieges* (Frankfurt am Main: Zweitausendeins, 2005)